목회적 돌봄의 실제

탈 근대적 접근법

Carrie Doehring 저

오오현 · 정호영 공역

오늘의 사회를 살아가고 있는 현대인은 과거 세대가 경험하지 못하고 옛사람이 상상과 경험도 하지 못한 심리적인 문제를 겪으며 살아가고 있다. 물론 과거의 세대도 그들 나름대로 심리적인 이슈를 가지고 있었던 것은 사실이다. 그렇지만 비교적 단순하고 큰 변화가 없었던 사회에서 직면하는 삶의 이슈는 대부분의 경우 스스로의 힘이나 부모, 동료 또는 목사님의 상식적 돌봄만으로도 쉽사리 해결될 수 있었다. 그러나 오늘날 현대인의 문제는 과거와는 달리 상식적인 돌봄만으로는 해결할 수 없고 도움도 받을 수 없는, 보다 다양하고 전문적인 돌봄에 대한 필요성이 교회와 상담현장에서 절실히 요구되고 있다.

케리 도링(Carrie Doehring)은 현대사회의 이러한 요구에 따라 변화하는 세상에서 목회적 돌봄 사역자와 상담 사역자가 새 세대에 맞는 목회(기독교)적 돌봄의 의미를 배울 수 있도록, 지역교회와 공동체의 탈근대적 다양성을 고려하는 목회적 돌봄의 첫 번째 교과서를 집필했다.

특히 이 책은 저자가 자신의 목회적 · 임상적 경험을 반영한 숙련된 통찰력과 풍부한 다문화적 사례를 담고 있어 탈근대적 시대에 효과적인 목회적 돌봄을 어떻게 해야 하는지를 잘 안내해 준다. 특별히 종교적 · 신학적 인식에 대한 풍부하고 다양한 목회적 돌봄의 전근대적 · 근대적 · 탈근대적 접근방법의 세 가지 렌즈를 활용하여 돌봄의 균형 있는 평가와 다양한 역사적 관점을 실행 가능하고 강력한 돌봄의 모델로 제공해 주고 있다. 그런 면에서 이 책은 현대의 목회적 돌봄 사역자와 상담 전문가가 돌봄과 상담 사역을 하기 위한 풍부한 자료로서 필독서가 되고 있다.

이 책은 역자가 뉴욕 맨해튼의 블렌튼 필 상담대학원에서 2007년 연구학기를 보내던 중에 처음 소개받았다. 이 책이 현대 목회상담 현장에 목회적 돌봄에 관한 실제적인 많은 도움을 줄 것으로 판단하여 번역을 결심했다. 미국 롱아일랜드 아름다운 교회에서 E · M 사역으로 바쁘신 상황에서도 이 책의 번역을 위해 시간과 정성을 아낌없이 쏟아 주신 정호영 박사님께 감사의 말씀을 드린다. 특히 이 책이 출간되기까지 오랫동안 믿고 기다리면서 출판할 수 있도록 도와주신 학지사의 김진환 사장님과 편집부 박혜미 님, 그리고 번역 원고를 꼼꼼하게 수정해 준 오은진에게 감사의 마음을 전한다.

아무쪼록 이 책에서 제시한 세 가지 렌즈를 통하여 교회의 목회적 돌봄 사역자와 상담 사역자가 균형 있는 돌봄 사역을 할 수 있게 되기를 바란다.

2012년 2월
양림동 선교동산에서
역자 대표 오오현

1992년에 보스턴 신학대학원에서 교수가 되고 처음으로 한국학
생을 지도했던 기억이 또렷하다. 첫 만남에서 그녀는 한국인 여성으
로 사는 삶에 대한 것과 두 번째 석사학위를 얻기 위해 미국유학을
온다는 것이 어떤 일인지를 말해 주었다. 무척 긴장되었던 나를 기억
한다. 한국문화에 대해서 아는 것이 너무 적었기 때문에, 내가 좋은
멘토나 좋은 석사논문 지도자가 되지 못하면 어쩌나 하는 걱정이 들
었다. 또한 나의 문화적 무지로 그녀에게 세심하게 배려하지 못할까
봐 염려되었다. 하지만 나는 이 경험이 초보자의 경험으로서 그녀보
다도 내가 더 많은 것을 배우게 될 것임을 알았다. 나는 멘토로서 그
녀의 석사논문을 지도해 주었고, 그녀는 한국인으로 사는 삶이 어떤
지와 미국에 와서 공부하는 것이 어떤 경험을 주는지를 알도록 나를
멘토해 주었다. 이 경험이 그 후에 있었던 '주는 것만큼 받는다는
것'이 어쩌면 더 많이 받았을지도 모르는 많은 한국학생의 석사와 박
사 논문지도의 첫 경험이었다. 한국학생들과 한국계 미국인 학생들
과의 멘토 관계가 얼마나 많은 것을 얻게 했는지를 알기에, 이번 『목
회적 돌봄의 실제』의 한국어 번역을 진심으로 고맙게 생각한다.
　지난 20년 동안 한국학생들과 한국계 미국학생들과 함께하면서

자주 같은 가치관을 나누었던 것을 고맙게 생각한다. 나는 고등교육을 소중하게 여기는 가정에서 자랐다. 우리 가족에게는 대학원 교육이 매우 중요했다. 공부하기 위해서 많은 것을 희생하는 것이 나와 나의 부모의 삶의 당연한 일부분이었다. 이런 가치관이 스트레스를 주기도 했지만, 나로 하여금 교수와 멘토로 섬기는 것을 나의 사역으로 받아들이는 동기가 되었다. 교육을 중요시 여기는 한국학생들과 한국계 미국학생들을 많이 만났다. 그들은 많은 것을 희생하였고, 그들의 학업을 영적 소명으로 수행하였다. 이런 공통된 가치관이 함께 더욱 열심히 공부하도록 하였다.

그들과 나눈 또 다른 공통된 가치관은 모험심이다. 1978년 캐나다 장로교단에서 안수를 받았을 때, 나는 처음으로 목사 안수를 받게 된 여성들 중 하나였다. 나는 몬트리올에 있던 가족을 떠나 시골에 있는 두 교회를 맡아 이사를 갔다. 그 후 10년 후에 박사학위를 받아야 된다는 확신을 얻고 미국으로 공부하러 오게 되었다. 내가 아는 많은 한국학생들과 한국계 미국학생들도 한국이나 캐나다에서, 때로는 미국의 다른 곳에서 그들의 소명을 좇아 떠나 왔다. 대부분 가족을 떠나고 영어로 해야 하는 대학원 수업의 도전을 직면해야 했다. 우리는 그런 모험심도 나누었다.

마지막으로 그 학생들과 내 속에서 관찰된 동일한 가치관은 신학적 용기다. 우리의 믿음과 실제를 비판적으로 보는 데는 용기가 필요하다. 그런데 신학을 공부하면서 우리의 어릴 적과 사춘기 시절의 믿음과 실제를 재평가하는 방법을 배우게 된다. 우리는 어릴 때 받은 삶 지향적인 종교교육의 요소를 고맙게 생각하면서도, 한편으로 어른이 되면서 그러한 종교교육이 삶을 제한한다는 것도 보게 된다.

내가 가르친 많은 학생들처럼, 나의 종교교육을 재평가하는 노력이 내가 목회나 믿음의 공동체를 떠나게 하지 않았다는 것이다. 그들처럼 나는 나의 기독교 전통 안에 남아 왔고, 나와 다른 신학적 관점을 가진 그리스도 안에서 형제자매된 자와 함께 살아가고 존중하는 것을 배우게 되었다. 우리의 어릴 적 종교교육을 재평가하면서도 우리의 종교 전통 안에서 일하는 데는 신학적인 용기가 필요하다.

이런 가치관이 『목회적 돌봄의 실제』를 쓰게 된 동기가 되었다. 교육에 대한 열정으로 1990년대에 방대한 목회적 돌봄 강좌 노트를 토대로 하여 책의 초안을 묶었다. 책 안의 여러 사례는 한국학생들과 한국계 미국학생들로부터 영감을 받은 것들이다. 그리고 1995년부터 2005년까지는 보스턴 신학대학원에서, 그 후 덴버의 아일리프 신학대학원에서 입문과목으로 강의하면서 계속 조언을 받으며 교정했다. 입문과정 교과서를 쓴다는 것은 고등교육, 가르치는 것, 목회적 돌봄 수혜자들을 멘토하는 것 등 내가 가치 있게 여기는 것들을 실천하는 삶의 한 부분이다.

이 책을 쓰는 것은 또한 모험심이기도 했다. 1976년 여름에 전도사로서 처음 병원심방을 갔던 것을 기억한다. 긴장이 되었지만 모험심이 있었다. 그리고 이것이 목회자가 되어 가는 과정의 의미 있는 첫걸음이라는 것도 알고 있었다. 학생들이 첫 병원심방을 할 때의 기분을 공감할 수 있다. 여러 면에서 내가 가르치는 각 학생들과 이런 모험을 함께할 수 있기를 바랄 때가 있다. 하지만 그럴 수 없기에 병원이나 교회에서 목회자의 역할을 과감하게 항해해 갈 수 있도록 돕고 안내하기 위해 이 책을 쓴 것이다.

이 책은 또한 신학적 용기에 관한 것이다. 1970년대에 집을 떠나 캐나다 몬트리올 맥길 대학에서 음악을 전공했을 때, 나는 천주교를 떠났다. 더 이상 나의 신앙적 집으로 느껴지지 않았다. 그리고 학사 과정 동안 어느 작은 장로교회에서 교회 오르간 반주자로 일을 했다. 그 교회의 목사는 논쟁을 좋아했기에, 우리는 그의 설교를 가지고 열띤 논쟁을 하곤 했다. 그가 나에게 사복음서 중 하나를 통독할 것을 권유했다. 그래서 어느 날 요한복음을 다 읽게 되었고(그때까지 통독한 복음서가 없었다), 나는 그 복음서의 힘에 사로잡혔다. 그리고 비평적 성서학 책들을 읽기 시작했다.

나는 성경공부에 너무 매혹되어서 서둘러 목회학 석사과정을 시작했다. 기독교에 관해 많은 질문을 가지고 있었으나 신학대학원 교육을 통해서 그 많은 질문을 탐구할 수 있게 되었던 것을 감사하게 생각한다. 캐나다 장로교단 안에서 새 교회도 찾았다. 그리고 지난 시간 동안 나의 어린 시절의 종교교육 안에 있는 예배식과 영성 전통의 일부분을 재생하여 이용하는 방법도 발견했다. 신학적 질문에 대한 나의 추적은 박사과정과 교수로서의 소명으로 인도하였다.

나는 세 가지 세계관—전근대적 시대의 기독교와 비슷했던 비평적 시대전의 세계관, 종교와 과학에 근대적 접근을 한 근대적 세계관, 지식의 상황적 접근을 중요시하는 탈근대적 세계관—사이를 이동하는 현장에서, 목회를 한다는 것이 어떤 것인지에 대한 질문을 나처럼 탐구하는 학생들을 위해서 이 책을 썼다. 세계와 하나님을 알기 위해 이런 세 가지의 다른 접근을 얼마나 자주 이동하게 되는지를 설명하기 위해 삼중초점 렌즈를 비유로 제시한다. 이런 비유를 사용하는 데는 신학적 용기가 필요하다고 생각한다. 기독교를 생각할 때는 전근대적 방법을 사용하고 과학적 연구에는 근대적 세계관을 사용하는 것이 쉬울 수 있다. 그렇다면 지식의 탈근대적 접근은 어떻게 할 것인가? 그 접근방법이 우리의 종교적 신앙의 기초를 위협하는 것처럼 보일 수 있다.

나는 지난 30년 동안 목회적 돌봄을 어떻게 모험성과 신학적 용기로 실천해 왔는지를 설명하기 위해 삼중초점 렌즈 비유를 개발했다. 뒤돌아볼 때 깨닫게 되는 것은 나는 늘 비평적 태도 이전에 형성된 종교적 신앙의 요소를 소중하게 간직해 왔다는 것이다. 특별히 예수 그리스도를 통하여 나타내시는 하나님의 깊은 사랑이다. 하지만 청년시절에 나의 신앙의 모든 면을 질문할 수 있게 되었을 때, 다시 그리스도인의 신앙으로 돌아왔다. 그래서 신앙교육과 신학교육을 통해 얻은 종교지식에 비판적으로 접근하는 것을 나는 매우 중요시 여긴다. 묵시된 이후 설교를 쓰기 시작했을 때, 특히 장례식 설교를 준비할 때 얼마나 많이 나의 신학적 관점이 나의 상황을 반영하는지를 깨닫기 시작했다. 내가 목격한 고통을 이해하기 위해 신학적으로 쓰인 나의 목소리를 찾으면 찾을수록 개인과 가정, 그리고 공동체의 구체적인 필요를 목회적으로 더욱 돌볼 수 있음을 느꼈다. 일상 목회현장에서, 처음에는 교회 안에서, 그리고 후에는 신학교 안에서 나는 배움에서 전근대적·근대적·탈근대적 접근 사이를 계속 이동했다. 다시 말해서, 나는 항상 삼중초점 렌즈를 사용해 왔다. 이것을 주장하는 데는 용기가 필요하다는 것을 알지만, 바라기는 나의 이 비유가 21세기에 목회적 돌봄 사역자가 된다는 것이 무엇인지를 설명하는 데 독자들에게 도움이 되기를 바란다.

책의 서론에 말했듯이, 이 책은 목회적 돌봄을 어떻게 할 것인가에 대해 일반적으로 쓰인 것이 아니다. 이 책이 가장 의미 있고 적절하게 쓰일 곳은 보스턴 대학 신대원이나 아일리프 신대원 같은 곳이다. 또한 나와 비슷한 가치관을 가진 사람들에게 의미가 있을 것이다. 그러므로 이 책의 한국어 번역본이 고등교육에 대한 신학적 용기를 가치 있게 여기는 한국인과 한국계 미국인 학생들에게 적절하게 활용되길 바란다. 이 책이 도움이 되는지 아니면 걸림돌이 되는지 알려 주시기를 기대한다. 함께 배울 수 있기를 원한다!

미국, 콜로라도, 덴버 아일리프 신학대학원

케리 도링

✲✲ 차 례

서 론

아프리카계 미국인으로 침례교회 목사인 로버트 존슨[1]은 무거운 마음으로 우드 사이드 요양원을 들어선다. 교인인 에밀리 왓슨의 장남이 교통사고로 숨을 거뒀다는 안타까운 소식을 접했기 때문이다. 존슨 목사는 왓슨 부인에게 심리적·영적으로 지금 절실히 필요한 것이 무엇인지를 알 수 있도록 지혜와 명철을 주시기를 구하는 기도를 드렸다. 그 결과 그는 요양원 직원들과 함께 그녀가 겪고 있는 극심한 슬픔을 어루만져 주고 위로할 수 있었다. 그녀를 위한 돌봄은 아들의 장례식을 준비하고 치르는 것과, 자녀의 죽음에 따른 수개월 동안의 슬픔의 시간을 함께하는 것도 포함한다.

1) 모든 사례연구는 돌봄 수혜자를 보호하기 위해서 실제 사례를 임의적으로 구성한 것이다.

나는 진리에 대한 수많은 오랜 가설이 의심받고 비평받는 역사적 상황 속에서 특별한 종교적 사명인 목회적 돌봄을 맡은 로버트 존슨과 같은 분을 위해 이 책을 집필했다(Lartey, 2002: 1). 이러한 시대 상황 속에서 로버트 존슨과 같은 목회적 돌봄 사역자는 "여러 세기 동안 뚜렷한 전근대적 문화풍토 속에서 형성되어 고도의 세련된 수준으로 연마된 종교적 비전을 가지고 탈근대적 사회에서 계속 살아야 하는 도전에 직면하고 있다(Lakeland, 1997: 39)." 인류, 세계 그리고 하나님이라고 명명하는 대상에 관한 인식이 복잡한 역사적 상황 속에서 사회적으로 구성된 것이라고 생각하는 사람들은 인식에 대한 탈근대적 접근방법을 사용하여 어떤 종교적 돌봄을 제공할 수 있을까?

　목회적 돌봄의 접근에서 나는 목회적 돌봄 사역자에게 인식에 대한 전근대적 · 근대적 · 탈근대적 접근방법을 모두 포함한 삼중초점 렌즈를 통해 자신의 사역을 바라볼 것을 권면한다.[2]

　목회자가 전근대적 렌즈를 사용하면 그 순간은 성경구절, 예배, 종교적 · 영적 체험을 통해 하나님, 즉 거룩하신 분을 어느 정도 어렴풋이나마 깨닫거나 이해할 수 있다. 계몽주의 사상가들이 도입한 비판적 인식 접근법이 사용되기 이전에 고대와 중세 교회 내에서 퍼졌던 초월적 실재가 알려졌던 것과 같은 방식이라는 점에서 위와 같이 생각한다. 목회적 돌봄 사역자가 근대적 렌즈를 통해 목회적 돌봄을 제공할 경우 성경 비평방법, 의학지식 또는 사회과학과 같은

---

2) 라티(Lartey, 2003: 2)에 따르면, "전 세계적으로 전근대적 · 근대적 · 탈근대적 관점이 모두 다른 정도로 동시에 존재하고 있음을 인식하는 것은 중요하다."

합리적이고 경험주의적인 방법에 의존하게 된다. 탈근대적 렌즈는 하나님에 대한 인식을 포함하여 인식의 상황적이고 일시적인 특성에 초점을 맞춘다.[3]

인식에 대한 세 가지 접근방법을 모두 사용하는 목회적 돌봄 사역자는 하나님, 즉 거룩하신 분과 교제하고 있다고 느끼는 돌봄 수혜자의 종교적 · 영적 체험에 초점을 맞추기 위해 전근대적 렌즈를 사용할 수 있다. 목회적 돌봄 사역자는 돌봄 수혜자가 언제, 어떻게 하나님과의 교통함을 경험하는지, 그리고 영적 · 종교적 습관을 통해 삶 속에서 하나님의 살아계심을 깨닫고 있는지를 살펴볼 수 있다. 이러한 순간은 예배 중에 오는가? 찬양하는 중에 오는가? 성찬식 또는 예배의 참석을 통해 오는가? 예배당에 있는 성화나 성상에 대한 묵상에서 오는가? 또는 매일의 기도에서 체험하는가? 종교적 · 영적 훈련의 목적은 신성하거나 거룩하신 존재와의 체험을 소통하는 것이다. 그러므로 목회적 돌봄 사역자는 거룩한 존재와의 직접적인 만남이 가능하도록 도와주는, 그러한 훈련에 초점을 맞추기 위해 전근대적 렌즈를 사용할 수 있다.

존슨 목사는 전근대적 렌즈를 사용함으로써 왓슨 부인과의 상담 중에 마치 그녀가 하나님과 교제할 수 있는 것처럼 보이는 순간을 감지할 수 있다. 이러한 순간은 그들이 함께 기도할 때나 왓슨 부인이 아들의 죽음에 대한 고통과 두려움을 표현할 때 나타날 수 있다.

---

3) 이 책에서 나는 인식에 대한 사회구성주의적 접근방법을 설명하기 위해 탈근대적이라는 용어를 사용한다. 그동안 보편적으로 사용되었던 것처럼 문화적 상황을 가리키기 위해 이 용어를 사용하지 않았다(Lakeland, 1997: iv; Couture, 2003: 85).

존슨 목사는 며칠 앞을 내다보며 아들의 죽음으로 인한 고통 속에서 하나님과 교제하도록 도와주는 영적인 훈련을 왓슨 부인과 함께 찾아볼 수 있다. 무엇을 통해 그녀는 과거의 고통스러운 경험을 극복할 수 있었을까? 만약 시편을 읽고 시편에 담긴 깊은 뜻을 알았다면, 그녀는 존슨 목사와 함께 앉아 시편 말씀을 참조할 수 있다. 아마도 과거에 위안을 준 적 있는 특정한 찬양이나 종교음악은 지금 이 순간에도 하나의 수단이 될 것이다. 존슨 목사는 전근대적 렌즈를 사용하여 왓슨 부인이 하나님과의 교제를 경험하고 있는지, 경험한다면 어떻게 경험하고 있는지에 초점을 맞출 수 있다.

존슨 목사가 죽음과 슬픔에 대해 성서적 비평방법이나 근대의 조직신학적 관점, 심리적·의학적 관점에 의존한다면, 목회적 돌봄 상담 중 인식에 대한 근대적 접근방법을 사용할 수 있다. 왓슨 부인이 시편에서 위로와 의미를 찾았다면, 시편의 많은 의미를 찾아내기 위한 그의 성서적 비평방법의 지식은 의의가 있다. 그가 고통 속에 함께하시는 하나님에 대한 몇 가지 신학적인 관점을 잘 알고 있다면, 그는 왓슨 부인에게 아들의 죽음으로 인한 괴로움과 고통에 대처할 수 있도록 다양한 방법을 제공할 것이다. 정신적인 충격과 극심한 스트레스에 대한 그의 지식은 왓슨 부인이 아들의 죽음을 접했을 때 그녀가 심리적으로 어떻게 반응하고 있는지에 대해 알게 해 준다. 존슨 목사는 성경 본문이나 고통과 같은 신학적 문제나 극심한 심리적 스트레스 경험을 이해하기 위해 인식에 대한 근대적 접근방법에 의존할 수 있다. 즉, 근대적 렌즈를 사용하게 된다.

존슨 목사가 그녀의 위기 대처방법이 성별, 인종, 종교, 사회계급, 성적 성향, 나이와 같은 다양한 사회적 정체성과 특이한 경력을 통해서 얼마나 수많은 방식으로 형성되었는지를 안다면, 그는 상담 중에 탈근대적 렌즈를 사용하는 쪽으로 바뀌게 될 것이다. 그는 아프리카계 미국 여성 신앙인으로서의 어떤 독특한 경험이 아들의 갑작스러운 죽음을 슬퍼하는 데 영향을 미칠지에 대해 알고 싶어 한다. 그는 목회적 돌봄 상담을 계속 진행하면서 이러한 죽음에 대한 의미를 부여하고, 하나님(신적인 존재)과 교제하는 종교적인 방법을 구축하기 위해 그녀의 종교적 습관과 언어에 의존할 수 있다. 특별히 이러한 상황을 위해서 작성된 설교는 그가 왓슨 부인과 함께 구축한 전후 사정과 관련된 심리학적·문화적·신학적 의미를 반영할 것이다. 탈근대적 렌즈는 그에게 특별한 종교적 의미에 초점을 맞추게 한다. 또한 갑작스러운 위기와 이러한 죽음을 이해하는 장기적 과정에서 그녀에게 절실히 필요한 하나님과의 교제방법에도 초점을 맞추게 할 것이다.

　목회적 돌봄에서 인식에 대한 전근대적·근대적·탈근대적 접근방법 간의 이동은 종종 하나의 패턴을 가지고 있다. 즉, 목회적 돌봄 사역자는 돌봄 수혜자가 극심한 위기의 순간에 신성한 감정을 얻고 하나님과 소통하는 데 도움을 주기 위하여 전근대적 접근법을 가지고 시작하는 경향이 있다. 또한 목회적 돌봄 사역자는 위기에 대한 의학적·심리학적 측면을 파악하기 위해 초기에 근대적 접근방법에 의존한다. 그들은 하나님과 교제하도록 돕기 위해 전근대적 접근방법을 이용하거나 일어난 사건에 대한 이해를 돕기 위해 근대적 접근방법을 사용하는 동안, 그들은 자신이 얼마나 무지한지 그리고 자신의 경험이 살고 있는 환경에 의해서 어떻게 형성되었는지를 깨닫게 될 것이다. 이러한 깨달음을 통해서 지식의 일시성을 인정하거나 탈근대적 접근방법의 적합성을 확인하게 된다.

삼중초점 렌즈를 사용할 줄 아는 목회적 돌봄 사역자는 인식에 대한 전근대적·근대적·탈근대적 접근방법을 사용하는 것만으로도 돌봄 사역의 한계를 덜 느낄 수 있다. 돌봄 상담에서 전근대적 접근방법만을 지나치게 사용하는 것은 성경구절을 문자적으로 해석하고 직접적인 방법으로 적용하는 '성서적 또는 권면적 상담'이라고 불리는 목회적 돌봄의 형태로 확실하게 나타난다.[4] 근대적·탈근대적 사상가의 비판적 접근방법을 배제하고 오로지 인식에 대한 전근대적 접근방법만을 사용하는 목회적 돌봄 사역자는 고대 및 중세교회의 신앙과 유사하게 종교적 전통의 절대적 진리를 믿는다. 극단적인 전근대적 목회적 돌봄에서는 돌봄 사역자가 지나치게 과학적 지식을 거부한다.[5] 보다 덜 극단적인 형태는 인식에 대한 복고지향적인 전근대적 접근방법이 있다(Lakeland, 1997: 17). 이러한 목회적 돌봄 사역자는 성경책, 교리, 교회칙서나 영적·신비적 경험과 같은 종교적 원천을 사용하는데, 이러한 것들은 마치 종교적 체험의 해석이나 신학적 지식의 구축물이 아니라 하나님으로부터 직접 계시받은 것으로 여겨진다. 예를 들어, 이러한 돌봄 사역자는 돌봄을 반영할 때 자신에게 친숙한 성경 비평방법을 이용하지 않고 성경구절을 인용

---

4) 국립심리치료자협회(NANC)는 1970년대에 설립되었으며 제이 아담스(Jay Adams, 1970)의 이론을 기초로 한다. 이 협회는 신약성경 서신서의 'nouthesis'라는 그리스 단어로부터 유래한 '권면적(nouthetic)'이라는 용어를 사용한다. 그들은 위기에 처한 기독교인을 가르치고 권고하고 주의를 주고 바로잡아 주기 위해 성경을 해석하며, 이때 성경을 해석하기 위해 문자적인 기준을 사용한다.

5) 전근대적 관점을 지닌 원리주의자들은 근대성과 그 결과로 나타나는 것은 사탄의 작품이기 때문에 근절되어야 한다고 거듭 주장한다(Lakeland, 1997: 35).

할 수 있다. 또는 그들이 하나님이라 부르는 대상은 인간의 해석을 통해 전해지는 것이 아니라 그들에게 직접 나타나신다고 믿는다.[6]

만약 이 책의 서두에서 예시한 존슨 목사가 이러한 접근방법을 사용했다면, 왓슨 부인이 아들의 죽음을 심리적으로 어떻게 극복하는 지에 대해 요양원 직원들과 상의할 필요도 없고, 슬픔에 대한 심리학적 이해에 의존할 필요도 느끼지 못했을 것이다. 예를 들어, 그는 왓슨 부인에게 아들이 하늘나라로 갔으니 기뻐하라고 권면했을 수도 있다. 만약 그녀의 아들이 존슨 목사의 구원의 기준에 미치지 못했다면, 그는 그녀에게 아들과의 이별을 받아들이고 자신의 구원을 찬양하라고 권면했을 수도 있다. 왓슨 부인이 가장 힘든 슬픔의 시기에 세상에 존재하는 것에 대해 자신만의 방식에 의존한다면 이런 형태의 돌봄은 위로가 될 수도 있지만 더 근심하게 할 수도 있다.

인식에 대한 근대적 접근방법만을 전적으로 사용하는 목회적 돌봄 사역자는 자신의 이론적 관점에서 벗어난 상황적 의미를 자칫 놓치기 쉽다. 그가 형식비평, 역사비평, 편집비평, 자료비평과 그 외의 방법 등 근대적 성경 비평방법에 의존한다면 성경 본문의 의미가 무엇인지에 대해 확실하게 답할 수 있다고 생각할 것이다. 또한 이러한 의미는 목회적 돌봄 상담에도 적용될 수 있다고 여길 것이다. 예를 들면, 존슨 목사는 성서 비평연구에 참여함으로써 부활의 의미에

---

6) 이러한 것들은 몇몇 기독교인이 멜 깁슨(Mel Gibson)의 영화 〈The Passion of the Christ〉를 예수님의 고난에 대한 직접계시로 보는 경험과 같다. 뉴욕 타임즈의 영화 비평가 스콧(A. O. Scott)은 이러한 차이에 대해 언급했다. "나는 〈The Passion of the Christ〉를 성서에 대한 하나의 해석으로 받아들였다. 하지만 독자들 중 몇몇은 그 영화가 성서와 매우 흡사하다고 받아들였다(2004: 21)."

대한 자신만의 이론을 발전시킬 수 있고, 그러한 이론이 왓슨 부인의 아들의 죽음과 같은 특별한 상황에 적절한 것이든 아니든 간에 자신의 모든 목회적 돌봄 상담과 설교 준비에 이러한 이론을 적용하기 위해 노력할 수 있다. 또는 아들의 죽음에 대한 그녀의 모든 반응을 분류하기 위해 슬픔에 대한 자신의 이론을 전적으로 사용할 수도 있다. 그의 심리학적·신학적 시각의 렌즈를 통해서 보이지 않는 슬픔의 측면이나 신학은 눈에 띄지 않고 지나치게 될 것이다.

인식에 대한 탈근대적 접근방법만을 전적으로 사용하는 목회적 돌봄 사역자는 위기를 겪고 있는 돌봄 수혜자가 하나님과 구체적인 교제를 직접적이고 즉각적으로 경험할 필요가 있음에도 불구하고 이를 방치할 위험이 있다. 돌봄 수혜자가 성령을 이해하고 있는지, 성령을 이해한다면 어떻게 이해하고 있는지에 대한 탈근대적 질문에 관심이 많은 목회적 돌봄 사역자는 스트레스를 극복하기 위한 영적·종교적 방법에 대해 상담하는 것을 꺼릴 것이다. 돌봄 수혜자가 하나님을 이해하는 것에 관해 겉보기에 극단적으로 단순하고 솔직한 방식으로 나타낸다면, 어떻게 반응해야 할지 알고 있는 돌봄 사역자의 두려움은 하나님이나 돌봄 수혜자의 신성한 존재에 대한 인식에 대하여 상담하는 데 어려움을 줄 수 있다. 돌봄 사역자는 탈근대적 시각을 사용함으로써 나타나는 복잡성을 지나치게 의식할 수 있다. 게다가 돌봄 사역자는 탈근대적 방법을 사용하여 하나님이 누구인지 실제로 무한한 가능성을 이해하기 위해 매우 다양한 방법을 간단하게 만들어 낸다. 그렇기 때문에 탈근대적 접근방법을 사용할 때 실제적으로 유용하고 적절한 의미에 초점을 맞추지 않는다면 직접적인 영적 위안과 인도가 없이 돌봄 수혜자를 위기 속에 방치할 수 있다.

그러나 목회적 돌봄 사역자가 인식에 대한 전근대적·근대적·탈근대적 접근방법 간에 상호 이동이 가능한 삼중다초점 렌즈를 사용하면 자신의 종교적·지적·문화적 전통의 모든 역사적·현대적 자원을 이용할 수 있다. 전근대적 렌즈는 고대와 중세의 풍부하고 오랫동안 지속되어 온 종교적 전통의 역사 속으로 접근할 수 있게 해 준다. 근대적 렌즈를 사용하면 합리적이고 과학적인 방법, 특히 인간의 경험에 대하여 성경 비평방법이나 현대 조직신학, 의학 및 사회과학 이론에 의해 형성된 방대한 지식에 의존할 수 있다. 탈근대적 렌즈는 지식에 관하여 상황적이고 일시적인 본질에 초점을 맞춘다. 특히 지식이 권력과 특권의 체계를 통하여 사회적으로 어떻게 형성되었는가를 중요하게 본다.

이어지는 내용에서는 삼중초점 렌즈를 활용하여 나타날 수 있는 목회적 돌봄의 한 방법에 대해 설명하겠다. 이 책에서 이미 돌봄에 대한 접근방법을 설명하고 소개하였으므로 기본 용어에 대한 정의를 계속하고자 한다. 기독교 역사를 통해 '목회적 돌봄(pastoral care)'이라는 용어는 이러한 종교적 전통의 대표자들이 제공하는 '돌봄(care)'을 지칭해 왔다. '목회적(pastoral)'이라는 형용사는 히브리와 기독교 성서와 율법에 나오는 양 치는 목동의 이미지를 의미하였다. 양떼를 모는 목동의 보살핌은 유대교나 기독교 지도자들이 어떻게 종교적 공동체의 구성원을 돌보는가를 보여 주는 하나의 이미지로 사용되어 왔다. 비록 모든 목회적 돌봄 사역자가 목사 안수를 받지 않았다 하더라도[7] 종교단체와 신앙공동체에서 그들이 행하는 돌봄에 대한 모든 책임을 질 수 있어야 한다. 예를 들어, 존슨 목사는 종교적 전통의 대표자로서 교인과 교단(교단의 윤리규약을 포함)을 위해 그가 행하는 돌봄에 대해서 책임을 질 수 있어야 한다.

'목회적 돌봄'이라는 용어의 사용에서 한 가지 어려운 점은 유대교나 기독교의 종교적 전통을 가리키는 말이기 때문에 불교나 무슬림 또는 힌두교 돌봄 사역자가 행하는 돌봄을 설명하는 데 쓰일 수 없다는 것이다. 기관 목사를 인증하는 기관의 목사 부서나 조직은 사람들의 영적인 면을 돌보는 돌봄 사역자를 지칭하기 위해 '영적 돌봄'이라는 용어를 사용한다. 이 용어는 역사적으로 영성에 뿌리를 둔 신앙공동체와 종교적 전통과 무관하게 개인주의적 영성을 매우 쉽게 표현할 수 있다. 개인주의적 영성은 종교적 전통을 구성하는 풍부한 상징체계, 예배, 음악, 성서를 충분히 이용하지 못할 수 있다. 만약 왓슨 부인이 생활하는 요양원의 목사가 그녀에게 개인주의적 영적 돌봄을 행하였다면, 그가 무의식적으로 왓슨 부인에게 가장 중요한 영적 자원인 침례교 전통에서의 신앙과 예배의식, 찬양, 기도 등을 무시해 버렸을 수도 있다. 예를 들어, 왓슨 부인이 아들을 위한 가정예배 의식에 대해 이야기했다면, 목사는 그녀의 신앙관습상 어떻게 장례의식을 거행하려는지 모른 채 그녀가 죽음이 가져온 마지막 육신의 이별을 부정하는 것이라고 조급한 판단을 내릴 수도 있다.

7) 만약 평신도가 목회적 돌봄 사역자가 될 경우, 그들은 보통 자신의 신앙공동체에서 훈련, 슈퍼비전, 감독을 받게 된다. 셀프와 선덜랜드(Shelp & Sunderland, 2000)는 평신도인 목회적 돌봄 사역자를 훈련하기 위한 모델에 대해 설명한다. 장애가 있거나 치명적인 질병을 가지고 있는 젊은 성인과 연약한 노인뿐만 아니라 알츠하이머나 에이즈를 가진 사람을 돌보기 위한 수많은 프로그램에서 이 모델을 사용한다.

목회적 돌봄은 역사적·세계적 상황에 따라 여러 형태를 취한다.[8] 북아메리카 상황에서의 목회적 돌봄은 보통 지지적인 돌봄이 수반되는데 급작스러운 상실, 폭력의 경험에 대해서 위기중재의 형태를 띤다. 위기중재는 복잡한 요인으로 인해 평소의 지원체제나 자원의 간단한 활용만으로는 위기나 과도기를 헤쳐 나갈 수 없는 개인, 가정 또는 공동체에 제공되는 돌봄의 한 형태다. 예를 들어, 왓슨 부인에게 아들의 사망 소식은 예상치 못한 충격이며 자신이 점점 더 연약해지는 노년 여성이 되어 간다는 상실에 대처해야만 하는 순간이기 때문에 위기중재가 필요할 것이다.

위기의 심각한 국면이 호전되기 시작할 경우, 돌봄 수혜자가 위기의 어떠한 장기적인 영향력에 잘 대처한다면 돌봄은 더욱더 지지적인 수단이 된다. 나는 이 책에서 위험, 상실, 폭력, 스트레스의 강박적인 대처방법을 평가(4장과 5장)함으로써 돌봄 사역자가 수행해야 될 위기중재와 평가, 그리고 위기 전략을 기술한다. 이어지는 시스템의 요소와 신학적 고찰(6장과 7장)에 대한 토론은 위기중재의 후속 활동으로서 지금 설명하려는 지지적 돌봄과 더 많은 관련이 있다. 이러한 돌봄은 과거에 위기를 경험함으로써 변화될 가능성이 없는 대인관계나 사회적 여건, 그리고 만성적 스트레스를 안고 살아가는 사람들에게 "지탱하는 존재(Shelp & Sunderland, 2000: 28)"로 보인

---

8) 클레브슈와 재클(Clebsch & Jaekle, 1964)은 목회적 돌봄에 관한 저서에 대한 역사적 평가를 하면서 목회적 돌봄 사역자들만큼이나 수많은 목회적 돌봄의 형태가 있다고 언급한다. 라티(2004)는 전 세계적으로 각각의 환경에 존재하는 수많은 목회적 돌봄의 고유한 형태에 대해 설명한다.

다. 예를 들어, 노약자에게 제공해 줄 수 있는 목회적 돌봄은 종종 여러 가지 상실의 어려움 속에서 그들을 지탱해 줄 수 있는 지지적인 돌봄이다. 만성적 고통을 겪고 있는 사람을 위한 지지적인 돌봄은 사회·문화적 이해를 통해 사회의 억압적 환경에서 발생하는 고통을 알 수 있게 해 준다. 경제적 기반이 없는 노인에게 장기적 돌봄을 할 경우에는 제한된 선택권을 가졌을 수도 있다. 경제적 기반이 없는 노약자에게 지지적 돌봄을 하려면, 돌봄 사역자는 정의를 구현하는 데 필요한 전략과 사회정치적 상황까지도 고려하기 위해 자신의 안목을 넓힐 필요가 있다.

목회적 돌봄 사역자는 일반적으로 대학과정, 현장실습과정, 인턴과정을 통해 위기중재 및 지지적인 돌봄을 배운다. 미국목회상담협회(AAPC: American Association of Pastoral Counselors)와 미국임상목회교육협회(ACPE: The Association of Clinical Pastoral Education)와 같은 인증기관이 책임을 지고 그 이상의 훈련을 받도록 하지 않는다면 그들은 목회심리치료, 영성지도, 가족상담과 같은 다른 종류의 돌봄을 제공할 수 없다. 즉, 교육과 훈련 없이 돌봄을 행하는 것은 비윤리적 행위인 것이다. 내가 설명하는 목회적 돌봄의 각 단계는 신학적으로 교육을 받은 돌봄 사역자들이 제공할 수 있는 위기중재 및 지지적 돌봄의 범위 내로 한다.

목회적 돌봄에서 권위의 요소

목회적 돌봄을 제공하는 데는 수많은 권위의 원천이 활용된다. 원천은 마치 땅속에 묻혀 있는 다이아몬드로 비유될 수 있다. 원천을 해석하는 데 사용되는 기준은 다이아몬드를 파내어 가공하는 데 사용되는 방식절차와 같다. 권위의 원천 중 한 가지는 종교적 원천이다. 즉, 구약성경, 신약성경, 예배의식, 교리, 종교적 관습과 영성 훈련 등이 포함된다. 성경 비평방법은 성경구절을 해석하는 데 근대적 기준을 제공한다. 근대적·탈근대적 신학적 관점은 성경, 교리 그리고 관습에 대한 해석을 평가하고 면밀히 검토하는 데 기준을 제공한다. 예를 들어, 기독교 해방신학은 종종 사회체계 내에서 소외된 사람들의 목소리를 높이 평가하는 기준으로 사용된다. 이 기준은 성경과 종교적 전통을 신학적으로 고찰하는 데 사용될 수 있다.

목회적 돌봄은 권위의 종교적 원천과 기준 외에도 권위에 대한 이야기적 원천과 기준을 사용한다는 점에서, 돌봄 사역자와 돌봄 수혜자 양쪽 모두의 이야기는 개인, 가족, 문화의 의미를 구축하는 창조적 방법으로서 그 가치를 평가받는다. 사회과학, 특히 심리학적 연구는 목회적 돌봄 사역자들이 심리학적 경험을 권위의 원천으로 검토해 볼 수 있도록 도와준다. 그중에서 성격에 대한 정신 역동 이론, 발달 이론, 가족체계 이론, 정신질환에 관한 이론과 같은 다양한 심리학적 관점을 이용하는 경험을 해석할 수 있게 해 준다. 문화연구는 목회적 돌봄 사역자가 돌봄 수혜자의 사회적 정체성이 성별, 인종, 성적 경향, 사회계층, 종교적 정체성에 의해 어떤 형태로 구체화되었는지를 이해할 수 있도록 도와준다. 페미니스트와 성 연구(동성연애자, 여성동성애자, 성전환자 연구 등), 윤리적 혹은 인종적 연구(아프리카계 미국인, 라틴계 미국인, 아시아계 미국인 등)와 같은 다양한 이론의 관점은 돌봄 수혜자의 사회적 정체성의 경험을 해석할 수 있는 기준을 제공한다.

다학문 분야에 걸친 상황적 접근방법

비판적 상관연구법(critical correlational method)이라고 불리는 다학문 분야에 걸친 접근방법은 권위의 원천과 기준을 논의의 장으로 끌어들였다(Poling & Miller, 1985; Browning, 1991; Doehring, 1999; Ramsay, 1998). 여러 학문 분야에 걸친 비판적 논의에 대한 탈 근대적 목적은 보편적인 지식과 이론을 얻으려는 것이 아니라, 위기에 처한 사람에 대해 상황적인 이해를 확장하고 그들의 복지와 정의를 추구하는 전략을 체계화하기 위한 것이다. 나의 목회적 돌봄에 대한 접근방법은 학문적으로 나의 목회학적·임상학적 배경을 반영한 고도의 상황적인 접근방법이기 때문에 나와 유사한 종교적·교육적·전문적 배경을 가진 사람에게 매우 적절할 것이다. 이것은 보편적으로 사용되는 목회적 돌봄에 대한 접근방법이기보다는 오히려 목회적 돌봄을 제공하기 위한 무수히 많은 방법 중 하나에 불과하다.

나의 접근방법이 적절한가에 대해 독자들에게 평가할 수 있도록 나의 배경을 간략히 기술하고자 한다. 나는 앵글로계 미국인 여성으로 서로 다른 종교를 가진 부모(부친은 불가지론자, 모친은 천주교) 밑에서 미국과 나중에는 캐나다의 중산층 가정에서 천주교 신자로 성장하였다. 나는 캐나다에서 장로교 목사 안수를 받았고 미국 보스턴으로 이사하기 전까지 9년 동안 캐나다 온타리오 소재 두 개의 마을 교회에서 목사로 재임하였다. 보스턴에 와서는 보스턴 대학교 목회

심리학과에서 박사(Ph.D) 과정을 마쳤다. 그곳에서 11년 동안 가르쳤고 보스턴 대학교 부설 목회상담 및 정신건강센터인 '데니엘슨 연구소(Danielsen Institute)'에서 심리학자이자 임상치료감독으로 일하였다. 또한 매사추세츠의 메드포드(Medford)에 있는 노스 스트리트 회중교회의 시간제 목사로도 시무하였다. 지금은 아일리프 신학교(Iliff School of Theology)에서 학생들을 가르치고 있다. 나의 관심은 목회적 돌봄에 관해 실용적으로 유용한 설명을 제공하려는 데 있으며, 이를 위해 나의 목회적·임상적 경험을 반영하고 있다. 이러한 경험은 인식에 대한 특별히 종교적·신학적 인식에 대한 풍부하고 복잡한 전근대적·근대적·탈근대적 접근방법을 활용하여 돌봄을 제공하게 하였다.

🤾 이 책의 구성

이 책에서 나는 목회적 돌봄 사역자가 따를 수 있는 7단계를 제공하고 이러한 돌봄을 어떻게 시작할 것인가에 대해 질문을 제기한다. 편의상 7단계가 일렬로 순차적으로 일어나는 것처럼 기술하지만, 실제로 상담가의 재량에 따라 단계의 순서를 변경할 수 있다. 다음은 목회적 돌봄의 7가지 단계다.

1단계: 돌봄 수혜자의 이야기를 공감적으로 경청하기
2단계: 자기 자신의 이야기와 관련된 유용한 그리고 유용하지 않은 방법을 살펴보기

3단계: 다음 사항을 면밀히 검토한 후에 돌봄관계의 계약을 체결
하기
  • 목회적 돌봄 상담의 비밀성에 대한 한계는 없는가?
  • 성적 간통을 야기할 수 있는 심리적 욕구는 없는가?
  • 갈등을 유발하는 이중 역할은 없는가?
  • 돌봄 사역자의 전문성과 유용성의 한계는 없는가?
4단계: 상실, 폭력, 스트레스 대처방법을 다루는 심리적 쟁점을
평가하고 치유의 초기계획을 제시하기
5단계: 돌봄 수혜자의 가까운 인간관계뿐만 아니라 문화, 공동체
그리고 가족체계에 대한 강점과 책임을 평가하기
6단계: 신학적 기준을 제시하기, 신학적으로 고찰하기
7단계: 치유와 정의를 찾기 위한 전략을 개발하기

이들 각 활동은 다음에 이어지는 각 장에서 자세히 설명한다.

처음 시작되는 세 개의 장에서는 돌봄 수혜자와 돌봄 사역자가
자신 양쪽 모두의 이야기를 경청하는 것에 대한 기본적 개념과 기술
에 초점을 맞춘다. 이들 세 개의 장에서는 목회적 돌봄을 '어떻게
(how)' 할 것인가 하는 방법론을 강조한다. 1장에서는 제1단계인
돌봄을 필요로 하는 사람들의 이야기를 경청하는 방법과 돌봄을 제
공하는 관계에서의 몇 가지 기본요소를 설명한다. 즉, 공감과 관계
의 차이에 따라서 형성되는 경계, 그리고 힘의 역동성을 설명한다.
1장은 축어록이라고 불리는 대본 형태의 목회적 돌봄 상담사례로
시작된다. 2장에서는 돌봄 수혜자의 이야기로부터 일깨워진 우리
자신의 이야기에 귀 기울이는 법에 대해 논한다. 돌봄 사역자의 이

야기는 어떤 순간에는 돌봄을 제공하는 데 귀중한 자원이 될 수 있지만 어떤 순간에는 장애물이 될 수 있다. 목회적 돌봄 사역자가 자신의 이야기가 목회적 돌봄에 도움을 주는지 또는 장애가 되는지를 모니터하는 방법을 기술한다. 2장 마지막에서는 첫 번째 연습을 소개하는데, 일련의 연습은 2장부터 8장에 걸쳐 각 장의 마지막에 나온다. 이들 연습을 마치고 나면 독자들은 자신의 사례연구를 통해 목회적 돌봄의 각 단계를 따라 할 수 있다.

3장은 훌륭한 경청 실제에 초점을 맞추고 독자로 하여금 자신의 경청기술을 재점검할 수 있는 기회를 제공한다. 목회적 돌봄 사역자가 고통을 겪고 있는 돌봄 수혜자와 함께 앉아 그 사람의 이야기에 귀 기울이는 방식은 그들의 내면에 내재적 신학(embedded theologies)을 반영하는 것이고, 곧 그들은 자신의 신학을 실행에 옮기고 있는 것이다. 나는 돌봄 사역자에게 내재적 신학을 전하는 경청 스타일의 측면을 숙고하면서 심리학적 · 영적 자원을 사용하는 방법에 대해 알려 주고자 한다. 여기에서 내재적 신학은 심의신학(deliberative theology)과 상충된다. 제3장은 특별히 목회적 돌봄 상담에 대한 지도감독을 받은 경험이 도움될 수 있는데, 이때 목회적 돌봄 상담은 축어록, 오디오, 비디오테이프를 활용한다.

4장에서는 목회적 돌봄의 초기 단계에서 암묵적으로 혹은 명시적으로 성립될 돌봄의 계약(contract)에 대해 고찰하고자 한다. 그리고 이러한 계약은 목회자의 행동규범의 기준에 기초하며 돌봄 수혜자가 피해를 입지 않는다는 것을 전제로 한다. 목회적 돌봄 상담과정에서 돌봄 사역자는 비밀유지 의무의 한계를 벗어날 수 있는 아동학대나 노인학대의 존재가 의심되거나, 돌봄 상담을 하는 관계에서 성적인 경계선(sexual boundary)을 깰 가능성이 있거나, 갈등을 유발하는 이중 역할이 있거나, 상담 후 다른 전문의에게 위탁할 필요가 발생하거나, 혹은 긴급히 요구되는 목회적 돌봄을 언제, 어떻게 할 것인지에 대해 한계를 느낀다면, 반드시 그들의 행동규범 기준을 따르고 자문을 구하며 돌봄 수혜자의 행복을 보호하기 위해 적절한 조치를 취해야만 한다. 예를 들어, 만약 로버트 존슨과 같은 목회적 돌봄의 사역자가 왓슨 부인이 성적 및 육체적으로 학대받고 있다는 느낌을 받는다면, 그는 즉시 자신이 법적·도덕적으로 이 학대에 대해 신고할 의무가 있는지에 대하여 교단의 법률 대리인에게 조언을 구해야 한다. 나는 다음의 사항에 대해 논함으로써 돌봄 사역자의 모든 책임의 범위를 고찰하고자 한다.

- 돌봄 사역자가 돌봄 수혜자의 육체적·성적·감정적 학대나 방치가 의심될 때 비밀유지의 한계
- 간통
- 목회적 사역자의 이중 역할
- 전문성의 한계
- 긴급한 돌봄을 제공할 수 있는 유용성

5장과 6장은 4단계와 5단계에 대해 설명하는데, 이는 상담가가 돌봄 수혜자의 이야기를 들음으로써 수행하는 심리적 그리고 체계적인 평가를 하는 데 있다. 이들 두 장에서는 권위의 원천과 기준으로서 사회과학, 문화연구, 가족체계 이론을 사용한다. 5장에서는 돌봄 수혜자가 하는 이야기에 대해 심리학적 차원을 탐색하는 방법을

고찰한다. 돌봄 수혜자는 보통 상실과 관련된 생활주기의 변화와 위기를 경험하는 경우가 많다. 이러한 변화와 위기에는 집에서의 독립, 임신중절, 얽매인 관계, 부모가 되는 것, 이혼, 실직 등이 있다. 또한 부부간 폭력, 성폭행이나 학대와 같은 폭력에 의한 위기를 경험하고 있는 경우도 있다. 그렇기 때문에 돌봄 사역자에게 돌봄 수혜자의 이야기 속에서 상실과 폭력이 주제인지 아닌지를 평가하는 데 필요한 지식과 기술을 제공하고자 한다. 또한 돌봄 수혜자가 스트레스에 대처하는 방법, 특히 강박적 행동이나 중독성 있는 물질을 사용하여 대처하는 방법을 평가하는 것에 대해 논하고자 한다. 돌봄을 제공하기 위한 전략뿐만 아니라 다양한 형태의 대처방법, 상실, 폭력을 경험하는 돌봄 수혜자의 심리적 욕구에 대해 기술한다.

6장은 5단계를 설명한다. 문화, 공동체, 가족체계의 강점과 약점을 파악하여 이들 체계가 돌봄 수혜자의 위기와 변화를 악화시키는지 개선시키는지를 판단한다. 여기서는 돌봄 수혜자의 사회적 정체성을 어떻게 평가할 것인지를 설명하기 위해 문화연구를 사용한다. 사회적 정체성의 상황이 위기에 처한 돌봄 수혜자에게 돌봄의 자원이 될 수도 있지만 안 될 수도 있기 때문이다. 교회공동체의 역할 또한 논의된다. 가족체계 이론을 사용하여 돌봄 수혜자가 겪는 위기에 가족의 과거와 현재가 관련이 있는지를 평가한다. 부부간의 친밀관계를 평가하기 위해 부부관계에 대한 연구도 사용된다. 문화, 공동체, 가족체계에 포함되어 있을 수 있는 책임에 대한 설명과 함께 공평성을 추구하는 방법도 기술한다. 문화, 공동체, 가족이 변하지 않는다면 개인적인 치유는 거의 불가능하다.

7장에서는 이러한 다문화 간의 대화에 신학적 관점을 추가함으로써 얻는 가치를 설명한다. 6단계에서 돌봄 사역자는 인식에 대한 탈근대적 접근방법에서 사용하는 기준을 활용하는데, 이는 다음과 같은 신학적 관점과 행동을 같이하기 위한 것이다.

- 돌봄 수혜자의 경험과 관련하여 상황적으로 의미 있는 신학적 관점
- 여러 분야의 대화에서 사용될 수 있는 신학적 관점
- 돌봄과 정의를 추구하는 데 필요한 전략을 개발하기 위해 실질적 도움이 되는 신학적 관점

종교적 상징에 관한 『네빌의 신학(The Truth of Broken Symbols)』(Neville, 1996)과 악에 관한 폴링의 신학(Poling, 1996)이 두 가지의 신학적 관점에 대한 타당성을 평가하기 위해 이 기준을 사용하는 방법에 대해 자세히 설명한다. 나는 돌봄의 계획 수립을 위한 기초로 사용될 수 있는 신학적 기준에 도달하기 위해 네빌과 폴링의 신학적 관점을 이용하여 마무리한다.

8장에서는 목회적 돌봄의 최종 단계인 계획을 개발하는 방법에 대해 설명한다. 이러한 계획의 첫 번째 목표는 돌봄 수혜자의 안전에 유의하면서 상실과 폭력 경험에 따른 극심한 스트레스에 대처하는 방법을 조사하여 돌봄 수혜자가 안정감을 찾을 수 있도록 도와주는 것이다. 목회적 돌봄 사역자는 위기에 처한 돌봄 수혜자가 하나님과 그 자신의 신앙공동체와 연결되는 종교적·영적 대처방법을 어떻게 활용하는가에 초점을 맞출 수 있다. 돌봄 수혜자가 안전성과 평안함을 느끼는 종교적·영적 방법을 찾는 데 도움을 줌으로써

돌봄 사역자와의 신뢰관계가 형성된다. 안전성과 평안함을 얻게 되는 첫 번째 목표가 이루어졌을 때 비로소 두 번째 목표도 가능해진다. 즉, 위기로 유발된 상실을 슬퍼하는 것과 돌봄 수혜자의 행동의 책임은 피해를 끼친 가해자(사람)들에게 있다고 하는 일이다. 세 번째 목표는 보편적으로 삶이 선한 것이라는 것을 재발견하게 하는 것이다.

이러한 세 가지 목표에 따라 먼저 개인적으로 돌봄 수혜자와 가까운 주변 사람들과 그가 속한 공동체, 사회와 연관지어 고찰하게 된다. 폭력적 가족체계나 공동체, 그리고 폭력이 난무한 사회에 사는 사람은 그가 살고 있는 폭력적 환경이 바뀌지 않는 한 안전감과 평안함을 찾기가 쉽지 않을 것이다. 상실을 슬퍼하거나 그들의 행동의 책임이 피해를 끼친 가해자들에게 있다고 하는 두 번째 목표를 수행하는 단계에서 돌봄 사역자는 가해자에게 폭력의 책임이 있기 때문에 사법경찰이나 사회봉사단체와 협력할 수 있다. 약물 의존 및 남용과 같은 스트레스에 대한 강박적인 대처방법이 해가 되었을 때 돌봄 사역자는 돌봄 수혜자를 12단계 프로그램에 위탁함으로써 중독으로 인한 도덕적 피해의 대상이 된 돌봄 수혜자에게 효과적인 전략과 지원을 제공할 수 있다. 만약 돌봄 수혜자 개인의 치유뿐만 아니라 가족, 공동체, 사회체계의 치유를 조사할 조직적 필요성이 있다면, 돌봄 사역자는 치유와 공평성을 모두 추구할 수 있는 돌봄 계획의 개발을 위해 다른 전문기관의 사람들과 협력할 수 있다.

9장에서 나는 목회상담가가 상실, 폭력, 알코올 중독을 포함하는 위기에 대처하는 돌봄의 7단계를 어떻게 이동하는가에 대해 설명하려 한다. 다채롭고 복합적인 사례연구를 위해 『고통(Affliction)』이라는 소설과 영화를 활용하여 독자로 하여금 폭력이 발생한 가정에서 목사 역을 맡았다고 상상함으로써 시작한다. 소설에서 묘사된 목사의 입장이 되어 봄으로써 목회적 돌봄 사역자가 주인공인 웨이드 화이트하우스(Wade Whitehouse)의 복잡하고도 의미심장한 욕구에 대응하고, 해결되지 않은 그의 욕구로 발생한 대량살상의 폭력을 막을 수 있었던 방법에 대해 설명하고자 한다. 이 사례연구는 목회적 돌봄의 필요성에 주목하도록 이끌며 이와 더불어 영화와 소설 속의 예술적인 아름다움은 관객과 독자를 서정적으로 묘사한 고통 속으로 안내한다.

결론에서 나는 이 책에서 사용된 목회적 돌봄에 대한 상황적인 탈근대적 접근방법의 적합성과 유의성을 논하기 위해 목회신학의 이론적 관점을 이용한다. 이 결론의 목적은 지난 25년의 세월 속에 형성된 자유 개신교 북미 목회신학의 전통에 존재한 목회적 돌봄 접근방법을 가르치기 위한 것이다. 또한 이러한 돌봄에 대한 독특한 접근방법이 어떻게 인식의 사회적 구조를 받아들이고 목회적 돌봄을 제공하면서 도전에 대처하는 하나의 방법이 되는가를 설명한다.

돌봄관계의 기본 요소

첫 번째 단계는 돌봄 사역자가 고통받고 있는 사람의 아픔을 치유하고 정당성을 찾아 주는 일을 감당할 수 있는 단계로서 간단하고 자연스러운 것이다. 즉, 돌봄 사역자가 돌봄 수혜자의 이야기를 경청해 주는 단계다. 여기에서는 한 남성 목사와 돌봄을 받고자 찾아온 여성이 나눈 대화의 실례를 들어 시작해 보고자 한다.[1]

---

[1] 이 상담은 축어록이라 불리는 대본의 형태로 적혀 있다. 축어록에 대한 소견에서 참조문으로 인용할 수 있도록 돌봄 사역자와 돌봄 수혜자의 발언에 번호를 부여하였다.

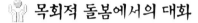 목회적 돌봄에서의 대화

샘 리(Sam Lee) 목사는 몇 주 전 스프링필드의 한인 감리교회 주일예배에 처음으로 참석한 한국계 미국 중년 여성과 면담 약속을 잡았다. 그녀는 교회 방명록에 우드(Wood) 부인이라는 자기 이름과 전화번호를 적어 놓았으나 누구와도 말을 나누지 않았다. 샘 리 목사는 모든 예배 참석자에게 하듯이 심방전화를 걸었다. 통화를 하는 중에 그녀는 자신의 가족문제와 관련해서 목사님 면담이 가능한지를 물어보았다. 그리고 그녀는 평일 오전에 목회실로 왔다. 목회실은 방문객이 목회실 문을 등지고 앉으면서 목사가 방문객과 열려진 문을 바로 바라보게 배치되어 있었다. 인사를 나눈 후 우드 부인은 의자에 앉아 자신이 왜 예배에 참석하게 되었는지 이야기하기 시작했다. 샘 리 목사는 나중에 동료 돌봄 사역자 그룹에서 숙고할 수 있는 축어록의 형태로 그 대화를 기록하면서 기억하려고 노력했다. 그는 각각의 발언에 번호를 부여해서 자신과 동료들이 토론과정에서 참조할 수 있도록 하였다.

> 우드 부인(1): 저는 보통 남편 톰과 함께 예배를 드립니다. 우리는 메인 스트리트에 있는 제일 연합교회를 다녀요. 몇 주 전 저는 어머니 때문에 마음이 몹시 상했어요. 그리고 왠지 모르게 한인 교회에서 예배를 드리면 위안이 될 거라는 생각이 들었어요. 저는 이 교회가 친절하다고 들은 적이 있어요. 그게 바로 제가 이 교회에 오게 된 이유예요.

샘 리 목사(1): 오셔서 반갑습니다. 어떤 어려움이 있으십니까?

우드 부인(2): 어머니는 최근 몇 주 동안 저희와 함께 계셨어요. 어머니는 그동안 살아온 당신의 삶에 대해 이야기하셨고 그 때문에 저를 속상하게 했지요. 평소 어머니는 말수가 적으셔서 과거에 대해서 많이 이야기하지 않아요.

샘 리 목사(2): 어머니께서 어떤 이유로 더 많이 말을 하시게 되었는지 궁금하군요.

우드 부인(3): 어머니는 지금 연세가 60대 후반으로 연로하세요. 아버지는 1년 전쯤 돌아가셨구요. 어머니께서는 그동안 혼자 생활하셨는데 힘드셨던 것 같아요. 저는 그것을 깨닫지 못했어요. 부모님의 결혼생활이 원만하지 않았기 때문에 어머니께서 혼자 사시는 것을 좋아하실 거라고 생각했어요.

샘 리 목사(3): 부모님의 결혼생활은 어땠나요?

우드 부인(4): 아버지는 한국분이 아니었어요. 한국에서 주한 미군으로 근무하면서 어머니를 만나게 되었다고 하는데, 저는 두 분이 어떻게 만났는지에 대해서는 별로 듣지 못했어요. 바로 그 부분이 부모님이 말하지 않았던 부분이었어요. 부모님이 말하지 않았던 것은 그 외에도 많았어요. 사실 두 분은 많은 대화를 하지 않고 지내서 마치 두 분 사이는 냉전 상태 같았어요. 저는 때때로 두 분이 서로 싫어한다고 생각하기도 했어요. 어머니께서는 밖에 잘 나가시지 않고 집에서 살림만 하셨어요. 어머니를 여행 가시도록 하거나 저희 형제와 손자를 방문하게 하는 것이 어려웠어

요. 그래서 어머니께서 가끔이라도 텅 빈 집에서 나와 저
희 집에 놀러 오시도록 계획을 짜기로 결정했어요.

샘 리 목사(4): 그분들의 결혼생활은 참 안타깝게 느껴지네요. 하나님
께서 우리에게 바라는 것이 아니시죠. (일순간 침묵이 흘
렀다)

우드 부인(5): 만약 어머니께서 이곳에 계셔서 사람들이 어머니의 과거
에 대해 알았더라면 사람들은 그녀를 판단했을 거예요.

샘 리 목사(5): 무엇을 판단한다는 거죠?

우드 부인(6): (눈물을 흘리며) 어머니는 아버지를 만났을 때 술집에서
일하고 있었다고 했어요. 어머니는 14세 때 가난해서 먹
을 것이 없어 집을 떠났고 술집 종업원이 되어 때때로 남
자 손님들과 외박을 나가곤 했었다고 하셨어요. 저는 어
머니가 매춘부였다는 것을 안 순간 메스꺼운 기분이 들
었어요.

샘 리 목사(6): 그 이야기를 듣고 충격이 컸겠군요.

우드 부인(7): 저는 완전히 넋이 나갔어요. 어머니가 하셨던 말씀이 마
음속에서 계속 맴돌아요. 때때로 저는 어머니에게 소리
치기도 하고 어머니를 판단하는 사람들을 향해 소리 지
르기도 해요.

샘 리 목사(7): 당신은 내가 당신 어머니를 판단하리라고 생각했군요.

우드 부인(8): 글쎄요. 당신은 목사님이시잖아요. 그리고 죄는 모두 성
에 관한 것이니까요. 죄송해요. 저는 한국인보다는 미국
인인 것 같아요. 제 어머니는 다른 한국인들과는 절대로
어울리지 않았어요.

샘 리 목사(8): 당신 어머니와 같은 여성들은 대체로 수치심을 느끼기 때문에 자신의 과거에 대해 이야기하지 않습니다. 특히 한국인들 사이에서 어머니 자신의 과거를 숨기는 것은 어려웠을 것입니다. 사람들은 그녀가 미국 군인과 결혼했다는 사실을 알기가 무섭게 이상한 추측을 했을 것입니다.

우드 부인(9): 저는 이제야 그것을 깨달았어요. 제가 자랄 때 저는 전혀 알지 못했어요. 저는 단지 어머니가 어떤 문제가 있다고만 생각했어요. 아무것도 눈치 채지 못한 제가 매우 바보같이 느껴져요.

샘 리 목사(9): 당신의 어머니는 당신을 보호하려고 했습니다. (잠시 침묵이 흘렀다.)

우드 부인(10): 그것도 말이 되네요. (침묵이 더 흘렀다.)

우드 부인(11): 아시겠지만, 목사님이 한국인이셨기 때문에 저는 목사님을 찾아오는 것이 두려웠어요.

샘 리 목사(11): 네. 사람들은 종종 목사들이 판단할 것이라고 생각하죠. 저희 아이들은 저에게 남을 판단하지 말라고 가르쳤답니다. 아이들이 저에게 주는 가르침은 하나의 도전이 되었습니다. 그래서 저는 지금 더 나은 경청하는 사람이 되었습니다.

우드 부인(12): 예배에 다시 참석하고 싶지만, 그것은 좀 어렵겠어요. 성가대에 앉아 있는 몇몇 노부인이 매우 엄격해 보여서요.

샘 리 목사(12): 아마 당신이 다시 예배에 참석하신다면 또 만날 수 있겠죠.

우드 부인(13): 좋습니다. 제가 어머니께서 하신 말씀을 그냥 무시해 버리면 좋겠지만 저는 그럴 수가 없네요.

샘 리 목사(13): 가시기 전에 제가 기도해도 될까요?

우드 부인(14): 목사님 죄송합니다. 목사님 기도를 받아야 된다는 것은
알지만 지금 당장은 기도가 편하게 느껴지지 않아요.

샘 리 목사(14): 당신은 참 솔직한 분이시군요. 괜찮습니다. 다음에 다
시 뵈면 좋겠습니다.

우드 부인(15): 도움 주서서 대단히 감사합니다.

이 대화에서 보면 샘 리 목사는 경청을 잘하는 사람이다. 그의 반
응을 살펴보면, 그는 그의 내면에서 일어나는 반응에 집중하면서 그
반응을 확인하고 있다. 그가 문제를 책임지려 하거나 충고하고 싶어
하는가? 그는 문제로부터 멀어지려고 하는가? 비판적 입장이 되었
는가? 불안해하는가? 그는 그의 자신의 이야기, 특히 그에게 정신적
압박을 준 경험을 통해서 자신의 반응을 살펴본다. 그는 또한 한국
인 이민자인 것과 관련된 더 큰 문화적 이야기에 주의를 기울일 줄
알게 되었다. 다음 장에서는 샘 리 목사의 이야기를 기술하고자 한
다. 그러나 우선 훌륭한 경청자라는 말이 무엇을 뜻하는 개념인지부
터 알아보고자 한다.

공감과 관계적 경계선

공감은 목회적 돌봄에서 중심적 역할을 한다. 그것은 상상 속에서
다른 사람의 신발을 신고서 그 사람의 시각으로 세상을 바라보는 하

나의 수단이다. 그러나 또한 돌봄 사역자는 이러한 연결고리를 형성하면서 동시에 자신의 시각을 유지하고 돌봄관계 안에서 돌봄 사역자 자신과 돌봄 수혜자 양쪽 모두의 내부에서 어떠한 상황이 전개되고 있는지를 반드시 인식하고 있어야만 한다. 공감은 동시에 일어나며 정반대의 상관관계에 있는 두 가지 기술을 포함한다. 첫 번째는 상대방이 되어 보는 경험을 통해 그 사람과 연결고리를 형성하는 것이고, 두 번째는 자신의 감정과 생각을 자각함으로써 상대방으로부터 분리되는 것이다. 공감은 균형을 유지하는 행위다.

앞의 대화에서 보면 샘 리 목사는 우드 부인과 그녀의 어머니 모두의 입장에서 상상할 수 있다. 그가 우드 부인에게 왜 그녀의 어머니가 갑작스럽게 자신의 과거에 대해 말하게 되었는지, 그리고 어머니의 결혼생활이 어떠했는지 등을 물을 때, 그는 그녀의 어머니의 입장에 있다. 그는 그러한 결혼생활에 대해 슬픔을 표현한다. 그는 우드 부인과 그녀의 어머니와 감정적으로 연결되었기 때문에 그의 반응은 공감을 전달하기 시작한다. 또한 그는 그들의 경험에 대하여 어떤 관점을 지니고 있는데, 하나님은 배우자들이 냉담하고 불화한 상호관계의 역동성에 갇혀 있는 것을 원하지 않으신다는 것을 믿음을 통해서 주장할 때 그러한 관점을 나타낸다.

목회적 돌봄에서 한 가지 문제점은 돌봄 사역자가 돌봄 수혜자의 경험에 지나치게 몰두했을 때 나타나는 연합현상(fusion)이다. 이러한 종류의 연합이나 통합(fusion, merger)은 목회적 돌봄을 시작하는 초보자들에게 흔하게 나타나며, 특히 돌봄 사역자가 돌봄 수혜자와 공통점이 많다고 느낄 때 흔히 발생한다. 돌봄 수혜자와 지나치게 동일시하는 것은 돌봄 사역자가 자신의 감정을 자각하는 것과 동시에 돌봄 수혜자와의 관계에서 무엇이 일어나고 있는지 파악하는 것을 어렵게 만들 수 있다. 결과적으로 돌봄 사역자는 돌봄 수혜자를 돕는 일에 지나치게 휘말려 버릴 수도 있다.

앞의 대화에서 보면 샘 리 목사는 어느 부분에서든지 우드 부인에게 지나치게 열중할 수 있었다. 예를 들어, 우드 부인이 죄는 모두 성과 관련된 것이며 그녀는 자신이 한국인보다 미국인인 것 같다고 말할 때, 샘 리 목사는 자신을 포함한 많은 목사가 죄와 성문제를 동일시하지 않는다고 확인시켜 주고 싶은 충동을 느꼈을지도 모른다. 그는 성관계를 성스러운 것으로 설교했을 수도 있다. 혹은 우드 부인에게 그 교회를 민족적 동질성을 맛볼 수 있는 장소로서의 한국인 가정으로 생각하라고 권했을 수도 있다. 그러나 이러한 방식으로 반응했다면 그는 자신이 상담할 문제에 맞춰 대화를 이끌어 갔을 것이다. 그는 그녀의 어머니에 대한 양가감정 때문에 그녀가 샘 리 목사와 그곳 교인들을 멀리할 필요가 있다고 느끼는 것을 보여 준 단서를 놓쳤을 것이다.

이와 정반대로 어떤 돌봄 사역자는 감정적으로 돌봄 수혜자와 거리를 유지한다. 만약 샘 리 목사에게 이러한 현상이 일어났다면 그는 성을 죄로 언급한 우드 부인의 의견에 방어적인 태도로 대응했을 수 있다. 또한 우드 부인이 한국인보다는 미국인인 것 같다고 한 말에 대해 "그럼 왜 이곳에 오셨습니까? 그리고 왜 저와 이야기를 나누려고 오셨습니까?"라고 말했을 것이다. 이러한 반응은 그녀의 분노로부터 그 자신을 보호할 수는 있다. 하지만 만일 그녀의 분노의 표적이 자신이라고 느낀다면 그는 그녀가 그녀 자신과 어머니에게 화를 내고 있다는 단서를 놓치게 되는 것이다. 샘 리 목사는 이러한 실수를 범하지 않았다. 그는 우드 부인의 내면에서 진행되는 역동성으로부터 자신을 분리시킬 수 있었으며 우드 부인의 어머니의 과거에 대한 수치심과 자신을 연결시켰다.

연합, 공감 그리고 분리는 연속선상 위에 있는 것이다. 그중에서 공감은 중간선상 위에 있는 것으로서 다른 사람으로부터 분리되어 있는 상태와 연결되어 있는 상태 모두를 포함한다. 불안이나 스트레스는 돌봄 사역자를 다른 사람으로부터 지나치게 분리시키며 감정적으로 이탈된 상태로 이끌어 가거나 또는 다른 사람과 지나치게 연결시키거나 연합시킬 수 있다. 그리고 이 때문에 돌봄 사역자는 자신의 감정과 돌봄 수혜자의 감정을 구별하지 못할 수 있다. 가족과 사회 안에서의 다양한 경험(신앙공동체의 일부로서)은 돌봄을 필요로 하는 돌봄 수혜자와 더 큰 단절이나 연합의 경향성을 유발할 수 있다. 예를 들어, 만약 샘 리 목사가 어머니의 행복을 바라는 자녀로서 책임감을 느끼지만 고통받고 있는 여성들과의 성숙한 인간관계에서 이러한 역동성이 어떻게 다시 일어나는지를 샘 리 목사가 깨닫지 못했다면 어떻게 되었을까? 그는 아마 우드 부인과의 대화에 지나치게 몰입되어 그녀가 자신의 사무실을 떠나기 전에 슬픈 감정이나 분노를 떨쳐 버리기를 원했을 수도 있다. 만일 샘 리 목사가 유년시절에 경험했던 어머니의 고통에 대하여 무력감과 분노를 느낀 적이 있었다면, 또 다른 극단적인 상황이 일어날 수도 있다. 그리고 그는 우드 부인이 너무 분노하고 혼란스러워하기 때문에 자신이 그녀를 도와줄 수가 없다고 스스로에게 말하면서 그녀에게 거리를 두려고 했었을 수도 있다.

공감은 목회적 돌봄 사역자들과 실천신학자들 모두에게 중요하다. 왜냐하면 공감은 인간관계의 종교적 · 심리학적 역동성 모두를 설명해 주기 때문이다. 많은 목회신학자(Karaban, 1991; McCarthy, 1992; Schlauch, 1990, 1995)는 인간의 고통 속으로 들어가는 초월적 존재인 신의 역동성을 설명하기 위하여 인간이 지니고 있는 공감적 역동성을 이용하여 왔다. 실제로 기독교의 부활의 상징은 인간의 삶 속으로 들어가시는 하나님, 고통받으시는 하나님, 끔찍한 고난 일 수 있는 멸망을 이기시는 하나님에 관한 것이다. 출애굽기에서는 종 으로 있던 히브리인들을 고난과 역경으로 가득 찬 여정 위에서 약속 의 땅으로 인도하기 위하여 모세에게 역사하시는 하나님을 묘사하 였다. 부활과 출애굽은 서로 의견을 교환하는 복잡한 과정 속에서 고난받으시며 함께하시는 하나님에 관한 이야기인데, 그러한 과정 은 새로운 생명을 가져다준다.

이것뿐만 아니라 다른 종교적인 이야기와 상징 또한 목회적 돌봄 에서 공감하는 과정을 이해하기 위한 신학적 방법을 제공한다. 우리 는 출애굽기와 부활에서 나타난 이야기에서 하나님이 계신 것을 믿 었던 것과 마찬가지로 돌봄관계 안에서도 하나님의 임재하심을 경 험할 수 있다. 이러한 하나님의 존재는 신뢰관계를 확립하는 데 도 움을 준다. 초반에 소개한 실례에서 보면 샘 리 목사는 우드 부인의 고통에 공감하고 있기 때문에 그녀가 혼란, 분노, 슬픔을 모두 표출 할 수 있도록 안전한 장소를 제공할 수 있었다. 샘 리 목사는 우드 부인에게 지나치게 몰입하거나 분리되지 않았다. 이러한 안전감을 통해 얻은 신뢰는 그녀에게 모험도 해 보고 실수할 수 있는 부담도 이기게 해 준다. 우드 부인은 면담 후반 부분에서 샘 리 목사가 기도 하기를 권하는 제안을 무례하게 느꼈을 수도 있다. 그런데 이 시점에서 우드 부인이 자신의 욕구를 주장할 만큼 안전함을 느꼈다는 것이다. "목사님 죄송합니다. 목사님 기도를 받아야 된다는 것은 알지만 지금 당장은 기도가 편하게 느껴지지 않습니다." 샘 리 목사는 그녀에게 동의할 수 있었다. "당신은 참 솔직한 분이시군요. 괜찮습니다. 다음에 다시 뵈면 좋겠습니다." 이러한 그의 공감은 목회적 돌봄 관계에서 신뢰를 형성하는 데 하나의 핵심요소다.

🏛 힘의 역동성

목회적 돌봄관계에서 두 번째 핵심요소는 힘이다. 힘은 관계적 역동성과 맞물려 작용한다. 돌봄관계에서 분리되거나 통합되어 버리는 극단적인 예를 설명할 때 우리는 반드시 힘의 역동성, 그리고 힘의 차이가 어떻게 힘의 남용을 가져올 수 있는가에 대해 짚고 넘어가야 한다. 예를 들어, 만약 샘 리 목사가 우드 부인의 혼란과 분노에 압도당했다면, 그는 돌봄관계에서 분리되어 속수무책인 상태가 되어 어떻게 반응해야 할지 알지 못한 채 침묵에 빠져들 수도 있다. 만약 그렇게 되면 그는 그녀를 무시할 수도 있다. 이와 달리 만약 그 자신이 방어적이고 분노하게 되었다면, 그는 그녀가 한국인의 민족성과 종교를 어떻게 주장해야 하는지에 대해 장황하게 설명하면서 자신의 의견을 강력히 주장할 수도 있다. 목회적 돌봄 사역자는 돌봄관계에서 힘의 역동성을 어떤 방식으로 인지하고 모니터해야 하는지에 대해 배울 필요가 있다.

힘은 항상 관계의 한 특징이기 때문에 나는 '힘의 역동성'이라는 용어를 쓴다. 나는 사람 사이, 그리고 사람의 내면에서 진행되는 과정, 즉 관계에서 발생하는 힘을 포함한 패턴을 나타내기 위하여 '역동성'이라는 용어를 사용한다. 동등한 관계는 친구, 결혼한 부부, 직장 동료, 형제자매와 같은 관계 속에서 나타날 수 있다. 이러한 관계 속에서 사람들은 자신의 권리를 주장하거나 상대방의 욕구를 인정하는 두 개의 건강한 양극 사이를 교류한다.

어떠한 관계 속에 있는 사람이 목사, 랍비, 부모 또는 선생의 위치에 있을 때는 힘의 차이가 있다. 목회적 돌봄 사역자들이 돌봄관계에서 그들의 힘을 사용하는 데 유익한 방법이 있다. 샘 리 목사와 우드 부인 사이의 목회적 돌봄 상담 중에 샘 리 목사는 그녀로 하여금 대화의 주도권을 갖도록 했다. 예를 들어, 그는 그의 기도 제안에 대한 그녀의 의견을 인정하고 다시 올 것인지를 결정하는 것을 그녀에게 일임함으로써 그녀의 자기결정권을 지지했다. 또 다른 예로, 그는 그녀의 어머니나 그녀가 한인 공동체 내에서 비판받을 것이라는 그녀의 두려움과 같은 정서적 반응도 인정해 주었다.

샘 리 목사가 우드 부인에게 지시적인 태도를 보였다면 그는 자신의 힘을 남용했을 것이다. 예를 들어, 샘 리 목사가 면담을 마칠 때 항상 하던 대로 기도 드리는 것을 고집했을 수도 있다. 그는 그녀가 나갈 때 그녀를 껴안으려고 하면서 그녀에게 매료된 감정을 표출했을 수도 있다. 아니면 이와 달리 그녀의 혼란과 분노에 압도되어 침묵을 지키거나 머뭇거리며 반응했었을지도 모른다. 또는 자기 교회의 한국인 노부인이 자신을 어떻게 판단했는지에 대한 이야기를 우드 부인에게 하면서 그녀와 친구가 되고 싶어 했을 수도 있다. 만약 샘 리 목사가 우드 부인에 대한 자신의 반응태도를 모니터한다면 그는 이러한 잠재적 반응을 인식할 수 있다. 그리고 무기력한 감정 또는 제어할 수 없는 갈망으로 자신이 충동적으로 행동하는 것을 막을 수 있다.

힘의 역동성과 창조의 지도

창조에 관한 두 가지 상반된 견해, 즉 지도(maps)는 관계 속에서 힘이 어떻게 작용하는지에 대한 서로 다른 개념을 수반한다. 천지창조의 첫 번째 지도는 창조를 확고하게 계층적으로 정하는 것을 묘사한다. 이것은 내가 은유적으로 존재의 질서라고 말하는 것이다. 두 번째 창조의 지도는 힘의 차이가 고정되어 있지 않고 관계는 서로 거미줄처럼 유기적으로 연결되어 있다고 묘사한다. 더 정확히 말하면 그것들은 인간이 담당해야 할 역할의 일부이며 시간의 흐름에 따라 바뀐다.

일부 종교적 전통은 창조를 초월적 존재에 의해 창조된 계층적 질서로 묘사하고 있다. 힘의 차이는 존재론적 또는 선천적인 것으로 해석한다. 즉, 하나님이 어떻게 세상을 만드셨는가와 관계가 있다. 역사적인 예를 들자면 유대교, 기독교, 유교 관습과 같은 많은 종교는 이러한 창조에 대한 이해에 근거를 두고 있다.

성서적 목회 상담은 창조에 관한 계층적 해석을 지지하기 위하여 신·구약성경 같은 기독교적 권위의 원천을 이용하는 목회적 돌봄에서 통용되는 하나의 모형이다. 이러한 모형에서 목회적 돌봄은 돌봄 수혜자에게 존재의 질서에서 자기들보다 상위에 있는 사람의 권위에 자신을 복종시킬 것을 요구하는 하나의 길잡이 형태로 해석된다. 이러한 목회적 돌봄의 한 실례로 아담스(Adams, 1986)는 한 여성이 남편에게 도움을 구하기 전에 자신에게 먼저 온 것을 탓하는 목사를 묘사하고 있다.

선천적이거나 존재론적인 위계체계는 호의적인 것으로 체험할 수 있다. 돌봄 사역자는 호의적인 것인지를 평가하기 위해서 주변인이 된다는 것이 무엇과 같은지를 상상할 필요가 있다. 어떤 해방신학자는 하층민의 시각을 가장 가치 있다고 여기며 그들의 '아래로(the underside)' 부터의 신학을 저술한다(Thistlethwaite & Engel, 1990). 이러한 관점으로부터 그들은 호의적인 위계체계가 아니라 억압적인 계급체계로 볼 가능성이 더 높다. 인류의 집단적 죄의 만연은 존재론적 힘의 차이(즉, 아내 위의 남편, 며느리 위의 시어머니)가 사람의 인간성을 말살하는 힘의 남용으로 쉽게 이어질 수 있다는 것이다. 계급체계에서 낮은 위치에 있는 사람은 인간 이하의 대접을 받는다.

존재론적 위계체계 내에서 권위를 선하게 사용하는 한 가지 방법은 모든 사람이 하나님의 권위 앞에서 똑같이 순종하는 모습으로 비춰지는 중요한 보편적 규범을 실천하는 것이다. 예를 들어, 성에 의해 결정된 존재론적 권위의 선한 사용을 추구하고자 하는 기독교인은 남편에게 순종하는 아내에 관한 바울 서신을 활용할 수도 있다. 그들은 하나님의 권위에 남편과 아내가 똑같이 순종하며 이러한 순종은 남편에 대한 아내의 순종이 선한 것이 된다고 주장한다. 이러한 방법으로 그들은 존재론적 위계체계의 필수항목인 순종은 성령에 의해서 인도되는 은혜로운 것이라고 주장한다.

만약 성경에 관한 자료와 규범이 여자는 항상 남자에게 순종해야 한다는 위계질서를 확립하기 위해 사용된다면 여성은 남성과 어깨를 나란히 하여 동등한 지도력을 담당하지 못하고 보완적 역할만을 담당하는 것으로 비춰질 수 있다. 어떤 종파에서는 남성과 동등하게 여성에게도 권위직을 주는 결정이 통과됐을 수도 있지만, 신앙공동체나 지역사회에서는 여성의 새로운 권위 역할을 받아들이기를 꺼려 하기 때문에 아직까지 이러한 결정을 실행에 옮기지 못할 수도 있다. 남성의 권위와 연관지어 여성의 권위를 제한하는 규범은 여성에게 목사 안수를 허용하는 기준을 무시한다.

많은 종교적 전통은 존재론적 위계체계를 지지해 왔다. 그러나 동시에 이러한 많은 전통 안에서 창조에 대한 엇갈린 해석을 제시하는 성경말씀과 관습이 존재한다. 예를 들어, 구약성경의 룻기서에 나오는 룻과 나오미는 시어머니와 며느리 사이에 전통적으로 존재했던 고착된 힘의 차이 없이 하나의 동반자관계를 형성한다. 아가서에 나오는 여성은 그 당시의 여성들과는 급진적으로 달라서 자신의 성적 욕망을 표현할 수 있을 정도로 그녀의 연인과 상호적 관계를 형성한다. 예수님은 신약 복음서에서 여성들을 그의 추종자들로 부르는 것으로 묘사된다. 존재의 질서에 도전하는 이런 이야기 속에서 급진적 방법은 '선천적으로(natural)' 고착된, 혹은 정적인 위계체계 질서를 유지하는 해석 때문에 모호해졌다.

하나의 예를 샘 리 목사와 우드 부인의 목회적 돌봄 상담에서 살펴보자. 샘 리 목사는 우드 부인이 기도하지 말 것을 요구했을 때 그녀의 행동을 무례하게 느끼게 할 수 있는 창조를 위계체계로 이해하지 않는다. 그는 그녀의 결혼생활 속에서 남편의 권위에 대하여 묻지 않는다. 그는 위기 속에 있는 모든 여성이 관계에 몰입되어 있기 때문에 혼란스러워하고 분노한다고 생각하면서 성차별주의자로서 그녀를 대하지 않는다. 예를 들어, 그는 죄와 성에 대한 그녀의 견해는 그녀가 아직 성에 대한 교회의 해석에 대한 최근 정보를 읽지 않은 것 같다고 가르치려 하지 않는다. 오히려 그는 그녀를 존중해 주며 그녀의 어머니와 관계에서 진행되고 있는 것들에 대한 느낌과 이해의 중요성을 지지해 준다. 어머니가 매춘부였다는 사실을 알고서 그녀가 혐오를 느꼈다고 했을 때, 그는 그녀가 받았을 충격과 교인들이 어머니를 판단할 것이라는 그녀의 두려움을 지지해 준다. 그는 그녀의 솔직함을 칭찬해 준다.

창조의 두 번째 지도는 '존재의 망(a web of being)'으로서 존재의 체계 또는 위계체계적 존재론과 대비되는 개념으로 창조의 상호연결성을 강조한다. 그리고 창조를 설명하기 위하여 '망'이란 은유를 사용한다.[2]

이 지도에서 창조는 사다리보다는 오히려 거미줄 망으로 형성화될 수 있다. 그리고 '존재의 망'이란 용어는 창조의 각 부분들의 복잡한 상호연결성을 묘사한다. 이 창조의 지도 안에서 힘의 차이는 미리 결정되는 것이 아니고 그들에게 권위를 주는 다른 사람에 대한 책임감을 갖는 위치에 설 때 만들어진다.[3]

램지(Ramsay, 1998: 114)가 언급하듯이 "권위는 관계의 망으로부

---

2) 어떻게 이러한 은유가 개신교와 로마 가톨릭의 진보적 목회 신학자들 사이에서 동시대의 목회신학을 대표하는가에 대한 설명을 찾아보려면 밀러 맥레모어(Miller-McLemore, 1996)를 참고하라.

3) 관계이론가들은 계급체계로부터 불균형에 이르기까지 상담가와 돌봄 수혜자의 역할에서의 차이를 재구성하기 시작했다. 참여자들은 주관적인 경험의 상호관련성을

터 나오고 전체의 안녕을 위해서 다른 사람에게 위임된다."

우리가 하나님을 전능하신 분으로 받아들일 때 우리가 사용하는 창조의 지도는 존재의 질서(a chain of being)다. 무고한 사람이 고통당할 때 존재의 질서 속에서 종교적 신앙인들은 왜 하나님께서 이런 고통을 허락하시냐고 묻는다. 많은 사람에게 하나님의 전능하심은 믿음의 기본이념이 되어 왔기 때문에 하나님의 권능을 존재의 망(a web of being)으로 이해하는 것은 더욱 도전적인 것이다. 이 문제를 다루는 많은 신학자는 하나님, 즉 초월적인 존재를 인간과 협력하여 일하시고 창조하시는 분으로 설명하고 있다. 과정신학을 지지하는 목회신학자들은 하나님의 권능을 동반자관계와 망 안에서 경험되는 존재의 망과 관련하여 묘사한다. 즉, 다른 사람들 위에서 군림하는 힘이 아니라 다른 사람들과 함께하는 힘으로 표현될 수 있다(Cooper-White, 1995, 2003; Graham, 1992).

목회적 상담가가 목회적 돌봄 상담을 진행하는 동안 힘의 역동성과 관계적 경계선을 모니터한다면, 자신의 삶의 경험과 돌봄 수혜자의 경험을 연합시키거나 정서적으로 분리시키게 하면서 어떻게 근심을 유발시키는지를 더욱 잘 이해하게 될 것이다. 자신의 이야기를 반영하는 능력은 목회적 돌봄의 필수적인 부분이며 이는 다음 장에서 논하기로 한다.

공유하지만 그럼에도 불구하고 각자의 역할과 책임에 대한 불균형이 존재한다(Cooper-White, 2003: 59).

2장

권위의 요소로서 상담가의
삶의 경험

이제 나는 목회적 돌봄의 방식에서 두 번째 단계, 혹은 행동에 대해 설명한다. 돌봄받기를 원하는 돌봄 수혜자의 이야기를 주의 깊게 공감적으로 경청하는 상담가는 샘 리 목사가 우드 부인의 이야기를 경청하는 사례에서 보았던 것처럼 필연적으로 그들이 자신의 이야기를 듣고 있다는 것을 깨닫게 된다.

샘 리 목사는 동료인 제이 김(Jay Kim)과 그의 경험을 공유한다. 두 사람은 사십대 중·후반으로 목회학 공부를 위해 미국으로 건너왔다. 그들은 동료 지도감독(peer supervision)을 위한 목회적 돌봄 사역자 모임에서 정기적으로 만난다. 샘 리 목사는 치유과정을 마친 후에 이 모임에 합류하였다. 이 모임은 샘 리 목사에게 매우 의미 있는 곳이 되었으며, 그는 이 모임을 통하여 돌봄 수혜자에 대한 자신의 반응자세를 관찰하였다.

샘 리 목사는 이 모임을 준비하기 위해 그가 우드 부인과 나눴던 대화를 축어록으로 작성하였다. 축어록은 임상목회 교육과정에서 개발된 하나의 도구로서, 상담가가 대화 직후에 기록한 비망록으로부터 목회적 돌봄 대화를 재생시킨 것이다. 즉, 심리학적이고 신학적으로 고찰한 것이다(더 자세한 설명은 이 장의 마지막 부분에서 다룰 것이다). 샘 리 목사는 우드 부인에 대한 그의 경험을 나눈 후 제이 김 목사와 함께 이번 상담에 대해 토의한다. 이 내용을 다시 살펴보면서 샘 리 목사가 자신이 우드 부인에게 보였던 반응을 고찰할 때 그의 이야기가 어떻게 하나의 원천이 되었는지 찾아보라.

제이 김 목사(1): 우드 부인의 모친 이야기를 읽고 슬픔을 느꼈습니다. 어린 여자가 술집에서 일하고 미군 병사와 외박 나갔다고 그녀를 비난하는 것이 얼마나 쉬운 일인가도 알게 되었습니다. 그러나 판단하는 대신에, 한국의 사회환경과 한국전쟁 중 매춘이 가족 부양의 유일한 수단일 정도로 얼마나 가난했는지에 대해 생각해 봤습니다. 물론 미군 병사의 존재가 소위 유흥산업이라 불리는 곳에서 일하는 여성들을 필요로 하는 시장을 형성했습니다.

샘 리 목사(1): 당신은 이 상황을 잘 이해하고 있군요.

제이 김 목사(2): 네. 스스로 깨우치기 위해 노력해 왔습니다. 저는 죄는 개인적인 비행으로 해석하곤 했습니다. 이제 인간의 죄의 만연함의 일부분인 사회환경을 보려고 노력하고 있습니다.

샘 리 목사(2): 저 또한 우드 부인의 어머니를 비난하고 싶은 충동적 반응과 맞서야만 했습니다. 말씀하신 것처럼 제가 때때로 저의 부모님이 택했을 듯한 방식으로 상당히 많이 반응하는 것이 이상하게 느껴집니다.

제이 김 목사(3): 이 대화에서 당신은 끝까지 판단하지 않았습니다.

샘 리 목사(3): 그렇게 말씀해 주시니 기쁘네요. 그 점을 염두에 뒀습니다.

제이 김 목사(4): 당신이 그녀의 말을 얼마나 잘 경청해 주었는지를 보고 놀랐습니다.

샘 리 목사(4): 글쎄요. 만약 우드 부인이 아니라 그녀의 어머니가 오셨더라면 훨씬 힘들었을 것 같습니다.

제이 김 목사(5): 왜 그렇죠?

샘 리 목사(5): 우드 부인은 제 딸들보다 열 살 정도 더 많지만 그녀는 저의 딸들을 떠올리게 합니다. 그녀는 사투리도 쓰지 않고 완전히 미국인 같습니다. 요즘 우리 딸들을 대하며 노력해 온 자세로 그녀와 이야기할 수 있었습니다.

제이 김 목사(6): 그렇다면 이런 방식으로 딸들과 대화하십니까?

샘 리 목사(6): 이런 식으로 대화하려고 노력하지요. 하지만 쉽지는 않습니다. 불과 몇 년 전까지만 해도 아이들과 심한 다툼을 벌였습니다.

제이 김 목사(7): 네. 저도 부모님과 어떻게 싸웠는지 기억납니다. 부모님은 제가 매사추세츠 대학 대신 하버드 대학에 진학하라고 하시는 등 그분들이 원하는 삶을 살아가기를 원하셨죠.

샘 리 목사(7): 우리 딸들도 당신처럼 스스로 결정하기를 원했지요. 아내와 저는 애들을 보호하려는 일념에서 언제까지 귀가해야 하는지, 누구와 데이트해야 하는지에 대해 말했습니다. 우리는 교회에 다니는 남자와 데이트하기를 원했습니다. 딸들은 우리가 구식이라고 말하며 반항했고 우리가 자신들을 이해하지 못한다고 말했습니다. 한번은 딸들이 합심하여 나와 다툼에 대해 이야기했습니다. 저는 너무 화가 나서 한 돌봄 사역자를 찾아가서 하소연을 해야 했습니다. 그는 딸들이 얼마나 고통을 당해 왔는지, 그리고 그들이 나에게 이야기를 꺼내던 것이 얼마나 힘들었을지 제가 잘 알아듣도록 도와주었습니다.

제이 김 목사(8): 힘들었겠군요.

샘 리 목사(8): 그랬지요. 저는 제 자신의 십대 시절로 되돌아가서 아버지와의 관계가 어땠는지 회상해 봐야 했습니다. 그는 한국에서 큰 교회의 목사님이셨지만 저에게는 실제로 아버지이기보다는 엄격한 목사님이셨습니다. 저는 아버지에게 순종해야 했지만 저의 형은 그렇지 않았습니다. 그리고 교회 안에서 그러한 형의 불순종은 심했습니다. 그는 많은 문제를 일으켜 왔습니다. 술도 많이 마시고 형수를 구타하는지도 모릅니다. 이런 것은 저를 힘들게 합니다.

제이 김 목사(9): 당신 형의 이야기는 참 유감입니다. 그래서 당신만큼은 착한 아들이 되어야 했군요.

샘 리 목사(9): 네. 그게 바로 제가 목사가 되고자 했던 초기의 이유지요. 아버지는 제가 아버지의 은사 중 한 분이 계시는 신학교에 다니기를 원했습니다. 저는 그곳에 입학했지만 곧 그곳이 제겐 너무 보수적이란 것을 알게 되었습니다. 그래서 신학적으로 좀 더 진보적인 대학으로 옮겼고 아버지는 크게 실망하셨습니다.

제이 김 목사(10): 저는 당신의 딸들이 십대로서 그들의 고충을 당신에게 토로했을 때 당신의 아버지에 대한 이 모든 기억이 되살아날 수밖에 없었던 것을 이해합니다.

샘 리 목사(10): 네. 그 이야기를 하다 보니 모든 것이 매우 생생하게 떠오릅니다.

제이 김 목사(11): 네……. (침묵) 그리고 보니 이게 바로 우드 부인과의 대화 뒤에 가려진 이야기군요.

샘 리 목사(11): 아시겠지만 저는 딸아이들에게보다 우드 부인의 이야기에 더욱 잘 경청할 수 있었습니다. 여전히 어렵지만요. 그러나 우드 부인은 제게 화를 내지 않았고 저는 그녀와 친족관계도 아니었습니다. 어쩌면 저는 그녀를 더 많이, 아마 너무 많이 이해할 수 있었습니다. 저는 그녀에게 무척 따스함을 느꼈습니다.

제이 김 목사(12): 그게 바로 저희가 이야기할 수 있는 부분입니다. 상담 내용을 다시 검토해 보고 그녀와 소통하기 위한 당신의 노력에 주목해 봅시다.

샘 리 목사는 제이 김 목사와의 대화 중에 자신을 노출시킬 수 있다. 샘 리 목사의 이야기가 이 목회적 돌봄 사역에 어떻게 연결되어 있는지 제이 김 목사가 알 수 있도록, 샘 리 목사가 제이 김 목사에게 자신의 이야기에 대한 충분한 정보를 어떻게 제공하는지 주목하

라. 샘 리 목사는 그의 이야기 속에 나오는 상황을 이미 해결했기 때문에 제이 김 목사가 그의 돌봄 사역자가 될 필요는 없다. 만약 샘 리 목사가 그런 상황을 해결하지 못했더라면 그의 개인적인 이야기가 우드 부인과의 대화에 어떻게 연결되었는지 깨닫는 것은 훨씬 힘들었을 것이다.

그는 딸들과의 개인적 갈등을 치유했던 일과 아버지에 대한 기억 때문에 그가 가지고 있던 건강한 정체성, 즉 좋은 아버지의 정체성을 사용할 수 있었다. 그는 목회적 돌봄 사역자로서 그의 일과 관련하여 누군가와 함께 성찰하는 것이 중요하다는 것을 알았다. 제이 김 목사와의 대화에서 보면, 그는 우드 부인에게 자기 딸의 역할을 배정하고 자신에게 친척 노인의 역할을 배정할 경우의 위험성을 알아차릴 수 있는 자기인식과 심리학적·신학적 지식도 가지고 있다.

샘 리 목사의 변화지향적 경험

샘 리 목사는 자신과의 관계에서 딸들이 대항하였을 때 매우 혼란스러웠다. 딸들이 그를 아버지로 여기지 않고 오히려 동등한 관계로 대했기 때문에 그는 딸들이 무례하다고 느꼈다. 샘 리 목사는 만약 자신이 아버지에게 동등한 입장에서 대화하려고 했다면 아버지는 심장마비를 일으켰을 것이라고 생각했다. 샘 리 목사는 그와 그의 아내가 딸들을 보호하고 있다는 사실을 딸들이 몰라 주는 것에 분노했다. 또한 딸들이 부모의 바람을 존중하지 않는 것에 대해서도 분노했다.

딸들의 대항에 대해 그는 스트레스 반응이 나타났고, 되돌아보니 비록 딸들에게는 좋은 아버지가 아닐지라도 교회 성도들에게는 좋은 아버지라는 것을 보여 주기라도 하듯 교회 일을 더 열심히 하며 생활했던 것을 깨달았다. 그는 불면증에 시달리기 시작했고 자주 피곤했다. 1년 주기의 건강검진이 다가와서 그는 담당의사인 데이비드 오(David Oh) 박사에게 불면증을 호소했다. 의사는 샘 리 목사에게 괴로운 일이 있는지 현명하게 물었다. 샘 리 목사는 우선 교회 업무에 대해 언급했다. 하지만 의사는 일중독을 단순히 전문직종을 가진 사람에게 필수적인 측면으로 생각하지 않았다. 그래서 그는 샘 리 목사에게 집에 무슨 일이 있냐고 물어보았다. 샘 리 목사는 딸들의 대항에 대해 이야기하고 있는 자신을 발견하고 매우 놀랐다. 그는 비록 의사가 자신보다 젊지만 자기를 위로해 주리라고 기대했다. 하지만 의사가 그런 상황은 돌봄 사역자와 상담해야 될 것 같다고 말했을 때 샘 리 목사는 다소 모멸감을 느꼈다. 샘 리 목사는 그런 도움은 필요하지 않다고 말했다. 게다가 심리학자는 문화와 종교문제를 이해할 것 같지 않았다. 의사는 한국계 미국인 목회 상담가로는 아는 분이 없었지만 목회 돌봄 사역자를 만나 볼 것을 권했다. 그리고 앤드류 콜더(Andrew Caulder) 박사라는 나이 지긋한 앵글로계 미국인 남성 돌봄 사역자를 추천해 주었다. 의사는 아직 수면제 처방을 하지 않겠다고 말하고 다시 와서 검사를 받을 것과 상담이 도움 되었는지를 알려 달라고 요청했다.

샘 리 목사는 어렵지만 앤드류 콜더에게 전화를 걸었다. 처음에 샘 리 목사는 그의 가족 상황에 대해서 말하고 싶지 않았고 앤드류 또한 이를 이해했다. 그는 샘 리 목사에게 보조를 맞춰 나갔다. 그들은 샘 리 목사의 불면증 문제와 이것이 일에 어떠한 영향을 미치는지에 대하여 이야기했다. 샘 리 목사는 자신이 너무 열심히 일하고 있으며 이것과 스트레스로 가득 찬 가정생활을 회피했던 것을 연관지어 생각하기 시작했다. 시간이 흐르고 샘 리 목사는 딸들과의 갈등과 아버지의 기억 모두를 인정했다.

앤드류와 샘 리 목사는 샘 리 목사의 영성생활을 그들의 상담문제로 삼았다. 샘 리 목사는 자신의 딸들과 아버지에 대한 경험에 초점을 맞추어 기도하고 성경공부를 하기 시작했다. 앤드류는 샘 리 목사에게 사랑하고 온유하신 아버지 하나님께 기도할 것을 제안했다. 샘 리 목사는 이성적으로는 이런 개념을 받아들일 수 있었지만 그러한 아버지에 대해 냉소적으로 생각하고 있음을 깨달았다. 온유와 권위를 결합시키는 것은 그에게 힘든 일이었다. 그가 새로운 방법을 통해 그의 영적 활동을 아버지로서의 하나님을 경험하는 데 집중하면서 하나님에 대한 이러한 새로운 이미지는 더욱 현실적인 것이 되었다. 아마 그렇게 된 부분적인 이유는 앤드류가 온유하고 애정 어린 방식으로 그의 권위를 사용하는 것을 샘 리 목사가 경험했기 때문일 것이다.

앤드류는 샘 리 목사에게 얼마간의 상담기간 동안 그의 아내와 딸들을 데려 올 것을 제안했는데, 그것은 하나의 전환점이 되기 시작했다. 처음에 샘 리 목사는 그들과 공개적으로 이야기하는 것을 매우 부끄러워해서 그 제안을 거절했다. 앤드류의 도움으로 샘 리 목사는 딸들과 함께 있을 때 단지 두려움과 분노뿐만 아니라 다양한 감정에 서서히 다가갈 수 있었다. 이런 만남을 통해 샘 리 목사는 가족들과 어떻게 대화하고 경청해야 할지를 알 수 있게 되었다. 그의 치유과정이 끝나갈 즈음 앤드류는 샘 리 목사에게 동료 지도감독 그룹에 참여할 것을 제안했다.

👤 우드 부인의 돌봄 요소로서 샘 리 목사의 이야기

샘 리 목사의 이야기에 대해 더 많이 알게 되었으므로 우리는 샘 리 목사의 이야기가 우드 부인에 대한 샘 리 목사의 목회적 돌봄을 제한하거나 강화시킬 가능성이 있는 수단을 고찰해 볼 수 있다. 나는 샘 리 목사와 우드 부인의 이야기 속의 유사점과 차이점과 함께, 샘 리 목사가 우드 부인과의 대화에서 공감하거나 분리되거나 몰입했을 가능성에 대해 고찰하기 위해 제1장에서 소개한 힘의 역동성과 관계적 경계의 개념을 활용할 것이다. 그들이 한국계 미국인으로 살아가는 공통된 경험, 이민 1세대인 샘 리 목사와 이민자의 딸로 2세대인 우드 부인의 세대차이, 그들의 성별차이, 그리고 그들의 신학적 성향에서 나타나는 차이점이나 유사점의 가능성에 대해 고찰하려고 한다.

샘 리 목사와 우드 부인 양쪽의 이야기에서 공통된 주제는 한국에서 미국으로 이주함으로써 잃은 것과 얻은 것이다. 그들은 각자 두 개의 문화권의 일원으로서 양쪽 문화의 혜택을 누려 왔다. 샘 리 목사는 교회의 한국적 환경에서 근무하기 때문에 우드 부인보다 이러한 혜택에 대해 더욱 잘 알고 있을지도 모른다. 우드 부인은 한국적 유산을 보다 낮게 평가했을 수도 있다. 왜냐하면 그녀는 부모님의 결혼 배경으로 인해 한국적 유산을 폄하했을 가능성이 있기 때문이다.

　두 사람 모두 태평양 너머에 있는 일가친척으로부터 떨어져 있음으로써 생긴 상실감을 경험해 왔다. 우드 부인의 일가친척과의 관계는 어머니의 국제결혼에 대한 가족의 비난으로 매우 불편했을 것이다. 한국에 있는 일가친척은 그녀의 어머니의 결혼을 수치스럽게 여길 수도 있다. 샘 리 목사 또한 일가친척과 떨어져 있는 상실감을 경험한다. 그는 미국에 있기 때문에 자녀 된 도리로 한국에 계신 부모님을 제대로 돌봐드릴 수 없다는 것에 대해 아픔을 겪고 있다. 각자 다른 방식으로 한을 느끼고 있을 수 있다. 여기서 한국어 '한(han)'은 소외당한 사람들의 복잡한 고통을 묘사하는 말이다(Park, 1993, 1996). 그들의 이주 사연의 한 가지 차이점은 샘 리 목사는 진학의 기회에 근거한 결정으로 미국에 오는 것을 선택했다는 것이다. 우드 부인의 경우는 어머니가 한국에 있었더라면 그녀가 소외된 사회신분을 지녔을 것을 고려해 볼 때 선택의 여지가 없었을 것이다.

　그들의 이주 사연과 관련된 또 다른 복잡한 문제는 그들이 겪는 인종차별의 경험이다. 그들은 모두 인종편견의 피해자 편에 서 있었다. 우드 부인과 달리 샘 리 목사는 영어가 모국어가 아니기 때문에 자주 편견을 경험해 왔을 수 있다. 샘 리 목사와 우드 부인의 이주 사연에 대한 논의는 무엇보다 중요한 공통점 사이에 존재하는 미세한 차이점을 강조한다. 이러한 공통점과 미묘한 차이점은 우드 부인에 대한 샘 리 목사의 반응에 어떻게 영향을 끼쳤을까?

　샘 리 목사의 치유와 동료 지도감독 그룹에서 진행하는 성찰을 통해 얻은 이로운 점은 그가 이제는 이주 경험에 대한 깊은 슬픔의 감정을 느낄 수 있다는 것이다. 그는 아버지와의 관계에 대해 깊이 생각할 때 그의 아버지는 결코 나타낼 수 없었던 방식으로 이주로 인한 상실감을 슬퍼할 수 있었고, 그 또한 자신의 슬픔뿐만 아니라 아버지의 슬픔도 함께 지니고 있다는 것을 깨달았다. 그가 이러한 깊은 슬픔을 안다는 것은 우드 부인의 이야기를 들을 때 하나의 원천이 되고, 그녀와 그녀의 어머니 이야기의 일부분을 차지했던 이주로 인한 상실감에 마음을 맞추게 된다. 샘 리 목사는 우드 부인 부모의 결혼에 대해 들었을 때 마음이 너무 아프다고 표현한다[샘 리 목사 (4)]. 곧 이어서 우드 부인은 그녀의 부모가 어떻게 만났는지를 이야기하다가 슬픔에 복받쳐 운다. 다음에 그가 축어록을 함께 검토하기 위해 제이 김 목사를 만났을 때, 제이 김 목사의 첫마디는 우드 부인 어머니의 이야기를 읽고 슬픔을 느꼈다는 것이다. 두 사람은 그들 자신과 가족들이 이주로 인해 겪었던 다양한 상실감을 알고 있기 때문에 우드 부인의 이야기를 들을 때 그녀의 슬픔에 공감할 수 있다.

그는 한인교회 성도들과 목회자들 속에 있을 때나, 혹은 그의 미국 생활 중 어떤 기뻐할 상황 속에서 때때로 찾아오는 크나큰 환희의 순간에도 이러한 슬픔의 인식은 함께 간다. 그는 우드 부인과 잠깐의 만남에서 우드 부인이 "한인 교회에서 예배 보는 것이 이상하게도 위안이 될 거라는 생각이 들었어요."라며 서두에 꺼낸 말[우드 부인 (1)]에 유의한다. 그는 이러한 예배의식은 그녀가 그녀의 슬픈 감정에 접근할 수 있도록 도와주는 그녀의 한국적 유산과의 만남이라는 것을 깨달았다. 또한 그는 그녀가 그녀의 유산 속에서 환희와 즐거움을 경험하지 못했다는 것도 깨닫는다. 그는 유산 가운데서 느끼는 즐거움을 그녀도 경험하기를 원하면서 그녀에게 연합될 수도 있고, 한인교회에 다시 나올 것을 권유할 때 지시적일 수도 있다. 하지만 그는 단지 그녀에게 다시 보기를 희망한다는 표시만을 한다[샘 리 목사(14)].

치유과정에서 샘 리 목사는 그의 아버지와의 관계, 신학적 차이와 이주 스트레스로 형성된 관계를 변화시킬 수 있었다. 특히 샘 리 목사가 한 사람의 아버지로서 그의 딸들과 다퉜던 것처럼 그의 아버지도 그와 다퉜다는 것을 깨달았을 때 그는 아버지에 대한 새로운 존경심을 회복했다. 그가 새롭게 습득한 존경심이 없었다면 그는 우드 부인의 이야기를 듣는 중에 그녀로부터 쉽게 분리되고 그녀의 어머니도 쉽게 판단했을 것이다. 그러나 그는 그녀의 어머니를 공감하고 그녀의 어머니가 살아온 역사의 거친 현실로부터 그녀의 딸을 보호했다는 점을 넌지시 말했다[샘 리 목사(9)]. 그것에 대해서 우드 부인이 틀림없이 느꼈을 것이라고 생각했던 것을 제이 김 목사가 이야기했을 때 그는 그의 공감적 이해에 대한 지지를 발견한다[제이 김 목사 (1)].

이러한 목회적 돌봄관계에서 성별의 차이는 샘 리 목사가 한국 여인상에 대한 그의 이상을 그녀에게 투사함으로써 우드 부인으로부터 감정적으로 쉽게 분리될 수 있는 결과를 가져온다. 그는 그의 딸들과의 갈등을 통해 전통적 한국 가정의 가치를 믿는 부모와의 관계에서 대항하여 자녀의 권리를 주장하는 것이 얼마나 고통스러운 일인가를 알게 되었다. 그는 어머니 쪽의 문화가 평가절하된 국제결혼 관계에서 성장한 우드 부인의 복잡한 갈등에도 민감하다. 그의 권위를 거부한 딸들의 복사판이라 할 수 있는 기도 제안에 대한 그녀의 거부조차도 그는 그녀의 솔직함이라는 긍정의 말로 대한다[샘 리 목사(14)]. 그는 이러한 성별의 차이와 세대차이를 알고 있기 때문에 제이 김 목사와 함께 그와 우드 부인과의 관계, 딸들과의 관계에 대하여 깊이 있게 성찰한다.

목회적 돌봄 대화에서 분명치 않은 하나의 결정적 차이는 신학적 성향과 관계가 있다. 샘 리 목사가 "그분들의 결혼생활은 참 안타깝게 느껴지네요. 하나님께서 우리에게 바라는 것이 아니시죠."[샘 리 목사 (4)]라며 처음 신학적 언어를 사용하여 하나님을 언급했을 때 우드 부인은 자신의 의중을 보이지 않고 침묵으로 대했다. 직후에 우드 부인은 "글쎄요, 당신은 목사님이시잖아요. 그리고 죄는 모두 성에 관한 것이니까요. 죄송해요. 저는 한국인보다는 미국인인 것 같아요."[우드 부인 (8)]라고 말하며 잠재적 차이점을 암시한다. 그 답변으로 샘 리 목사는 우드 부인의 어머니의 경험이 어땠을지에 대해 말하면서 우드 부인과의 잠재적인 차이점에 대해서 드러내고 대화하는 것을 피한다. 이 과정에서 그는 우드 부인의 어머니가 판단받을 것이라는 그녀의 두려움에 대해 그는 그녀의 어머니를 판단하지 않는다는 것을 설명했다. 잠시 후 그녀는 그가 한국인 목사였기 때문에 그에게 오는 것이 두려웠다고 고백할 때[우드 부인 (11)] 그들의 잠재적인 신학적 차이의 문제가 다시 드러난다. 샘 리 목사는 그녀의 두려움을 인정하고, 자기 자녀들에 대한 자신의 문제를 밝히고, 그의 자녀들이 그를 더 좋은 경청자가 되도록 어떻게 가르쳤는가[샘 리 목사(11)] 등을 가지고 대답한다. 이러한 상호소통은 제이 김 목사와의 대화에서 더 검토해 볼 가치가 있다.

샘 리 목사가 그들의 잠재적인 신학적 차이의 문제를 직접 언급하지 않은 것은 죄와 성에 대한 신학적 신념의 영역으로 과감히 뛰어들 만큼 충분한 신뢰 수준이 형성되지 않은 것을 직관적으로 짐작한 것일 수 있다. 접촉을 유지하기 위한 그의 투자는 딸들과의 비슷한 투자에 의해 자극받았겠지만 그에게 갈등에 대한 불안한 마음을 갖게 했을지 모른다. 딸들과의 관계에 대한 그의 인식은 그들이 그를 좋은 경청자가 되도록 가르쳐 줬다고 스스로 밝힐 만큼 명확하다. 끝날 즈음 그녀에게 기도할 것을 제의하자[샘 리 목사(13)] 그녀가 불편함을 표현한 데 대해 잠재적인 신학적 차이를 언급하는 것은 너무 위험하다. 그의 처음 예상이 분명해졌다. 샘 리 목사는 아마 틀림없이 그녀에게 그들의 유사성을 확신시켜 주기 위한 노력으로 그의 신학에 대한 논의를 주도해야 한다는 충동을 느꼈을 수 있다. 이러한 논의의 긴박성은 그의 딸들과 연결되는 것에 대한 그의 열망으로 자극받았을 가능성이 있다. 그는 대화의 주제를 한쪽으로 제쳐 놓고 우드 부인이 주도권을 가지고 진행하도록 유도할 수도 있다. 샘 리 목사가 우드 부인과의 신학적 묵상에 참가할지의 여부와 참가방법에 대하여 제이 김 목사와 깊이 검토함으로써 우드 부인이 다른 대화를 하기 위해 또다시 찾아온다면 샘 리 목사는 이 문제를 모니터할 준비가 더 잘 되어 있을 것이다.

샘 리 목사의 우드 부인과의 목회적 돌봄 상담은 그가 축어록을 작성함으로써 그 자신의 반응을 분석할 기회를 준다. 그후에 그것을 가지고 제이 김 목사와 논의할 기회도 준다. 그가 훌륭한 목회적 상담가가 될 가능성은 자기성찰을 위한 이러한 기회에서 실현된다. 처음에는 그가 우드 부인에게 돌봄을 베풀었지만 다음에는 그가 제이 김 목사와의 상담을 통해서 돌봄을 받았고 그 과정에서 자기 자신과 그가 돌본 사람들과 하나님과 더 깊은 소통이 이루어졌다.

3장에서 나는 상담가의 언어적 반응, 목소리 톤, 시선 마주침, 얼굴표정 그리고 신체언어 등이 돌봄관계를 어떻게 형성하는지에 대해 설명한다. 경청에 대한 '너트와 볼트'의 이러한 논의는 목회적 돌봄에서 거치는 각 단계의 설명을 우회하거나 멈추는 것처럼 느껴질 수 있다. 그러나 이 논의는 멈추는 것이라기보다 상담가의 가장 깊은 믿음과 의사소통하기 위해 어떤 방법으로 경청해야 할지를 자세히 설명해 주는 것이다. 이러한 논의가 없다면 돌봄 사역자는 그들의 믿음을 구체화할 수 없고 또한 그들 자신의 삶과 다른 사람의 삶 속에서 치유와 정의를 구현할 혁신적 존재 유형을 표현하지 못할 것이다. 이러한 구체화와 표현이 없다면 언어적 반응과 신체적 언어 속에 있는 상담가가 사용할 수 있는 분명한 신념이 돌봄 수혜자(그 남자 혹은 그 여자)가 인격 형성기에 겪었을 참담한 한계를 반영할 때 치유와 공평성을 방해받을 것이다.

연습 1
축어록 작성하기

축어록은 목회적 돌봄 상담을 기록한 대본이다. 당신이 도움을 주는 모든 상담은 목회적 돌봄 상담으로 해석될 수 있다. 하지만 엄격히 말하면 이러한 상담은 당신이 종교적 전통의 대표자로서 원목 또는 목사처럼 역할을 할 때나 당신의 도움을 구하는 돌봄 수혜자에게 목회적 돌봄을 하겠다는 명시적이거나 묵시적 합의가 있을 때 발생한다.

이 연습은 당신을 축어록을 작성하는 과정으로 안내할 것이다. 가능한 한 대화가 끝난 직후 대화의 흐름을 자세히 기록하라. 특히 대화의 초점이 바뀌었거나 한 주제에 매우 깊이 들어가는 변화가 나타나는 순간을 잘 기록하라. 상담 대본을 준비할 때는 쉽게 참고할 수 있도록 각 대화마다 번호를 부여하라. 즉, '돌봄 사역자의 첫 번째 진술(1)' 그리고 '돌봄 수혜자의 첫 번째 진술(1)' 식으로 인식표를 나타내라. 논평을 적기 위해 오른쪽 여백을 약 7cm 정도로 남겨 두도록 한다.

축어록을 작성한 뒤에 두 세트의 논평을 함께 소개한다.

- 상담을 시작하기에 앞서 '알려진 사실'이라는 제목을 붙이고 그 아래에 돌봄 수혜자에 대해 알고 있는 사실을 요약한다. 상담을 진행하는 장소의 환경도 기술하라.
- '관찰 결과'라는 제목을 붙이고 그 아래에 대화 중 앉는 위치, 돌봄 수혜자의 신체 외모, 신체적 언어, 감정적 반응 그리고 당신의 신체적 언어와 감정적 반응을 기술하라.

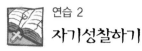

연습 2
자기성찰하기

축어록을 작성하고 소개하였으면 이제 이어지는 일곱 개의 각 장의 끝 부분에 기술된 일련의 연습을 통해 당신의 목회적 돌봄 상담을 성찰해 보고자 한다.

처음 성찰할 것은 당신 자신의 이야기에 관한 것이다. 다음 지침에 따라 이 목회적 돌봄 상담과정에서 당신의 이야기 중 어떤 내용이 당신에게 유용한 요소가 되는지 또는 장애물이 되는지를 조사하여 글로 써라.

– 돌봄 수혜자의 상황이나 위기와 유사하게 당신이 겪은 경험을 기술하라.
– 당신이 공감하는 데 도움을 주는 관점에서 당신과 돌봄 수혜자의 이야기 사이의 유사점과 차이점이 하나의 요소가 될 수 있는 범위를 검토하라.
– 각각의 유사점과 차이점이 어떻게 다음과 같은 상황을 만들어 낼 수 있을까?
  ① 감정적으로 돌봄 수혜자에게 몰입하거나 분리될 상황
  ② 압도당한 느낌으로 인해 감당하지 못하게 될 상황
  ③ 통제해야 할 필요성으로 인해 지시적이게 될 상황

당신이 기술한 역동성을 실례로 보여 주는 축어록에 구체적인 반응의 참조 표시를 하라.

3장

경 청

기존에 가졌던 하나님과 자신에 대한 제한된 이미지를 변화시키기 위해 심리적·영적 치유과정을 마친 후, 자신의 신체와 음성을 사용하는 다른 방식에 편안함을 느끼게 된 돌봄 사역자들은 돌봄 수혜자와 형성한 매우 다양하고 복잡한 관계에서 보다 창조적으로 작업할 수 있다. 그들은 의사소통하는 방식, 특히 다른 문화권에서 온 사람들과 의사소통하는 방식을 정교하게 조율할 수 있을 것이다. 예를 들어, 돌봄 사역자가 만남을 마치고 헤어질 때 돌봄 수혜자와 악수하는 것이 어떤 사람에게는 따뜻한 작별 인사일 수 있고 어떤 사람에게는 딱딱하고 의례적인 작별 인사일 수 있지만 어떤 사람에게는 침해가 될 수 있다는 것을 돌봄 사역자는 경험적으로, 혹은 직관적으로 알고 있을 수 있다. 돌봄 사역자는 진실한 감정을 느끼는 정도까지 그들의 신체적·언어적 반응을 사용하는 방법을 넓혀 갈 수 있다. 그들은 돌봄 수혜자에 대해 심리적·문화적으로 자신이 아는 것과 돌봄 수혜자의 의사소통 태도와 관련해 자신이 경험한 것으로부터 단서를 얻을 수 있다.

의사소통 기술에 관해서 강조하는 것에 대해 몇몇 독자는 의심할 수도 있다. 예를 들어, 당신은 판매, 영업 전문직 사람들이 상품을 팔고 개인 실적을 올리기 위해 의사소통 기술 향상에 투자한다는 것을 알 것이다. 겉만 번드레한 홍보는 종종 거짓처럼 보인다. 목회적 돌봄 사역자가 추구하는 의사소통 기술 향상의 목적은 그들과 다르다. 목회적 돌봄 사역자의 의사소통 기술 향상을 위하여 문화적인 전제와 신학적인 전제를 식별할 수 있다는 것이 가장 중요한 차이점이다. 돌봄 사역자는 그들의 얼굴표정과 신체를 통해서 전달하는 신학이 그들의 신앙과 일치하기를 원한다. 그들의 신체를 통해 전달하는 신학의 수준은 유년기와 심한 위기 가운데서 무의식적으로 형성된다는 점에서 돌봄 사역자는 깊은 자기성찰을 할 필요가 있다. 의사소통 기술을 지니고 상담하는 것은 사람들과 함께 있는 동안 그들의 사려 깊은 신앙을 표현하는 방식이 서툴러서 어려움을 겪고 있는 돌봄 사역자들에게 강렬한 영적 체험이 될 수 있다.

돌봄 사역자의 신체적 언어와 신앙의 일치에 대해 고찰할 때 나는 진실성의 중요한 역할을 강조한다. 진실성은 돌봄 사역자에게 기본적으로 경청하는 방법, 목소리 그리고 신체적 언어로 의사소통하는 것이 무엇인지를 이해할 것을 요구한다. 램지(1998, 4장 참조)는 목회적 돌봄 사역자의 역할과 관련된 책임에 대한 책을 집필했다. 그 책에 따르면, 진실성은 "목회 사역에서 상호작용을 하며 발전해 나가는 관계적·신학적 능력을 반영한다."(Ramsay, 2000: 278) 이러한 관계적·신학적 능력은 우리가 보다 더 복잡하고 구체적이며 다양한 관계에 참여하면서 시간의 흐름과 함께 발달해 간다(Ramsay, 2000: 278). 이 능력에는 두 가지 요소가 있다. ① 돌봄 사역자는 자신의 신학체계를 어떻게 이해하는가? ② 이러한 신학체계는 돌봄 사역자의 의사소통 기술에 어떻게 반영되어 있는가?

다음 이야기는 의사소통의 진실성과 관련된 문제를 다루는 소그룹에서 돌봄 사역자가 어떤 방식으로 진행할 수 있는가를 실례로 보여 준다. 랠프(Ralph)는 로마 가톨릭 신학교에서 공부하는 수사(견습신부)다. 그는 작은 방에 의자를 비스듬히 배치해 두고 고해성사의 역할극을 하며 목회적 돌봄을 실습했다. 성도 역을 맡은 조(Joe)가 고해성사를 시작할 때 랠프는 의자에 구부정하게 기대앉아 내려다보았다. 지도교수는 랠프에게 정면으로 바르게 앉아서 조의 눈을 바라보라고 말했다. 그러나 랠프는 계속 불안함을 느껴 습관적인 자세로 되돌아갔다. 그는 얼굴을 마주하고 고해를 듣는 신부 역할이 불편하다고 느꼈다. 구부정하게 앉아 아래를 내려다보는 자세는 그가 그 자신과 돌봄 수혜자의 사생활을 지키려는 하나의 방식이었다. 그는 소그룹에서의 역할극에 대해 곰곰이 생각해 보았다. 그는 자신의 신체적 언어가 어렸을 적 고해성사를 하던 중 경험했던 수치심을 반영하고 있다는 것을 깨달았다. 그의 신체적 언어는 유년시절의 경험을 반영하면서 성인이 되어 고해성사 중 경험했던 은혜와는 상충된다. 그는 하나님의 은혜를 경험하게 도와주는 고해성사가 어렸을 때 수치심을 더욱 악화시켰다는 사실에 슬펐다. 지도교수는 그에게 다시 역할극을 해 볼 것을 제안했다. 또한 랠프에게 그 자신이 조그만 소년이 되어 랠프 옆에 앉아 있다고 상상해 보라고 말했다. 이 훈련은 랠프가 유년시절 고해성사의 경험으로부터 분리되는 데 도움을 준다. 이를 통해 그는 자신의 수치감에 몰입되거나 그것을 돌봄 수혜자에게 투사하지 않게 될 것이다. 그는 고해성사의 은혜에 대해 성숙한 신앙과 경험을 가질 수 있으며 신체적 언어는 변화될 것이다.

🧍 반영적 의사소통

이 실례는 의사소통 기술에 기반을 둔 상담의 일부분이 될 수 있는 반영의 깊이를 강조한다. 이러한 작업의 첫 번째 단계는 목회적 돌봄 상담 중에 오가는 습관적인 언어적 반응 태도를 관찰하고 이러한 반응이 확대될 수 있는지를 살펴보는 것이다. 의사소통에는 네 가지 종류의 반응 방식이 있다.[1] 각각에 대해 고찰한다.

- 의미를 명확하게 하기 위하여 돌봄 수혜자의 말을 다르게 바꾸어 표현하기
- 명확한 내용 파악을 위해 질문하기
- 돌봄 수혜자의 감정상태에 관하여 해석하기
- 언제, 어떤 방식으로 적절한 자기노출을 할 것인지 숙지하기

---

1) 새비지(Savage, 1996)의 『Listening and Caring Skills』와 이건(Egan, 1994)의 『The Skilled Helper』는 의사소통에 관련된 사항에 대한 전반적인 개요를 알기에 매우 유용하다.

명료화를 위한 바꾸어 말하기

바꾸어 말하기는 대화 상대가 말한 것을 자신의 언어로 다시 표현하는 것을 포함한다. 이 방법은 특별히 세 가지 경우에 유용하다. 첫 번째는 다른 문화권 출신의 사람과 상담할 때다. 돌봄 사역자는 의사소통하는 내용이 무엇인지를 명확히 파악하기 위해 이 방법을 사용할 수 있다. 두 번째는 돌봄 수혜자의 말의 속도(너무 느리거나 빠르거나)와 내용상의 수준(세부적인 내용이 너무 많거나 너무 적거나)이 상담의 큰 그림을 파악하기 어려울 때다. 세 번째는 상담가가 돌봄 수혜자들이 말하는 내용에 집중하기 어려울 때 유용하다. 우리는 빨리 이해하고자 하는 조급함 때문에 세부적인 내용에 귀 기울이지 않고 추측하기에 바쁠 수도 있다. 바꾸어 말하기는 우리에게 주의를 기울일 것을 요구한다.

바꾸어 말하기 위해 돌봄 사역자는 돌봄 수혜자가 말하는 요점과 핵심을 분류해야 하며 세부적인 내용에 각별한 주의를 기울여야 한다. 예를 들어, 안나(Anna)의 경우를 살펴보자. 안나는 무가베(Mugabe) 목사의 교회에서 예배를 드린 적이 있었는데 어느 날 예배 후 그를 만나고 싶다고 요청한다. 그녀는 이 지역에서 2년째 살았으며 매주 근처의 여러 교회에서 주일 오전 예배를 참석했다고 말하기 시작한다. 그녀는 개신교 교회 생활에 강한 소속감을 느끼지 못하고 있음을 말했다. 이러한 그녀에게는 3개월 된 아들 조셉(Joseph)과 남편 레이(Ray)가 있으며 조만간 추수감사절에 시골에 계신 부모님이 방문할 것이라고 말한다. 그녀의 부모님은 조셉이 언제쯤 세례를 받을지 궁금해하신다. 하지만 안나는 어디에서 세례를 받아야 할지 결정 내리지 못한다. 무가베 목사는 대화의 이 시점에서 바꾸어 말하기 화법을 구사해도 좋을 것이다. "당신과 당신의 남편은 조셉이 세례를 받았으면 하는 부모님의 희망에 부응하기를 원하는 것 같군요." 이렇듯 단순하게 바꾸어 표현하는 것은 아이의 부모가 무엇을 원하는지에 초점을 맞출 수 있도록 도와준다.

명확한 내용 파악을 위해 질문하기

명확한 내용 파악을 위해 질문하기는 다음과 같이 질문할 수 있다. 무가베 목사는 이렇게 질문할 수 있다. "우선 당신 부모님의 소망을 떠나서 당신과 레이는 조셉의 세례를 원하십니까?" 그들이 어떻게 대답하느냐에 따라서 그는 "세례를 받은 후에 가족들의 삶에서 교회의 역할을 어떻게 보십니까?"라고 이어서 질문할 수 있다. 그들의 답변은 그들이 세례식을 어린아이의 탄생을 기념하는 가족 단계의 의례로 생각하는지, 아니면 어린아이를 신앙공동체의 일원으로 환영하는 의례로 받아들이는지를 명확하게 해 줄 것이다.

경험이 적은 목회적 돌봄 사역자는 도움을 주고자 하는 조바심에서 필요 이상의 많은 질문을 한다. 또한 그 과정에서 돌봄 수혜자의 감정상태를 해석하거나 바꾸어 말함으로써 공감적 의사소통에 소홀하게 된다. 예를 들어, 무가베 목사가 안나의 부모님이 어디에 사는지, 혹은 조셉이 그들의 첫 손자인지를 물어보는 것은 불필요하다. 명확한 내용 파악을 위한 질문은 후에 돌봄 평가 단계에서 필요하지만 돌봄 사역자는 반드시 질문하는 이유와 그 질문이 누구의 필요성에 따른 것인지 깊이 생각해야 한다. 도움을 주고 싶고 관심을 갖고 있다는 것을 보여 주고픈 돌봄 사역자의 조바심에 의한 질문인가? 아니면 평가에 유용한 정보를 명백히 하고 싶은 돌봄 사역자의 욕구와 관련된 질문인가?

돌봄 사역자가 찾는 정보의 깊이는 상담이 이루어지는 문화적 환경에 적합해야 한다. "우선 당신 부모님의 소망을 떠나서 당신과 레이는 조셉의 세례를 원하십니까?" 그리고 "세례를 받은 후에 가족들의 삶에서 교회의 역할을 어떻게 보십니까?" 등의 질문은 직선적인 질문에 익숙한 앵글로계 미국인들에게 문화적으로 가장 적합한 질문이다. 이러한 문화는 전후문맥과 관련이 없다. 그러므로 언어적 의사소통은 더욱 명확하며 추측할 여지를 남겨 놓지 않는다. 많은 앵글로계 미국인들은 돌봄 수혜자가 이야기를 서서히 말하도록 하지 않는다. 또한 가족에 대한 질문을 통해, 혹은 침묵을 통해 관계를 수립할 시간적 여유를 허락하지 않는다. 즉, 그들은 직선적 질문을 통해 핵심에 파고들기를 원한다. 특히 사업이나 전문 직종 분야에서 더욱 그러한 성향을 보인다.

그러나 핵심에 들어가기 전에 서로 간의 관계 형성을 우선으로 생각하는 사람들에게는 이러한 직선적 질문이 적절하지 않다. 라틴 아메리카, 미 원주민부족, 아프리카, 아시아 그리고 아랍 국가와 같이 집단적인 문화에 속해 있는 사람들은 한 개인이 집단(즉, 친척 또는 부족)의 상호의존적 존재라고 여긴다. 그리고 그 집단에서는 개인의 생존보다 집단의 생존이 더욱 중요하다(Okum, Fried, & Marcia, 1999: 12). 이러한 환경에서 돌봄 사역자는 돌봄 수혜자를 한 가족 혹은 공동체의 구성원으로서 아는 것부터 시작해야 할 것이다. 개인에 관한 질문을 하는 것보다 집단적 그룹에 대한 배경을 파악하는 것이 무엇보다 중요할 것이다. 보통 북아메리카 원주민과 함께 인디언 보호지역에서 사역하는 목회적 돌봄 사역자의 경우가 이러할 것이다. 이러한 성향의 돌봄 수혜자는 직선적 질문을 받게 되면 우회적으로 돌려서 답변할 것이며, 그 결과 개인주의적 문화 출신의 사람은 그를 부정적인 사람이라고 낙인찍을 것이다. 앵글로계 미국인 목회적 돌봄 사역자는 자신의 의사소통 방식이 다른 문화권 출신의 사람에게 미칠 영향에 대해 특별한 주의를 기울일 필요가 있다. 의사소통 방식의 차이점에 대한 그들의 문화적 민감성의 결여는 지배적 문화에서 발생한 앵글로계 미국인 목회적 돌봄 사역자의 백인우월주의의 일부분일 수 있다(Ramsay, 2002). 그들은 의사소통 방식의 차이에 대한 문화적 민감성으로 신뢰를 구축하는 것에 실패하고, 문화적으로 무례하고, 심지어 인종차별적으로 행동할 수도 있다.

돌봄 수혜자의 감정상태 파악하기

세 번째 경청 전략은 돌봄 수혜자의 감정상태 파악하기다. 이는 돌봄이 필요한 사람들이 겪는 고통의 종류와 깊이를 평가하는 데 도움이 되며 돌봄 사역자가 연민과 공감을 전한다. 사람들은 일반적으로 분노, 공포, 슬픔, 기쁨, 혐오 그리고 놀람 같은 기본적인 감정을 경험하고 이와 비슷한 얼굴표정을 짓는다(Ekman, 1993; Poortinga, Shoots, & Van de Koppel, 1993). 하지만 그들이 감정을 솔직하게 얼굴표정으로 드러낼 것인지 혹은 은밀히 감출 것인지는 문화적 차이에 의해서 결정된다. 대다수의 아시아 국가처럼 고도로 격식을 차리는 문화에서는 감정을 은밀히 숨기는 것이 중요하다. 이

탈리아나 스페인과 같은 나라에서는 특별한 감정을 확실하게 표현하는 것을 가치 있게 여긴다. 남성이 표현하기에 중요하고 알맞은 감정(앵글로계 미국인 사이에서의 분노)과 여성이 표현하기에 중요하고 알맞은 감정(두려움 등)을 확인하려고 할 때 성별(gender)은 강력한 문화적 요인이 된다.

문화적 민감성을 갖추는 법을 배울 때의 과제는 다른 문화권에서 온 사람들과 친해지기 위해 먼저 문화적 고정관념처럼 보이는 것을 공식화할 수 있어야 한다. 다문화 상담에 관한 안내서를 집필한 라티(2003: 32-33)는 이렇게 말한다.

'다문화 훈련(multicultural training)'의 다양한 형태로서 '소수민족 돌봄 수혜자들(ethnic minority clients)'에 대한 정보를 돌봄 사역자에게 알려 주고자 하는 몇 가지 선의의 시도는 오히려 근거 없는 사회적 통념, 예를 들어 카리브인의 능력이 부족하고 쉽게 분노하는 남성, 아시아의 젊은 여성들에게 압박감을 주는 문화적 역할, 아프리카 학생의 의사소통 문제, 아시아인의 대가족문제 또는 편부모 카리브 가족문제 등을 영속화시킴으로써 이러한 함정에 빠진다. 이와 같이 이러한 훈련 형식은 돌봄 수혜자 당사자의 특정한 문제에 주의를 기울이기는커녕 그들에 대한 편견을 더욱 더 악화시킨다.

라티는 돌봄 수혜자들이 각각 자신들만의 독특한 문화를 반영한다는 것을 논하기 위해 "모든 사람은 몇 가지 면에서 ① 다른 모든 사람과 같다. ② 다른 몇몇 사람과 같다. 그리고 ③ 어떤 다른 사람과도 결코 같지 않다(Lartey, 2003: 43)."고 했던 클럭쿤과 머레이 (Kluckhon & Murray, 1948)의 주장을 사용한다. 그는 '이종문화 간 (intercultural)'의 접근법을 추천한다. 이종문화 간의 접근법이란, "개인의 생활, 성장, 변화는 서로 상호작용하며 이러한 복잡한 세 개의 영역 간의 상호관계성과 상호연결성이 요구되며 하나의 규범 으로 여겨져서 수반되어야 한다는 것이다(Lartey, 2003: 35)." 목회 적 돌봄 사역자는 친숙하지 않은 문화를 가진 돌봄 수혜자를 대할 때 돌봄 수혜자 문화의 일반적인 설명에 의존하면서 돌봄 수혜자가 그 문화 속의 다른 이들과의 미세한 차이나 다른 점들에 대해 민감 해진다. 그들은 이종문화 간의 돌봄을 주는 방법에 대해 배울 때 문 화적으로 둔감하게 행동하는 것을 주의해야 한다.

동일한 문화를 가진 신앙공동체에서 일하는 목회적 돌봄 사역자 는 이종문화 간 목회적 돌봄을 제공할 필요성을 경험하지 못할 수 있다. 이러한 필요성은 병원, 요양원 그리고 호스피스 병원과 같은 공공기관에서 일하는 목회적 돌봄 사역자에게 가장 크다. 왜냐하면 그것은 다른 문화에서 온 사람들과 만나게 될 가능성이 더 높기 때 문이다. 그러나 동일한 문화적 환경일지라도 한 성도가 다른 성향의 성도를 이해하기 힘들어할 경우 이종문화 간 목회적 돌봄은 필요하 게 된다. 이러한 필요성은 테러공격 직후 기독교와 이슬람교 사이의 이종문화 간 대화에서 명백해졌다.

목회적 돌봄 사역자가 이종문화 간 돌봄에 참여할 가능성이 가장 높은 경우는 신앙공동체가 상당히 많은 소수민족 문화권 출신의 구 성원을 포함하고 있거나 이러한 문화권 출신자들을 위한 봉사활동 을 하고 있을 때다. 이러한 환경에서는 돌봄 사역자가 더욱더 깊이 있게 이종문화 출신자들과 만나는 기회를 갖는다. 이러한 만남은 돌봄 사역자의 문화적인 차이 극복 능력을 강화시키며, 또한 그들 자신과 다른 사람들의 문화의 풍요로움과 다름을 바르게 인식할 수 있게 한다(Augsburger, 1986).

적절한 자기노출

마지막 언어적 방법은 적절한 자기노출이다. 신앙공동체 안에서 돌봄 사역자는 돌봄 사역자로서뿐만 아니라 예배인도자, 설교자, 교사와 같은 다양한 공직을 겸할 수도 있다. 또한 돌봄 사역자가 돌봄 수혜자와 교제하는 경우도 있다. 그들은 상대방의 가족들을 알 수도 있고, 위원회에서 함께 일할 수도 있고, 특별한 위원회 운영 업무를 위해 서로에게 의존할 수도 있다. 이러한 환경에서 적절한 자기노출에 관한 돌봄의 세 가지 특징은 중요하다. 돌봄 사역자는 자신이 어떤 역할을 맡고 있는지 모니터해야 하며 언제 돌봄 사역자로서 역할이 요구되는지 알아야 한다. 돌봄 사역자가 자기노출을 해야 할 경우, 사회적 환경에서 만나게 되는 돌봄 수혜자의 필요성 때문이라는 것을 확실하게 할 필요가 있다. 돌봄 사역자와 돌봄 수혜자 사이에 힘의 차이가 존재하기 때문에 후자의 필요성이 우선시된다. 만약 돌봄 사역자의 필요성이 돌봄 수혜자의 잠재적 필요성을 가리게 된다면 돌봄 사역자는 자신의 필요성을 만족시키기 위해 신앙공동체 밖으로 눈을 돌려야 한다. 예를 들어, 한 돌봄 사역자는 알코올 중독으로 고생하는 돌봄 수혜자에게 자기도 역시 알코올 중독치료 프로그램 과정을 거친 적이 있다고 알릴 수 있다. 그러나 만약 그가 자신의 치료 경험에 대한 자세한 사항을 모두 이야기한다면 돌봄 수혜자에게서 초점이 떠날 것이다. 그리고 그러한 돌봄 수혜자는 자신이 공감적 경청자 역할을 맡고 있다고 느낄 것이다.

신체언어와 공간 사용

　돌봄 사역자는 바꾸어 말하기, 질문하기, 감정상태 해석하기, 그리고 자기노출을 사용하기를 돌봄 상담에 반영하지 않고서도 상담의 효율성을 증가시킬 수 있다. 또한 돌봄 사역자 역할을 수행할 때 시간과 공간을 관리하는 것뿐만 아니라 자신의 목소리와 얼굴표정과 신체의 습관적 버릇에 주의를 기울일 수 있다. 돌봄 사역자는 돌봄 수혜자를 만날 때 자주 25분 혹은 50분이라는 시간에 맞추어서 일하는가? 자기 집에서 사람들을 만나는가? 아니면 목회적 돌봄은 정해진 약속시간에 교회에서 수행되는가? 사무실 의자는 어떻게 배열되어 있는가? 똑바로 서로 마주보고 있는가? 아니면 어떤 각도를 유지하고 놓여 있는가? 문은 열려 있는가? 아니면 닫혀 있는가? 그 건물에 다른 사람도 있는가? 이러한 것들은 돌봄 사역자가 시간과 공간을 어떻게 관리할 것인가를 고찰할 때 점검해야 될 질문 유형이다. 돌봄 사역자가 자신의 습관을 파악함으로써 그들이 자신의 신체와 공간과 시간을 어떻게 사용해야 할 것인지 시험해 볼 수 있다. 그리하여 그들은 치유와 공평성을 추구하는 관계에 대한 자신의 신념을 확실히 반영하는 선택권을 갖는다. 이러한 선택권을 소유한다는 것은 다양한 유형의 가족과 다양한 문화권 출신의 사람들과 서로 다른 성격을 가진 사람들을 대할 때 큰 도움이 될 수 있다. 다음의 두 가지 예화는 공간과 신체언어의 사용을 고찰하기 위한 방법을 보여 준다.

예화 1

랍비 연구과정 학생인 루벤(Ruben)은 톰(Tom)과 돌봄 대화 역할극을 하는 동안 자신을 비디오테이프에 녹화했다. 그는 녹화된 비디오테이프에서 그의 목소리가 얼마나 멀리 들리는지와 말의 속도를 보고 깜짝 놀랐다. 그는 별 생각 없이 역할극을 준비했다. 그의 의자는 톰의 의자와 같이 같은 벽을 등지고 놓여서 두 의자가 서로를 향하게 약간 비스듬하게 놓여 있었다. 그가 정면을 향해 앉았을 때 창밖을 바라보도록 배치되어 있었다. 그리고 톰과 눈을 마주치기 위해 그의 상체와 머리를 돌려야 했다. 이러한 신체언어와 공간 활용은 톰에게는 만족스러웠지만, 돌봄 수혜자 역을 맡았던 여학생 사라(Sarah)는 루벤과 똑바로 마주하기 위해 의자에 앉은 채로 몸을 돌리고 몸을 앞으로 굽혀야 했기 때문에 불편했다. 그것은 마치 '그녀가 어렸을 적에 아버지의 관심을 끄는 것이 얼마나 힘들었는가?'라는 기억을 떠오르게 했다.

루벤은 이러한 피드백이 새로운 것을 알게 됐다. 그는 자신의 신체언어와 공간의 사용이 하나님께서 임재하시는 방식에 대하여 그와 돌봄 수혜자에게 무엇을 말해 주는지를 자문해 보았다. 그리고 나서 의자를 서로 바라보게 돌리고 정면으로 앉아 더 자주 눈을 맞추고 더 정겹게 표현하기 위해 목소리 톤과 말의 속도를 변화시켜 보며 더 많은 역할극을 했다. 비록 역할극이었음에도 불구하고 이것이 얼마나 불안함을 유발하는지 보고 놀랐다. 랍비 연구과정의 몇몇 친구들과 이야기하면서 이 불안감은 자신이 사생활을 보호하기 위해 어머니를 멀리했던 유년 시절의 감정과 비슷하다는 것을 깨달았다. 신학적으로 고찰하면서 그는 이러한 불안감이 자신의 어머니와 하나님, 그리고 돌봄 수혜자들과의 관계에 대해 무엇을 나타내고 있는지를 좀 더 생각해 보기로 결정했다. 그는 실습과정에서 자신의 목회적 돌봄 실습을 위한 특별한 목표를 정했다. 그 목표는 신체언어를 통해 자신의 신념을 통해 전달해야 한다는 것이다. 그는 어떻게 해야 이 목표에 도달할 수 있는지에 대해 지도감독(supervisor)과 함께 논의했다. 그리고 그들은 그의 학습과정을 돕기 위하여 그가 진행했던 역할극의 상담대본 평가를 활용했다.

예화 2

목회적 돌봄 반에서 공부하는 아프리카계 미국인 학생인 제나(Zena)는 역할극에서 돌봄 사역자 역을 맡았다. 그리고 역할극을 녹화한 비디오테이프를 시청하면서, 모든 대화내용에서 부드럽게 말했고 돌봄 수혜자 역을 맡은 한국계 미국인 남학생 은수(Eun-Soo)에게 많은 언어적 긍정을 표현했다는 것을 깨달았다. 제나는 자신이 경청하고 있다는 것을 표현하기 위해 소리를 내면서 계속적으로 그녀의 머리를 끄덕였다. 은수는 이러한 행동이 주의산만하게 느껴졌으며 그가 하는 모든 말에 자신이 왜 그렇게 열렬히 동의하는지 의아하게 생각했다. 신학적으로 그의 피드백을 고찰해 볼 때 그녀는 자신이 돌봄 사역자와 돌봄 수혜자를 위한 수용공간을 창조하시는 하나님의 지속적인 임재하심을 전달하기 위해 노력하고 있었는지 생각해 보았다. 그녀는 자신의 목소리, 얼굴표정 그리고 신체언어를 사용해서 돌봄 수혜자를 관계적으로 모두 수용하기 위해 노력했다고 밝혔다. 그녀는 은수와 하나님도 역시 수용환경을 만들어 내는 데 참여하고 있다는 것을 믿지 않고 있었다. 같은 반의 다른 아프리카계 미국인 여학생들과의 그룹토의에서 그녀는 돌봄을 제공할 때 자신의 신체언어가 자기의존과 자신을 제외한 타인에 대한 불신을 형성하는 신념을 표현한다는 것을 깨달았다. 그녀는 자신의 돌봄의 일부분이었던 존재의 망 개념에 초점을 맞춘 영적 훈련을 시작했다. 그리하여 그녀는 돌봄 역할극에서 목소리 톤에 다양한 변화를 주었다. 특히 관계적으로 연결되기보다는 더 많은 분리를 필요로 할 수 있는 돌봄 수혜자들과의 관계에서 더욱 다양한 변화를 주었다.

신체적 접촉하기

신체적 접촉, 특히 악수와 포옹도 역시 의사소통에서 중요한 역할을 한다. 모니터해 볼 필요가 있기는 하지만, 공공장소에서 이러한 신체적 접촉은 오해받거나 강압적으로 느껴질 가능성이 훨씬 적다. 사적인 장소에서 돌봄 사역자가 주도하는 포옹은 불안감을 일으킬 가능성이 크며 돌봄 수혜자에게 성적 친밀감의 표현으로 해석될 수 있다. 돌봄 사역자나 돌봄 수혜자가 포옹하고자 하는 충동을 느낄 경우 의식적 수준과 무의식적 수준 양쪽 모두에서 관계적 역동성을 확인해 보는 것은 중요하다. 돌봄 수혜자가 포옹을 시도할 때 돌봄 사역자가 어떻게 대응할 것인지를 순간적으로 결정해야 한다. 그런 다음 신체적 접촉을 통해 어떤 것을 의사소통하려고 시도했던 것에 대해 돌봄 수혜자와 이야기해 보아야 한다. 이러한 사건들은 동료들과의 대화를 통해 더 깊이 검토해 볼 수 있다. 그리고 이러한 대화들은 돌봄관계에서 신체적 접촉에 대한 책임감을 가질 수 있는 하나의 방법이다.

신체적 접촉에 대한 문제는 특히 상담가가 다양한 문화와 종교적 전통을 가진 환자들을 방문해야 하는 병원과 같은 이종문화 간 환경에서 더 민감할 수 있다. 예를 들어, 수술실에 막 들어가려는 환자에게 돌봄을 제공하기 위해 병원목사 에드워드 로스힐드(Edward Rothschild)는 머리를 가린 무슬림 여성을 방문한다. 그는 아래를 향한 그녀의 시선에 대하여 그녀와 눈을 마주치지 않는다. 유사하게 다른 수술 전 환자인 인도출신의 힌두교 남성을 방문할 때, 로스힐드는 그가 어떻게 인사하는지를 관찰하였다. 그 환자는 마치 기도하듯이 두 손바닥을 마주해서 이마에 올리고 고개를 숙였다. 에드워드는 그 방식에 따라서 인사할 수 있었다. 돌봄 사역자와 돌봄 수혜자 간의 신체적 접촉에 대한 문화적 규범을 존중하는 것은 공감적 관계를 형성하는 것의 일부분이다.

공간의 사생활 보호하기

의사소통의 마지막 장면은 돌봄 수혜자와 돌봄 사역자 모두에게 편안하고 안전한 공간을 확보하는 것이다. 돌봄 수혜자를 자신의 사무실에서 만나는 대부분의 목사들은 사무실 문을 열어 두거나 출입문에 유리창을 달고 돌봄 수혜자가 출입문 쪽에 등을 두고 앉게 함으로써 돌봄 수혜자의 사생활을 보호하고 돌봄 사역자가 보이도록 자리를 배치한다. 돌봄 수혜자와 돌봄 사역자의 성별이 다른 경우 이러한 외형적 배치는 더욱더 민감한 문제가 된다. 돌봄 사역자는 그들이 편안함을 느낄 수 있는 배치를 선택해야 할 것이다. 이를 위해 동료나, 그들이 근무하는 조직 혹은 신앙공동체의 지도자 위치에 있는 사람들과 논의할 필요가 있다. 한 예로, 신임 목회자는 심방하는 것에 대한 교회 전통을 다른 목회자들과 상의할 수 있다. 그들은 거동이 불편한 나이 든 성도나 또는 가족 행사 시에만 심방하는 것이 적절하다고 결정할 수 있다. 그들은 다른 직원들이 근처에 있을 경우 목회자가 그의 사무실에서 다른 심방을 할 수 있는지를 살펴볼 수 있다. 이러한 논의는 돌봄 사역자나 신앙공동체의 구성원들의 기대심리를 명확히 할 수 있다. 또한 간통에 대한 인식이 점점 증가한다는 점을 고려할 때, 심방의 사생활 보호에 대한 어떤 측면이 변경될 필요가 있는지를 확인해 볼 수 있다.

목회적 돌봄 사역자가 돌봄을 희망하는 사람들의 이야기와 자신들의 내부에서 떠오르는 이야기를 경청할 때, 초월적 실체에 대해 자신의 깊은 신앙을 반영하는 방식으로서 언어적 그리고 신체적 반응을 사용한다. 돌봄 사역자의 행동과 신앙의 일치는 필수사항이다. 행동과 신앙이 일치하지 않는다면 돌봄 사역자는 자신이 제공하는 돌봄이 진실로 치유와 공평성을 추구하는 돌봄이라고 확신할 수 없다. 만약 그들의 돌봄이 아픔과 고통으로부터 회복되지 않은 경험을 통해 형성된 잘못된 믿음, 예를 들어 결국에 고통은 치유와 정의를 가져오는 초월적 실체로부터 자신을 분리시킬 수 있다는 믿음을 반영한다면 그들이 제공하는 돌봄은 결국 절망감을 초래할 수 있다. 물론 자신의 신앙을 깊이 묵상하는 것과 이러한 신앙이 돌봄관계에 어떻게 반영될 수 있는지에 대해 깊이 숙고하는 것은 하룻밤 사이에 될 일이 아니다. 하지만 목회적 돌봄에 대한 이러한 핵심적 문제를 장기적으로 관찰한다면 다양하고 복잡한 돌봄관계의 모든 분야에서 깊은 진실성에 도달할 수 있을 것이다.

연습 3
경청기술 고찰하기

　2장의 연습 1에서 준비한 축어록을 다시 살펴보고 당신의 반응에서 바꾸어 말하는 것, 질문, 돌봄 수혜자의 감정상태를 이해하는 것, 적절한 자기노출의 적당한 때와 방법 알기를 확인해 보라. 당신이 선호하는 반응의 종류가 어떤 것인지 깊이 생각해 보라. 어떤 특별한 반응을 선호하는 이유가 당신의 필요에 의해서인가? 아니면 돌봄 수혜자의 필요에 의해서인가? 이러한 유형의 반응이 돌봄 수혜자와 친밀함을 가지는 데 도움이 되었는가? 그렇지 않다면 어떤 대응이 더 효과적이었을까?

　만약 당신이 목회적 돌봄 상담을 하는 동안 신체적인 반응을 생각해 낼 수 있다면 살펴보라. 당신은 어느 순간에 가까이 가고 뒤로 기대며 구부정하게 앉거나 똑바로 앉았는가? 가슴에 팔짱을 끼고 팔에 힘을 빼며 턱을 괴고 어깨 근육에 힘을 주고 또는 경직된 근육을 갑자기 이완시켰는가? 당신은 목회적 돌봄 상담과정에서 나타난 이러한 신체적 반응에 대해 어떻게 생각하는가?

　상담을 하던 장소의 좌석 배치와 공간에 대해 고찰해 보라. 좌석 배치와 공간이 돌봄 수혜자와 당신에게 편안함을 느끼도록 충분한 간격이 있었는가? 그러한 간격에서도 돌봄 수혜자와 연결된 상태를 유지할 수 있었는가? 당신이 변화를 줄 수 있었다면 상담을 하기에 더 좋은 공간으로 만들기 위한 변화가 필요했던 점은 있었는가?

4장

돌봄관계 형성

로키 마운틴 연합 감리교회에서 전도사로 있는 샐리 브라운(Sally Brown)은 거동이 불편한 연로한 성도들을 심방하는 과제를 받는다. 루이스 하빌리(Louise Haverly)의 아파트에 도착했을 때 그녀는 집의 난잡함을 보고 불쾌함을 느꼈다. 거실은 낡은 신문뭉치와 온갖 잡동사니가 들어 있는 가방으로 가득 차 있었다. 루이스는 그녀를 식탁으로 안내했다. 샐리는 끈적끈적한 마루, 더러운 접시더미와 먹다 남은 음식물 종이상자 등을 바라보면서 루이스가 차를 마시겠냐고 한 제의를 받아들인 것을 후회한다. 그리고 루이스가 건네준 찻잔을 너무 자세히 보지 않으려고 노력한다. 루이스는 무슨 일로 찾아왔는지를 여러 번 반복해서 묻는다. 그리고 전임목사가 2년 전에 떠난 사실을 모르고 전임목사의 안부를 묻는다. 샐리가 찾아오는 가족들이 있는지 물어보았을 때, 루이스는 한 조카를 불분명하게 언급하지만 그들이 마지막으로 만난 때가 언제인지도 확실하지 않다. 샐리는 루이스의 손에 최근에 생긴 몇 개의 흉터를 발견하며 그녀가 요리하던 중에 데었는지 궁금하게 여긴다. 샐리는 루이스가 스스로 돌볼 능력이 있는지에 대해 얼마나 자세하게 물어봐야 할지 확신이 서지 않는다. 그녀는 현장교육 지도자와 함께하는 다음 수업시간에 자신의 관심사에 대해 이야기한다. 그들은 함께 루이스를 방문하기로 계획한다. 그리고 루이스의 의료 혜택과 마지막 건강검진이 언제였는지에 대한 더 많은 정보를 얻는다. 샐리의 지도자는 방문 중에 루이스의 담당의사와 이야기하기 위해 루이스에게 허락받고자 한다. 그들은 루이스가 홀로 생활하는 것이 안전한지 알기를 원한다.

목회적 돌봄의 다음 단계는 전문적이고 교회의 행동규범을 반영하며 돌봄 수혜자가 해를 당하지 않을 것이라는 것을 보증하는 첫 돌봄 계약을 수립하는 것과 관련이 있다. 샐리의 첫 번째 관심사는 루이스의 육체적 건강이었다. 그녀는 돌봄 계약의 암묵적인 측면인 비밀보장의 한계와 전문적 지식을 포함하여 자신이 제공할 수 있는 돌봄의 한계를 알 필요가 있다. 정신적 치료 계약이 아니기 때문에 보통 목회적 관계에서는 돌봄 계약을 명시적으로 정하지 않는다. 그렇다 할지라도 돌봄 사역자는 전문적인 사항에 대해서는 주의를 기울여야 한다. 그리고 필요시에 이러한 문제를 돌봄 수혜자와 상의해야 한다. 예를 들어, 비밀유지의 한계나 돌봄 사역자의 유용성에 관한 문제를 명백하게 해야 할 필요가 있을 때 이러한 부분에 대해 상의해야 한다. 예를 들어, 샐리의 지도자는 루이스에게 복지문제가 염려되어 그녀의 담당의사와 상의할 수 있도록 허락해 달라고 말할 것이다.

돌봄 수혜자에게 해를 주지 않는 목회적 돌봄관계를 형성하는 것은 돌봄 사역자가 책임져야 할 돌봄의 기본적 측면이다. 여기서의 책임감은 전문적인 기준, 법적인 기준 그리고 교회의 기준을 만족시키는 돌봄을 포함한다. 행동규범에 대한 책임감은 단순히 전문직의 필요와 목회의 전문직화에 대한 필연적 양상보다는 신학적 측면으로 안수식이나 신앙공동체에서 돌봄 사역자로 임명되는 경우에 갖게 되는 평생서약의 일부로 이해될 수 있다. 돌봄 사역자는 상담가로서 자신의 행동을 뒷받침하기 위해 사용한 원천(성경구절, 관습, 판례, 경험)과 규범 또는 해석 기준을 분명하게 표현함으로써 자신의 결정과 행동에 대해 책임질 필요가 있다. 예를 들어, 샐리와 지도자는 노인의 권리에 관한 '연합감리교회의 사회적 원칙'을 인용했을 수도 있다.[1] 또한 그들은 법에 따라서 노인학대에 대한 보고를 하도록 요구받았을 수 있다. 이러한 법은 목회자가 지역사회 봉사기관에 노인방치 사례를 보고하도록 명령하기도 한다.

돌봄 수혜자의 전인건강을 보장하는 목회적 돌봄관계를 형성하기

---

1) 젊은 층에 주된 강조점을 두는 사회에서 노인들은 흔히 사회적 존재의 주류에서 분리된다. 우리는 모든 공동체의 노인들이 사회로 통합될 수 있는 사회정책을 지지한다. 이러한 사회정책은 충분한 소득, 차별 없는 취직 기회의 증가, 교육과 서비스업의 기회, 적절한 건강관리와 주거 등을 포함한다. 우리는 소수민족과 노년여성의 독특한 관심사를 강조하며 인간공동체의 연장자로서 노인이 가지는 그들의 권리인 존중과 가치를 지켜 줄 수 있는 사회정책과 프로그램을 촉구한다. 더 나아가 우리는 고용주들이 홀로 남은 배우자를 위한 대책과 함께 적절한 연금체계에 대해서 더 많이 고찰할 것을 촉구한다("Rights of the Aging" in 「The Book of The United Methodist Church」(2000), The United Methodist Publishing House, 2000, http://www.umc.org).

위해 적용하는 권위의 주요한 원천과 규범은 종교적 단체에서 목회
적 돌봄 사역자를 임명하여 그들이 책임감을 갖게 하는 관리방식의
개요를 나타낸다. 이러한 것들은 성직 안수식이나 임직 예배에서 후
보자들이 행하는 종교적 신념과 실천사항에 대한 서약을 포함한다.
이러한 서약은 목회자로 임명된 사람과 임명한 기관 사이의 기본적
인 약속이 된다. 기독교인들에게 이러한 신념과 실천은 일반적으로
예수 그리스도의 삶, 죽음, 부활의 의미와 예수 그리스도, 하나님,
성령님의 관계에 대한 것이다. 목회를 하는 사람들은 자신의 목회방
법에 책임져야 하며 이러한 목회방법은 삼위일체와 예수 그리스도
에 대한 자신의 신앙을 반영한다.

또 다른 권위의 원천과 규범은 종교지도자 역할을 하도록 임명된
사람들을 위해 종교적 기관에서 개발한 윤리규범이다. 거의 대부분
의 기독교 교단은 성적 간음에 관한 행동규범을 가지고 있다. 그리
고 대다수의 교단 또한 더 많은 일반적 행동규범을 가지고 있으며
그중 몇 개는 온라인에서도 찾아볼 수 있다.[2] 210차 장로교 총회

---

2) 그리스도의 제자(기독교 교회)들은 목회자의 윤리규범을 가진다(http://www.
homeland.org/Ministers/ MinistryGuidelines/ethics.htm). 미국 연합그리스도
교회는 네 가지의 윤리규범(목회자의 규범, 안수받은 목회자의 규범, 임명된 목회자
의 규범, 자격증을 소지한 목회자의 규범)을 가지고 있으며 이는 목회 입문서의 첫
번째 단락에 쓰여 있다(http://www.ucc.org/ministers/manual/index.html). 미
국가톨릭협회에서는 다음의 기관들에 대한 윤리규범을 가지고 있다(국립평신도사
역협회와 국립가톨릭캠퍼스목회자협회)(http://www.nccbuscc. org). 국립가톨
릭위기유보집단(The National Catholic Risk Retention Group)은 '신부, 부제,
목사, 관리자, 직원, 자원봉사자를 위한 목회적 행동규범 기준'을 가지고 있다. 이
기준은 주교, 목사, 관리자에게 위기관리를 위한 수단으로 사용될 수 있다
(http://www.virtus.org/virtuspublications.htm). 메트로폴리탄 커뮤니티 교회는

(U.S.A, 1998)에서 승인된 윤리행동강령에 나타난 행동규범 실례는 안수받은 목회자뿐만 아니라 직원, 자원봉사자 그리고 구성원들의 행동규범까지 포함하고 있다(http://www.pcusa.org/oga/ethics/members.htm).

여기에서 종합적 행동규범에서 다뤄지는 문제의 범위를 보여 주기 위하여 윤리행동강령을 요약한다. 안수받은 목회자에 대한 규범은 다음과 같이 시작한다.

"나는 장로교단에서 안수받은 지도자로서 예수 그리스도께 순종하며 성경의 권위 아래에서 그리고 우리의 신앙고백에 따라서 임직식에서 행한 맹세를 지킬 것을 단언합니다. 즉, 나의 삶과 사역은 예수 그리스도를 본받을 것이며 하나님의 은혜에 의지하여 다음의 윤리행동강령을 따를 것을 확인합니다."

(직업윤리 규범/Professional Code of Ethics, 1998: 3)

이 문서는 안수받은 목회자들이 "예수 그리스도의 가르침(복음)에 충실하고 자신의 목회 사역에 일치한" 삶을 살기 위한 행동규범을 기술하고 있다(Professional Code of Ethics, 1998: 3). 그리스도의 가

목회자가 행동규범을 온라인으로도 접할 수 있도록 http://www.mccchurch.org 에 명시하고 있다. 루터교도, 성공회교도, 감리교도인 목회적 돌봄 사역자는 자신의 교파의 지부로부터 직업상 적절한 행동에 대한 안내를 받을 수 있다. 목회 상담가를 위한 윤리규범도 있다(미국목회상담가협회에서의 윤리; http://www.aapc.edu). 뿐만 아니라 목회자를 위한 윤리규범도 있다(임상교육목회협회; http://www.acpe.edu). 미국 연합감리교회는 국가적인 행동규범을 가지고 있지 않다. 교역자는 매 연례회의에서 행동규범을 제시하고 있는지 여부를 확인할 필요가 있다.

르침에 충실함은 영적·종교적 규율, 정직, 성실(결혼서약 존중을 포함), 동등한 인간 존중, 직장·가정·건강·심리적·정신적 행복 유지, 착취와 험담의 삼가, 그리고 마지막으로 회개, 겸손, 용서의 자세를 유지함으로써 증명된다.

이 문서는 또한 미국 장로교 내에서의 목회적 행동규범에 대해 기술하며 다음 사항을 포함한다.

- 인간관계의 신성한 신뢰를 존중하고 적당한 경계를 유지한다.
- 성직 안수식과 관련된 특권과 힘은 신중하게 행사한다.
- 성희롱과 성추행을 포함한 착취적 행동을 삼간다(이러한 행동에 대한 명확한 방침은 이 문서의 참고문헌에 있다).
- 비밀유지와 비밀의 한계에 대한 필요성을 인식한다.
- 자신의 전문적 지식의 한계와 적임자에게 위탁해야 할 필요성을 인정한다.

비록 다른 장에서는 목회 사역과 명확한 관련은 없지만 목회 사역에 영향을 줄 수 있는 측면을 기술하고 있다.

- 사랑으로 진실을 이야기한다.
- 자신의 목회 사역을 위태롭게 하는 이해관계와의 갈등을 피한다.
- 자신의 목사자격증명서에 대해 정직하게 생각해 보고 그 자격증에 대한 저작권이 있는 관계당국에게 신뢰를 준다.
- 자신의 목회 사역을 위태롭게 하는 채무를 삼간다.
- 자신에게 맡겨진 자금과 자산에 대해 철저히 밝힌다.

– 이사회에서 정한 사례금 등에 대한 제한규정을 준수한다.
– 교회의 규율을 받아들인다.
– 교육과 전문 상담에 지속적으로 참가한다.

또한 이 규범은 이직하거나 은퇴한 목사와 교회 성도의 관계에 대해서도 다루고 있다. 예를 들어, 교회를 떠난 목사들은 현직목사가 제공하는 돌봄을 반드시 존중해야 한다. 그리고 장로회의 지시나 현직목사의 승낙이 없다면 교인과의 돌봄관계를 계속해서는 안 된다. 예를 들어, 전직목사는 현직목사의 승낙 없이 교인의 장례식을 인도할 수 없다.

안수받는 목사들이 지켜야 할 규범의 마지막 부분은 교회 목회 일반 업무에서 다음의 자세를 가져야 한다.

– 같이 목회하는 동료들을 존중한다.
– 책임감을 갖고 교인의 입회를 권한다.
– 정의와 평화를 위해 다른 신앙의 전통을 갖고 있는 사람들과 협력한다.

목회적 돌봄에 대해서 이 세 가지 항목은 돌봄 사역자들이 다른 전통 출신의 목회적 돌봄 사역자들과 돌봄을 필요로 하는 사람들의 종교적 신앙을 존중할 필요성과, 많은 종교적 전통에서 돌봄 사역자들에게 공통적인 치유와 공평성을 추구하는 종파를 초월한 사명 속에서 일해야 하는 필요성에 대해 설명한다.

미국 장로교(General Assembly)의 201차 총회(1998)에서 승인한

직업윤리규범은 규범을 개발하기 위해 사용되었던 권위 있는 성경자료와 규범에 대해 언급한 내용을 포함한다. 그리고 신앙고백의 권위는 물론 구약·신약성경의 권위에 관한 교단의 기본적 규범을 나타낸다. 그러한 규범의 명확한 사용은 규범의 신학적 근거를 증명한다.

이어서 돌봄 수혜자가 위기에 처했을 때 우선 비밀유지의 한계를 고찰하면서 돌봄의 계약을 맺는 방법을 설명하고자 한다. 왜냐하면 그들은 방치되어 있거나 육체적·성적 또는 심리적으로 학대당하고 있기 때문이다. 그런 다음 돌봄관계의 초기에 돌봄 사역자가 알아야 할 돌봄의 기본적인 계약의 다른 측면을 요약 설명하고자 한다. 즉, 성희롱과 성추행, 이중 역할, 전문지식의 한계(즉, 치료와 돌봄의 구별)와 적임자에게 위탁 필요성, 그리고 비밀유지와 유용성의 한계 등이다.

비밀유지의 한계

목회적 돌봄 사역자들은 돌봄 수혜자가 폭행을 당하고 있거나 방치되고 있다는 의심이 들 경우 더욱 주의 깊게 관찰해야 한다. 설명이 불충분한 신체 부상, 체벌의 흔적인 흉터, 그리고 부적절한 치료 흔적은 육체적 학대의 증거일 수 있다. 샐리 브라운이 루이스 하빌리를 방문했을 때 본 것처럼 돌봄 사역자들은 가정방문 중 루이스가 방치된 흔적을 발견할 수 있다. 성적 학대의 흔적은 확인하기 어렵지만, 돌봄 수혜자의 이야기에서 성적 학대의 가능성을 알아차린 돌봄 사역자들은 추가적인 질문을 계속해야만 한다. 이 책의 5장에서는 폭행의 평가에 대해, 8장에서는 어떠한 돌봄 계획이 준비되어야 하는지에 대해서 논한다. 이제 학대가 의심될 때 돌봄 사역자가 사회봉사기관에 평가를 맡길 필요가 있는지를 결정하는 방법에 대해 설명한다.

사 례

성 앤드류 성공회에서 중등부를 함께 맡고 있는 제프와 멜리사(Jeff and Melissa) 부부는 그룹 활동과 토론에 활발하게 참여해 온 13세 소녀 마샤(Martha)에게 변화가 생긴 것을 눈치챘다. 마치 하룻밤 사이에 변해 버린 것 같이 보였다. 마샤는 그룹 토의 시간에 뒤로 물러앉아서 허공을 응시하기도 하고 배구 경기나 탁구 경기 중에는 방관자로 앉아 있었다. 토요일 오후 만남에서 멜리사는 마샤에게 항상 즐겨 했던 중등부 수련회에 참가할 의향이 있는지 물었다. 마샤는 두 팔로 몸을 감싸 안으며 마룻바닥을 응시한 채 아무런 대답도 하지 않았다. 멜리사는 마샤에게 조용한 곳으로 가서 이야기하자고 제안했다.

멜리사(1): 마샤, 네가 걱정스럽구나. 최근 말수도 많이 줄어들었어. 중등부에서 속상한 일이 있었니?

마 샤(1): 아니요, 여기에서는 아무 일도 없었어요. (마샤는 계속 두 팔로 몸을 움츠리고 자신이 앉은 의자를 앞뒤로 흔들기 시작한다.)

멜리사(2): 집에는 별일 없니?

마 샤(2): 네.

멜리사(3): 너희 아버지께서 직장을 알아보신다고 알고 있는데, 그것 때문에 집안이 편안하지 못하니?

마 샤(3): 아니요, 엄마 아빠는 별로 걱정하지 않아요. (좀 더 침묵이 흘렀다.)

멜리사(4): 마샤, 네 맘속에 뭔가 있는 것 같아. 네가 지금 당장 그것을 이야기하고 싶지 않을 수도 있어. 하지만 네 옆에 내가 있고, 널 염려하고 있고, 네 이야기를 들을 준비가 되어 있다는 사실만은 알아 줬으면 해.

마 샤(4): 좋아요. (잠시 멈추고) 몇 주 전 여학생들이 데이트하는 것에 대해 이야기하신 적 있으시죠?

멜리사(5): 그래, 스킨십과 키스하는 것과 얼마나 가까워지고 싶은지를 스스로 결정하는 법에 대해 이야기했었지.

마 샤(5): 그 이야기를 들은 직후 저는 켄 마이어스(Ken Myers)와 함께 영화관에 갔어요. 그 애는 같은 반 친구예요.

멜리사(6): 몇 주 전 우리가 쇼핑몰에서 마주쳤을 때 너와 함께 있던 애가 켄이었니?

마 샤(6): 네, 거기서 선생님과 그애가 마주쳤다는 것을 깜박했어요.

멜리사(7): 켄과 무슨 일이 있었니?

마 샤(7): 말하기 정말 힘든 부분인데요.

멜리사(8): 그래, 그런 것 같이 보이는구나.

마 샤(8): 정말 수치스러워요. 그애와 함께 밤에 공원을 산책해서는 안 된다는 것을 알았어야 했어요. 그게 위험하리라고는 생각지도 못했어요. 평소에는 주위에 사람들이 많이 있었거든요.

멜리사(9): 무슨 일이 일어났는지 내게 말해 줄 수 있니?

마　샤(9): 켄이 잔디에 잠시 눕자고 했어요. 우리는 키스하기 시작했어요. 그런데 갑자기 그가 제 바지를 벗기려고 했어요. 저는 그에게 하지 말라고 했지만 그는 듣지 않았어요. 저는 얼어붙어서 어떻게 해야 할지 몰랐어요. 그는 저를 꼼짝 못하게 누르고 제가 소리치면 때리겠다고 협박했어요. 그러고선 그는 저와 성관계를 가졌어요. (그녀는 몸을 떨며 울기 시작한다.)

멜리사(10): 오, 마샤. 너에게 그런 일이 일어나다니 안타깝구나. 얼마나 놀라고 당황했니.

마　샤(10): 그일 직후에 그는 아무런 잘못도 저지르지 않은 것처럼 행동했어요. 그는 단지 제가 옷 입을 동안 일어서서 기다렸어요. 그런 다음 그는 제가 만일 누구에게라도 이야기하면 제가 먼저 그와 성관계를 갖고 싶어 했다고 말한다고 했어요.

멜리사(11): 이 이야기를 말해 줘서 너무 고맙구나. 지금 기분은 어떠니? (마샤와 멜리사는 잠시 동안 마샤의 수치심, 죄책감 그리고 수면장애와 학교생활에서의 어려움에 대해 이야기한다. 멜리사는 마샤가 켄을 피해 다니는 것과 켄이 마샤에게서 멀리 떨어져 있던 이유를 알게 된다. 그리고 나서 그녀는 이 일을 다른 사람에게 이야기하는 것에 대해 말을 꺼낸다)

멜리사(12): 마샤, 나는 네 건강이 염려되는구나. 켄은 콘돔을 사용하지 않은 것 같은데.

마　샤(12): 아니에요. 저도 임신될까 봐 걱정했었는데, 생리가 지난주에 시작됐어요. 하지만 그 뒤 에이즈 걱정을 했었지만 저에게 그런 일이 일어날 수 없어요. 그것은 단 한 번뿐이었으니까요.

멜리사(13): 의사와 상의해 보는 것은 어떻겠니?

마　샤(13): 하지만 그러면 의사 선생님이 뭔가 해야 되잖아요. 다른 사람에게 알려야 되지 않나요?

멜리사(14): 그래, 그렇게 하실 거야. 나 역시 할 일이 있고.

마　샤(14): 무슨 말씀이세요?

멜리사(15): 너와 같은 피해를 당한 사람을 발견할 경우 아동가족복지부에 보고하는 일이 이 교회의 중등부 담당 책임자로서 나의 임무야. 어떻게 생각하니?

마　샤(15): 그렇게 되면 부모님도 아시게 되겠죠? 어떤 일이 벌어질지 모르겠어요.

　　　　　(멜리사와 마샤는 마샤의 어머니가 그 일로 마샤를 나무랄 것과 마샤의 아버지가 켄에게 분노할 것에 대한 마샤의 두려움에 대해 이야기했다. 멜리사는 그날 저녁 늦게 마샤의 부모님을 찾아가서 무슨 일이 있었는지를 이야기하고 그들을 이해시켜 주겠다고 제안했다. 마샤는 멜리사의 남편 제프가 와서 자기 아버지에게 말해 주기를 원했다. 멜리사는 아동가족복지부에 보고서를 작성하는 일에 매달린다. 그녀는 켄이 그의 행동에 대한 책임을 져야만 마샤에게 일어날 일이 다른 사람에게 일어나지 않을 것이라는 의견을 피력한다. 마샤는 켄이 같은 반 다른 여학생과 어울려 다니고 있는데, 그 여자애가 걱정된다고 말한다. 그녀는 이 일을 보고할 필요가 있다고 깨닫는다. 그날 저녁 늦게 멜리사와 제프가 마샤의 부모님을 만난 후에 멜리사는 아동가족복지부 지사에 전화를 걸어 이 일을 보고하고 마샤에게 취해 줄 다음 조

치가 무엇인지를 확인한다.)

　이번 사례연구는 어린아이, 사춘기 청소년, 노인, 장애인들과 같이 연약한 돌봄 대상자들에 대한 비밀유지의 한계를 보여 준다. 멜리사는 아동학대 신고에 관한 법에 따라 자원봉사 책임자로서 기관에 보고서를 제출해야 하는 그녀의 교단 윤리적 규범을 따르도록 요구받는다. 일반적 상황에서 목회적 돌봄 사역자들은 비밀을 유지하도록 요구받는다. 그러나 만약 돌봄 수혜자가 어린이, 십대 청소년, 학대받는 연약한 성인이거나 치매를 겪고 있거나 자살, 살인, 정신이상과 같은 위험에 처해 있다면 돌봄 사역자는 피해의 위험성을 적절히 평가받기 위해 반드시 법률적·교회적 측면 모두의 자문과 상담을 통해서 비밀파기 여부를 결정해야 한다(Fortune, 1988; Bullis, 1990). 많은 지역에서 성직자들은 지방당국에 학대의 의심사항을 반드시 신고해야 하는 사람을 가리키는 법률적 용어인 '신고의무자'인 전문직 그룹으로 불린다. 로마 가톨릭 성직자들을 포함한 성추행에 관한 최근 물밀듯 늘어나는 보고사례의 결과를 보면, 종교기관에서 성직자의 어린이 성도착증 사건을 포함한 각종 성추행 사건으로부터 자신을 보호하기 위하여 고의적으로 또는 무의식적으로 성직자의 특권을 오용할 수 있다는 인식이 점점 증가하고 있다. 아동학대 및 아동방치 국가정보센터에서 작성한 2003년 보고서에서는 주 법률에 관한 정보를 제공하고 있다. 다음 발췌문은 보고서의 일부다(http://nccanch. acf.hhs.gov/general/legal/statutes/clergymandated.cfm).

　아동학대나 아동방치 사례를 알고 있거나 의심이 들 경우 신고하도록 하기 위해 약 21개의 주(애리조나, 아칸소, 캘리포니아, 콜로라도, 코네티컷, 일리노이, 메인, 매사추세츠, 미시간, 미네소타, 미시시피, 미주리, 몬태나, 네바다, 뉴햄프셔, 뉴멕시코, 노스다코타, 오리건, 펜실베이니아, 버몬트, 웨스트버지니아)에는 주 법률에 따라 명확히 규정된 전문직 종사자들 중에 성직자들도 포함되어 있다. 약 18개 주(델라웨어, 플로리다, 아이다호, 인디애나, 켄터키, 메릴랜드, 미시시피, 네브래스카, 뉴햄프셔, 뉴저지, 뉴멕시코, 노스캐롤라이나, 오클라호마, 로드아일랜드, 테네시, 텍사스, 유타, 와이오밍)와 푸에르토리코에서는 아동학대나 아동방치를 의심하는 사람은 누구든지 신고해야 한다. 이런 포괄적 용어는 다른 사람뿐만 아니라 성직자를 포함하기 위해 첫 면에 나타나 있다. 그러나 그 용어가 달리 해석되어 온 것은 가능하다.

다음 발췌문은 목회상담이 비밀정보인지 아닌지를 결정하는 복잡성을 자세히 설명해 준다.

신앙의 교리로서 성직자들은 목회상담을 비밀로 유지해야 할 의무가 있다. 몇 개의 주에서 시행되는 의무적인 신고법령은 정보가 특권을 누리는 경우를 명시하고 있다. '비밀정보'는 전문가와 그들의 고객 또는 환자처럼 특정한 사람들 사이에 정보의 비밀성을 유지하는 법적 권리를 인정하는 법률용어다. 비밀정보는 신고법령으로부터 신고의무가 면제될 수 있다. 주 법 아래에서 이러한 비밀유지 특권은 반드시 법령에 규정되어야 하며 대부분의 주는 증거법과 민사절차에 따라 법적인 특권을 규정한다. 비록 특권문제가 이 문서에 요약된 신고법령에 언급되지 않았더라도 특권이 주어지지 않는다는 것을 의미하지는 않는다. 주 법령의 다른 부분에서 인정될 수 있다.

하지만 이러한 특권이 절대적인 것은 아니다. 성직자와 고해자 간의 특권은 흔히 신고법령의 범위 내에서만 인정되는데, 이것은 전형적으로 아동학대와 아동방치 상황에서 좁게 해석된다. 특권이 허용되는 상황은 주에 따라 다양하다. 그리고 어떤 주에서는 전적으로 거부된다. 예를 들어, 성직자를 신고의무자로 분류하는 주 중에서도 뉴햄프셔나 웨스트버지니아 같은 주는 아동학대나 아동방치의 경우 성직자와 고해자 간의 특권을 허락하지 않는다.

각 주의 아동학대 신고법을 요약한 자세한 정보는 '기독교 목회 자료(The Church and Tax Report)'라는 단체에서 격월로 발행하는 '교회와 조세 보고서'에서도 찾아볼 수 있다(www.ChurchLawToday.com). 노인학대의 보고에 관해서 성직자를 노인학대의 신고의무자로 임명하는 법을 보유하고 있는 주는 미국변호사협회 웹사이트에서 확인할 수 있다. 알래스카, 캘리포니아, 코네티컷, 조지아, 미주리, 네바다, 오하이오, 오리건 주 등이다(http://www.abanet.org/media/factbooks//eldtl.html). 신고의무자로 임명됐는지 여부를 확인하기 어렵다는 점을 고려하여 목회자들은 반드시 자신의 교단 법률고문과 상담해야 한다.

목회적 돌봄 사역자는 학대가 의심되는 상황을 신고해야 하며 이는 윤리적·법적으로 요구되는 것으로서 사회에서 가장 연약한 사람들은 반드시 보호받아야 된다는 신학적 규범에 따라 정당화될 수 있다. 대다수의 교단은 아동·노인·장애인 폭력을 비난하는 성명을 발표한 적이 있다. 많은 돌봄 사역자의 첫 번째 목표는 위험에 처한 사람들을 보호하는 것으로, 이를 위해 신학적 근거와 당국의 규범에 기초한 돌봄 계획(8장 참조)을 사용한다(Fortune, 1983; Cooper-White, 1995; Poling, 2003).

학대 사실에 대한 폭로는 뜻밖의 상황에서 일어날 수 있다. 다음 사례를 살펴보자. 여성 목회자인 릴리 박(Lili Park)과 교인인 미애 조(Mi-Ae Cho)는 회의 참석차 함께 여행 중이었다. 길고 긴 자동차 여행 중 미애는 삼촌에게 성적 학대를 당했던 유년시절의 경험과 그 삼촌에게는 현재 자녀들이 있다는 사실을 릴리에게 털어놓았다. 그녀는 삼촌의 딸 중 한 명이 복통과 악몽에 시달리고 있어서 걱정스럽다고 말했다. 그녀는 그 아이가 학대당하고 있는 건 아닌지 염려했다. 이 사례에서 릴리는 미애가 위험에 처한 사촌에 대해 설명하려 한다는 것을 깨달았다. 그 순간 릴리는 미애의 말을 중단시키고 학대의 위험도를 평가할 수 있는 사람에게 알려야 할 것 같다고 말했다. 릴리는 미애에게 잠재적인 비밀유지의 한계에 대해 충분히 알려 줘야 했다. 그리하여 미애가 자신이 알고 있는 사실을 드러낼 것인지에 대한 결정을 할 수 있도록 해야 했다. 또한 릴리는 18세 이하의 아동이 학대당하고 있다고 믿을 만한 합리적 근거가 있는지를 판단하기 위해 법률 및 교회 전문가와 상의할 필요가 있었다. 릴리와 같이 돌봄 사역자가 비밀의 한계를 숙지하고 있다면 그들은 돌봄 수혜자의 안전과 전인건강을 보장하기 위해 돌봄 수혜자와 암묵적인, 때로는 명시적인 계약을 맺을 것이다.

🎎 성적 비행

제임스 도날슨(James Donaldson)은 4년 동안 호프 장로교 교회 (Hope Presbyterian Church) 목사로 재임한 적이 있었다. 지난 세월은 그를 힘들게 했다. 그의 부임 2년째에 실시된 전도 프로그램이 있었는데, 이는 새로운 가정을 교회로 전도하는 것이었다. 하지만 이 프로그램은 기존 교인과 새로 온 교인 간의 갈등을 불러왔다. 그는 새로운 가정이 교회에 융화될 수 있도록 열심히 노력했다. 그와 그의 부인은 최근 교회에 나온 한 부부와 친해졌고 여러 번 두 가족들이 함께 모여 바비큐를 먹으며 즐거운 시간을 보냈다. 그들은 함께 여행가는 것에 대해서도 이야기했다. 이 부부는 제임스 부부에게 기존 교인들이 불친절하게 대했던 경험에 관해 하소연했고 그때 제임스는 이에 대한 몇 가지 그의 고충을 털어놓았다.

이 기간 동안 제임스는 자신의 목회에 대한 중심을 상실한 것 같은 느낌을 가졌다. 그가 호프 교회에서 처음 목회를 시작했을 때 그는 운동, 매일의 기도, 설교 준비, 목회 심방, 프로그램 수립, 때때로 저녁시간이나 하루 종일 집에 머물며 하는 모임 준비 등의 모든 스케줄을 소화할 수 있었다. 최근 그는 항상 뒤처지고 있었다. 그는 할 수 있는 한 목회 심방을 어떻게든 하려고 노력했다. 그는 설교 초안을 준비하기 위해 토요일 오후 사무실에 들어가곤 했다. 하지만 그 순간 그는 자신이 강단에서 생각을 논리적으로 연결하고 구체적인 예화를 들며 설교할 수 있을지에 대한 불안감으로 가득 찼다. 그는 더 이상 규칙적인 운동을 하지 않았기 때문에 혈압이 올라가 있었다. 집에 있는 날 저녁이면 그는 불안감과 공허함을 느껴 필요 이상으로 먹고 마시며 저녁식탁을 떠나지 않았다. 그는 호프 교회에서 처음 몇 년 동안은 말을 잘 경청해 주는 인정 많은 목사라는 평판을 얻었다. 그는 특히 죽음을 경험한 사람들의 말을 잘 경청하여 교회에 등록되지 않은 지역 사람들로부터 장례식을 인도해 달라는 부탁을 받았고 그러한 부탁을 들어주곤 했다. 왜냐하면 장례식을 치른 다음 유족들을 알게 되는 시간을 가졌으며 또한 때때로 자신의 설교와 기도에서 죽음의 의미와 복잡성을 다룰 수 있었기 때문이었다. 그는 자신이 이러한 목회 분야에 유능한 목회자라고 생각했으며 자신의 이러한 목회적 측면과 교인에 대한 헌신 간에 균형을 유지하기 위해 노력했다.

일반적으로 그가 장례식 후에 하는 일은 슬퍼하는 유족을 다시 찾아가 보는 것이었다. 최근 그는 이러한 방문을 예정대로 하지 못하게 되었다. 어느 날 오후 교회 식당에서 여전도회 회장과 식당 캐비닛에 자물쇠를 채우는 문제로 다툰 후 설교 준비를 하려던 생각을 포기하고 일찍 귀가하게 되었다. 그는 집으로 가는 길에 최근 남편을 사별한 부인을 방문하기 위해 충동적으로 멈췄다. 직무와 관련해서 소홀했던 점을 생각하던 전날 밤에 그는 그녀를 기억했다. 연락도 없이 찾아왔음에도 불구하고 그녀는 그를 상냥하게 집안으로 맞아들였다. 그는 '차(tea)보다 다소 강한 것도 괜찮겠냐'는 그녀의 제의를 받아들였다. 그리고 진토닉 한 모금을 마시자 자신이 오랫동안 느끼지 못했던 몸이 이완되는 것을 느꼈다. 그가 그녀에게 지난 몇 주 동안 괜찮았냐고 묻자 그녀는 눈물을 글썽이며 자신의 슬픔과 외로움을 토로했다. 그때 그는 자신이 유능하고 도움을 줄 수 있는 사람으로 느껴지는 것이 어떤 기분인지를 기억하게 되었다.

이날 늦은 오후의 대화는 앞으로 일어날 많은 대화의 시작이 되었다. 시간이 흐르면서 그는 교인들에 대한 좌절감을 그녀에게 털어놨다. 그리고 그녀는 남자들과 데이트하고 싶은 마음에 대해서 이야기했다. 그는 그녀의 매력에 대해 말하며 그녀를 격려해 줬다. 특히 어느 열정적인 대화가 있던 중에 그는 그녀가 죽은 남편과의 성관계의 어려움에 대해 토로하는 동안 그녀 곁에 붙어 앉아 그녀를 안아 주었다. 그날 저녁 그가 떠나기 전까지 그들은 오랫동안 안고 있었다. 그는 이런 식으로 그녀를 위로하는 것이 자연스럽게 느껴졌다.

이 이야기의 마지막을 상상해 보는 것은 쉬운 일이다. 성적 비행이 일어날 수 있는 무대가 완전히 준비된 것이다. 목사는 영적 중심을 잃었고, 시간 관리를 할 수 없으며, 충동적인 과음과 과식을 제어하기 어렵고, 육체적 운동을 통해 스트레스를 해소할 수 없고, 자신의 의무에 무책임했으며, 극도로 피곤한 상태다.[3] 그리고 마지막으로 가장 중요한 것은 그가 목회적 돌봄관계에서 심리적·성적 경계선을 넘었으며 그로 인해 오는 만족을 즐기고자 하는 강렬한 욕구를 가지고 있다.

돌봄 사역자는 목회적 돌봄 계약에서 돌봄 수혜자와 성적 또는 낭만적 관계에 빠지지 않겠다는 것을 반드시 약속해야 한다. 돌봄 사

---

3) 레디거(Rediger, 2003: 38)는 영적 훈련감각 상실, 규율 없는 생활방식, 중독의 진전, 직업적 의무의 무책임, 성적으로 자극되는 행동, 부부관계 악화 등을 간통의 위험이 임박했다는 경고 표시라고 언급한다.

역자와 돌봄 수혜자 간의 힘(권력)의 차이로 인해 돌봄 수혜자는 그러한 관계에 대한 진정한 그리고 의미 있는 동의를 할 수 없다(Fortune, 1989). 합의가 없다면 이러한 성적 관계은 성적 학대나 성폭행과 같은 강제적인 성관계의 연장선상에 놓이게 된다. 루터(Rutter, 1989)가 지적했듯이 열정적인 목회적 돌봄 기간 중 성적 접촉에 대한 욕망이 한쪽 또는 양쪽 모두의 합의에 의해서 이뤄졌다 하더라도 이러한 관계는 항상 해롭다.

남성 목사는 종종 아버지 상으로 비춰진다. "교회 '가족(family)'과 근친상간하는 예는 명백하며 근친상간과 비슷하게 파괴적인 결과들을 가져온다(Cooper-White, 1995: 129)." 이러한 신성한 신뢰— "매우 깊은 상처를 지닌 연약한 교인이 안전하게 돌봄 받을 수 있는 약속의 자리(Cooper-White, 1995: 130)"가 깨진다면 돌봄 수혜자는 하나님으로부터 버림받았다고 느낄 수 있으며 또한 종교적 신앙을 상실할 수도 있다. 그러한 상처와 연약함이 돌봄 수혜자의 낭만적 또는 성적인 친밀감에 대한 욕구를 포함할 때 돌봄 사역자는 적절한 경계선을 유지하는 것이 매우 중요하다. "목회자로부터 진실한 섬김을 받기 위해서는 사람들이 폭력이나 착취 또는 재학대의 두려움 없이 자신의 약함을 포함해 자기 자신을 거리낌 없이 자유롭게 나눌 수 있다는 느낌을 가질 수 있어야 한다(Cooper-White, 1995: 130)."

거의 대부분의 개신교 교단들은 1970년대와 1980년대에 고발에 대응하기 위한 절차를 약술하고 용어를 정의하는 성적 비행 정책을 수립함으로써 목회자 성추문 파동에 대응했다. 현재 돌봄 사역자들은 이러한 정책방안을 읽어서 잘 알고 있으며 연례 보고서 양식의 진술서에 서명하도록 요구받는다. 성공회에서는 소속 성직자들이 성적 비행에 대한 워크숍에 참가하도록 요구하고 있다. 그러나 돌봄 사역자가 스트레스를 받고 있을 때는 이 같은 법규를 아는 것만으로 성적 경계를 넘는 것을 예방하기에 충분치 않을 수 있다. 돌봄 사역자는 자신의 욕구가 돌봄 수혜자의 욕구와 융합되며 돌봄 수혜자가 저항하기 어려운 방식으로 행동하기 위하여 성적 접촉을 강요하고자 하는 관계적 역동성을 성찰할 수 있어야만 한다. 2장에서 논한 것처럼, 이러한 역동성을 고찰하는 것은 단지 돌봄을 어떻게 베풀 것인가에 대한 배움의 일부일 뿐만 아니라 돌봄 사역자로서 계속 진행 중인 업무의 일부분이기도 하다. 동료 그룹 지도 또는 월간 사례 상담에 참여함으로써 이러한 성찰의 기회를 제공받을 수 있다. 자신이 다른 돌봄 수혜자와 자연스럽게 낭만적 또는 성적 상호작용에 빠진 것을 알게 된 돌봄 사역자는 반드시 즉각적으로 지도를 받아야 한다.[4] 그들이 욕망에 따라 행동함으로써 이러한 자신의 행동을 비밀로 유지할 경우 순식간에 좁혀지는 자기만의 망에 이미 걸리게 된 것이다.

---

4) 레디거(2003: 30)는 욕망에 따라 행동하는 성향이 지난 25년 동안 증가되는 추세이며 이는 신념의 윤리에서 결과의 윤리로의 변화 때문이라고 말한다. "이러한 변화로 인해 각 개인들은 자신만의 윤리적 기준을 세우는 경향이 있으며 '그 순간에 좋은 생각이라 여겨지는' 모든 것들을 행동하는 경향이 있다."

🎎 이중 역할

신앙공동체에서 리더십을 발휘하고 있는 상황에서 돌봄 사역자는 여러 가지 다양한 역할을 할 수도 있다. 그들은 교사, 설교자, 예배 인도자, 돌봄 사역자 그리고 위원회 임원으로서 역할을 맡고 있을 수 있다. 그들은 또한 예배 후의 친교모임, 결혼식 피로연 그리고 교인 가족(church family)들과의 축하식 등을 포함하여 교회 구성원들과 사교적인 순간을 불가피하게 함께한다. 목회적 돌봄 사역자로서 역할은 한 교인이 목회적 관심을 보일 때 상호작용의 어느 순간에서는 반드시 전례를 따라야 한다.

목회생활에서 이중 역할은 역할의 갈등이 발생했을 때 위험해진다. 이러한 문제에 대한 한 예를 들어 보자면, 목사가 교인 중 한 사람과 데이트하고 싶어 할 때 발생할 수 있다. 한 여자 목사는 한 남자에게 목사로서의 역할도 유지하면서 그와 데이트하는 관계가 될 수는 없다. 다른 예를 들자면, 작은 마을에서 유일한 교인인 약사가 있는데, 교회에 시무하는 목사가 항우울제를 필요로 한다면 어떻게 될까? 목사가 마을 약국에서 약을 처방받는 것 때문에 약사가 목사로부터 돌봄받는 것을 어려워하게 될까? 이러한 질문에 답할 때 따라야 할 좋은 규범은 교인의 필요가 목사의 필요보다 우선한다는 사실이다.

🚶 전문적인 지식의 한계 인정

돌봄 사역자를 위한 모든 직업윤리 규범에는 자신의 전문성 한계와 적임자에게 업무를 위탁해야 할 필요성을 유념하고 있을 것을 분명히 나타내고 있다. 예를 들어, 심리학자는 자신이 특수한 돌봄 형태에서 훈련받지 않고 이러한 훈련을 서류로 증명하지 못한다면 최면술을 사용할 수 없다. 마찬가지로 한 목사가 목회상담과정 교육을 이수하지 않고 적절한 지도를 받지 못했으며 장기 목회상담을 포함한 돌봄 수혜자와 치료 계획을 명확하게 결정하지 못한 상태라면 그 목사는 장기 목회상담에 참여할 수 없다.

목회적 돌봄 사역자는 반드시 자신의 전문지식의 한계를 넘는 돌봄을 제공해서는 안 된다. 목회적 돌봄 사역자가 그들의 계약을 위기상담과 지지적 돌봄을 포함한다는 것으로 이해할 때, 극심한 위기 상황 속에서 정신치료의 영역으로 침범할 가능성이 적다. 나는 돌봄 사역자가 위기상담의 회기를 5~6회로 제한할 것을 추천한다. 이렇게 제한했을 경우 돌봄 사역자는 위기를 평가하는 데 집중할 수 있고 전문가에게 위탁하는 것과 자문 등을 포함하여 돌봄에 필요한 전략을 수립할 수 있다.

🚶 유용성

돌봄 계약의 마지막 측면은 돌봄 사역자의 유용성에 관한 것이다

(Denham & Denham, 1986: 89). 병원과 기타 공공시설 환경에서 일하는 목회적 돌봄 사역자들은 자신이 필요할 때 바로 나갈 수 있도록 대기된 상태에서 근무한다. 교회에서 근무하는 목회적 돌봄 사역자들은 여행을 가거나 휴가를 갖게 될 경우, 동료들이 긴급한 돌봄을 제공할 수 있도록 조정해 놓는다.

때로 돌봄 수혜자의 위기상황 내용에 따라 돌봄 사역자를 근무시간 외에 어떻게 연락할 수 있는지, 다음에 만날 때는 언제인지를 설명해 줄 필요가 있다. 목숨을 앗아갈 뻔했던 사고, 갑작스러운 죽음, 폭행 또는 자연재해를 당한 뒤 극심한 스트레스를 겪고 있는 돌봄 수혜자들에 대하여, 만약 그들이 그 후에 긴급한 목회적 돌봄을 필요로 한다면 목사는 어떤 방법으로 자신에게 연락할 수 있는지에 대하여 명확히 제시할 필요가 있다. 또한 목사는 이러한 필요성을 예감하여 미리 후속 상담을 준비할 수도 있다. 중등부 담당 목사인 멜리사(Melissa)와 마샤(Martha) 간의 목회적 돌봄 대화 사례에서 멜리사가 마샤와 그녀의 부모와의 만남이 끝날 무렵, 앞으로 한 주간 동안 멜리사나 그녀의 남편에게 어떻게 연락할 수 있는지와 그들이 후속 상담 계획을 잡고 싶은지 여부에 대해 알려 주는 일이 적절했을 것이다.

만약 목사가 위기의 상황에 24시간 내내 대기할 수 없다면 목사는 자신의 상황에 대해 이야기해 줄 필요가 있다. 자살하려고 하거나 또는 알코올, 마약 중독으로부터 회복되어 가는 초기 단계에 있는 돌봄 수혜자들은 긴급통신망이나 병원 응급실, 그리고 12단계 프로그램의 경험자를 활용할 필요성이 있다. 또한 강한 심리적 욕구를 조절하는 데 어려움을 겪는 정신질환을 가진 돌봄 수혜자들은 응급 돌봄이 필요한 순간을 판단할 수 있는 심리학적 전문지식을 가진 돌봄 사역자가 필요할 것이다.

3장에서 언급한 것과 같이, 유용성과 관련된 또 다른 문제는 자신이 전에 사역했던 신앙공동체의 구성원들에게 제공하는 목회적 돌봄에 관한 것이다. 목회적 돌봄자들에 대한 대다수의 윤리적 규범은 그들이 사임하거나 신앙공동체의 목회직에서 은퇴할 때는 목회적 관계를 단절할 것을 요구한다. 그리고 현재의 목회자 허락 없이 그러한 교회의 구성원들과 접촉하지 말 것을 요구하고 있다.

목회적 돌봄 사역자가 목회적 돌봄 상담이 이루어지는 돌봄 계약의 제한 범위를 알고 있을 때 그들은 돌봄 수혜자가 겪고 있는 상실, 폭력 또는 강박적인 대처행동의 정도를 평가할 수 있는 다음 단계를 준비하게 된다.

연습 4
돌봄 계약 수립하기

이 연습의 목적은 아래의 출처에서 명시된 적절한 돌봄의 측면을 인용하여 당신의 목회적 돌봄 상담에 포함되어야 할 돌봄 계약을 개략적으로 보여 주기 위한 것이다.

- 이 책의 4장
- 교단의 윤리규범
- 아동 및 노인학대에 대한 지역 법령

이 연습을 하기 위해 당신의 교단에 목회자에 대한 윤리규범이 있다면 그것을 확보하는 것이 필요하다. 또한 살고 있는 지역에서 목회자를 아동학대 또는 노인학대의 신고의무자로 명시하고 있는지 여부에 대한 정보를 찾아볼 필요성도 있다.

4장에 기술된 계약과 교단의 윤리규범의 모든 측면을 검토한 후에 당신이 돌봄 계약을 수립할 때 계약의 어느 측면이 중요한가를 기술하기 위해 다음의 지침을 활용하라.

- 만약 당신의 돌봄 수혜자가 18세 미만, 노인 또는 장애인이라면 그의 위기가 학대를 포함할 가능성이 있는가? 당신의 돌봄 수혜자가 위험에 처해 있다고 밝힌다면 당신은 어떻게 할 것인지 기술하라.
- 돌봄 수혜자가 목회적 돌봄관계의 성격을 오해함으로써 감정적 접근의 강한 욕구를 가지고 있는가? 개인적으로 만나지 말고, 신체적 접촉을

시도하지 말며, 돌봄 수혜자의 신체 접촉 시도에 대해 대화할 준비를 함으로써 적절한 경계선을 유지할 방법을 찾아보라.

- 당신은 이러한 관계에서 가까워지고자 하는 욕구가 충족되기를 갈망하는 경험을 하는가? 이러한 욕구에 사로잡혀 행동하지 않겠다는 것을 어떻게 보장할 수 있을지를 찾아보라.
- 모순된 이중 역할이 있는가? 이러한 갈등을 어떻게 다룰 것인지 기술하라.
- 돌봄 수혜자를 돌봄에서 당신의 전문성의 한계가 있는가? 또는 가능성이 존재하는가? 그들이 필요로 하는 부차적인 수단은 무엇인가?
- 돌봄 수혜자의 위기의 특성 때문에 당신은 자신의 유용성의 한계를 명확하게 제시할 필요성이 있는가? 만일 그렇다면 다음번 상담의 결론에서 뭐라고 이야기할 것인가?

5장

심리적 평가: 상실, 폭력, 그리고 강박적인 대처방법에 관한 돌봄 수혜자의 이야기

나는 지난 25년의 목회사역을 통해 거의 모든 돌봄 수혜자들이 다음의 세 가지 문제 중 적어도 한 가지 이상의 문제를 가지고 있다는 것을 알게 되었다. 상실, 폭력 그리고 건강하거나 또는 건강하지 못한 스트레스 극복방법이 그것이다.[1] 상실을 슬퍼하며 이

---

[1] 목회적 돌봄에 관한 이 책은 지난 25년간의 내 경험을 반영하고 있다. 미첼 (Mitchell)과 앤더슨(Anderson)이 1983년에 출판한 『All Our Losses, All Our Griefs: Resources for Pastoral Care』는 1993년 목회신학학회에서 목회신학자들 사이에서 가장 보편적으로 사용된 목회적 돌봄의 입문서다. 그 시대에 목회적 돌봄의 초점은 가정폭력과 성폭력이었다. 이는 Fortune(1983, 1987), Pellauer, Chester, & Boyajian(1987), Doehring(1987, 1993a, 1993b), Poling(1991), Ramsay(1991), Graham(1992), Imbens & Jonker(1992), Adams(1994), Cooper White(1995)의 논문에 명시되어 있다.

요즘 목회적 돌봄 사역자 사이에서는 약물 남용과 중독에 대한 관심이 높아지고 있다(Nelson, 2004; Dann, 2002). 이 책은 사람들의 스트레스 대처방법, 특히 종교적이고 영적인 대처방법과 같은 광범위한 주제를 다루고 있다(Pargament, 1997).

득을 축하하는 일은 고향을 떠나고, 결혼하고, 자녀를 낳고, 은퇴하고, 건강의 위기가 찾아오고, 늙고, 죽음을 맞는 것처럼 인생 주기의 과도기를 살아가는 돌봄 수혜자의 이야기에서 가장 중요한 주제다. 또한 상실은 목사에게 상담할 때 돌봄 수혜자가 가져오는 대부분의 위기에서 가장 중심적인 문제다. 그중 몇 가지를 열거하면 인간관계의 파탄, 이혼, 복합 가정의 역동성 관리, 실직, 그리고 장애인을 둔 가정에서의 생활 등이 있다. 돌봄 수혜자가 어떤 상실을 경험했는지 파악할 수 있는 능력을 가진 목사는 다양한 목회적 돌봄 상담에서 효과적일 수 있다.

폭력은 상실보다 덜 흔한 문제이지만 대다수 돌봄 수혜자의 이야기에서 그 위급함이 상실과 비슷한 수준으로 드러나는 주제다. 목사들은 신체적·성적 폭력의 발생빈도와 파괴적 결과에 대해 많이 알게 됨으로써 폭력의 종류를 알 수 있으며, 치유와 공평성을 위해 꼭 필요한 것에 대한 주의를 기울일 수 있다. 목사는 한 여성이 남편으로부터 구타당한다고 밝힐 때, 한 남성이 자신의 아동학대의 경험을 밝힐 때, 또는 한 십대 소녀가 데이트 상대에게 강간당했다고 밝힐 때 각각의 경우에 따라 대처할 수 있는 법을 반드시 알아야 한다.

세 번째 주제인 강박적인 대처방법과 중독은 돌봄 수혜자의 이야기에서 더욱 흔해져 가는 추세다. 북미에서는 개인과 가족의 건강에 대한 인식이 높아짐에 따라 강박적인 대처방법으로 알코올 중독, 과식, 생필품의 과도한 사재기 등의 영향에 대한 인식 또한 높아져 가고 있다. 목사는 다른 전문 돌봄 사역자에 비해 강박적인 대처방법의 영향을 더 많이 접할 것이다. 왜냐하면 그들은 다양한 상황에서 결식증 또는 알코올 중독과 같은 강박적인 대처방법을 취하는 교인들을 만나게 되기 때문이다. 그 결과 그들은 교인이 자신의 방법을 부인할 경우 '방 안의 코끼리(역자 주: 거론해야 하는 중요한 주제임에도 불구하고 토론을 기피하는 상황을 비유적으로 일컫는 말—방 안에 코끼리가 있는데 없거나 보이지 않는 것처럼 행동하는 것)'라 부를 수 있는 독특한 위치에 처하게 된다. 목사는 스트레스를 파괴적인 방법으로 대처하는 사람들의 삶 속으로 접근하는 방법을 알고 있는 것 외에, 강박적인 대처방법을 취하는 사람의 내면에 깔려 있는 영적 갈망을 만족시켜 주는 영적·종교적 대처방법에 초점을 맞춤으로써 돌봄 수혜자를 도와줄 수 있다.

이 장에서 나는 목사들이 돌봄이 필요한 수혜자의 이야기 속에서 상실, 폭력, 그리고 강박적인 대처방법의 주제를 찾아 대처할 수 있도록 도와주고자 한다. 대다수의 목회자들은 정신과 전문가들의 진단방법 또는 심리치료사들의 치료체계나 방법을 사용하는 것보다 이야기를 경청하는 방식이 좀 더 자연스럽게 느껴질 것이다.[2] 이야

---

2) 이야기적 접근방법은 목회적 돌봄에서 가장 오랜 역사를 가지고 있다. 이것은 임상 교육목회 운동의 창시자 중 한 명인 안톤 보이슨(Anton Boisen)이 다시 시작하였다. 1930년대에 안톤 보이슨은 목회자에게 돌봄 수혜자를 "살아 있는 인간의 문서"로 접근하라고 가르쳤다. 스캘리스(Scalise, 2003: 197)는 보이슨에게 가장 흔하게 인용되면서 Boisen 시대의 신학교육 접근법을 잘 설명한 다음의 문장을 유용하게 적어 놓았다. "나는 신학생이 인간의 본성에 대한 지식을 얻기 위해 직접 체험할 기회를 가져야 한다는 사실에 흥미를 갖고 있다. 나는 그들이 여러 책뿐만 아니라 인간 문서를 읽는 법에 대해 배우기를 원한다(Boisen, 1936: 10)." 거킨(Gerkin, 1986)은 이 은유를 목회적 돌봄에 대한 자신의 해석학적 접근방법의 기초로 사용했으며 돌봄 수혜자의 이야기는 그러한 방식으로 성경 이야기의 지평 안에 설정된다. 최근에 누거(Neuger, 2001)는 인식에 대한 사회적 구성에 대한 탈근대적 이론에 기반을 둔 여성 상담의 이야기적 접근방법을 개발했다. 특히 화이트와 엡스턴

기를 통해 상담하는 것은 진단적 범주나 성격 모형과 같은 생각이나 개념을 적용하는 일과는 극단적으로 다른 돌봄 상담방법이다. 대부분의 목회적 돌봄 사역자는 상담과정에서 개념식 모드보다는 이야기식 모드로 진행할 때 존재감을 더 많이 전달할 수 있을 것이다. 실제로 우리는 항상 순간순간 일어나고 있는 것을 개념적으로 받아들인다. 하지만 지나치게 개념화하는 것은 돌봄 사역자가 돌봄 수혜자에게 신속한 상담을 주지 못할 뿐만 아니라 돌봄 수혜자가 돌봄 사역자와 분리될 수 있다. 개념적 틀은 나중에 상담을 고찰하고 축어록을 준비하거나 또는 상담 지도자와 만날 때 중요하다.

이 장에 설명하는 이야기식 접근법(the narrative approach)은 목회적 돌봄 상담과정에서 목회자가 듣게 되는 이야기에 관해 다섯 가지 가정을 기초로 한다. 이러한 가정을 마음에 새긴다면, 목회자는 ① 교인들이 그들의 삶을 이해시키기 위해 이야기를 어떻게 이용하는가에 더 주의 깊게 경청할 수 있고, ② 돌봄 수혜자가 자신의 삶을 더욱 깊고 의미 있는 방식으로 그려 나갈 수 있게 도와줄 수 있다.

1. 사람들이 말하는 이야기와 상실, 폭력, 그리고 대처행동과 관련된 주제를 상세하게 설명하는 방식은 고도로 사적이고 독특한 것이다.

(White & Epston)의 치유전략은 호주에서 원주민 돌봄 수혜자에게 매우 효율적으로 활용되었다. 구체화라 불리는 과정을 통해 상담가는 돌봄 수혜자가 고통을 유발하는 주된 문제를 확인하여 자신의 외부로부터 오는 문제에 대해 말할 수 있도록 도움을 준다. 돌봄 수혜자는 문제에 관한 자유의지와 가족·문화적 이야기, 특히 성(gender)에 관한 문제에 대한 새로운 관점을 얻게 될 것이다.

반응의 개인적 특성은 돌봄 사역자로 하여금 돌봄 수혜자가 하는 이야기의 특수성에 귀 기울여 듣게 한다. 나는 종종 상실, 폭행, 그리고 강박적인 대처방법의 일반적인 측면을 묘사한 소설이나 영화를 볼 때 예상하지 못한 방식으로 사람들의 이야기가 놀랍게 전개되는 것을 깨닫는다. 특수한 배경(뉴햄프셔의 겨울, 호주의 사막 그리고 뉴올리언스의 여름처럼)과 복잡한 구성, 그리고 등장인물을 드러내는 방식은 각각의 이야기를 독특하게 만드는 요소다.

목사는 소설과 영화로 표현될 만한 신비로움과 아름다움을 가진 돌봄 수혜자의 이야기에서 독특하고 상세한 내용을 들을 수 있다. 또한 그들은 이야기에서 근본적인 갈등이 해결되지 않을 때 돌봄 수혜자의 이야기가 때로는 셰익스피어의 비극과 같은 필연성을 보이는 것을 알 수 있을 것이다. 한 예로, 교인들과의 부적절한 성관계를 통해 자신의 개인적 욕구를 드러낸 한 목사가 있었다. 그는 자신의 건강이 쇠약해져 업무 수행이 어려움에도 불구하고 은퇴하려 하지 않았다. 그는 죽더라도 끝까지 설교하다 죽을 것이고 이 교회에서 마지막 작별인사를 해야만 한다며 애처롭게 말했다. 교인들로부터 자신의 욕망을 떨치지 못했던 그의 평생의 무력함으로 인해 간통죄로 고발되어 교회와 목회를 갑작스럽게 그만두어야 했던 이야기를 마지막 장에서 자세히 살펴보도록 하겠다.

2. 위기에 처한 사람들은 그들에게 무슨 일이 일어났는지 이해시키기 위하여 이야기를 한다.

그들은 자신의 위기를 연속적인 이야기로 정리함으로써 자신의 혼란스럽고 심각한 경험에 대처한다. 돌봄 사역자들은 단지 그 이야기가 어떻게 진행되는지 듣기만 해도 돌봄 수혜자의 심리적 상태에 대해 많이 알 수 있다. 생명에 위협을 준 사건으로 인한 트라우마가 있는 사람은 자신의 이야기를 단편적으로 말할 것이다. 모리슨 (Morrison, 1987)의 소설 『Beloved』에 주인공으로 나온 탈출한 노예인 세테(Sethe)의 회상과 도일(Doyle, 1996)의 소설 『The Woman Who Walked into Doors』에 나오는 구타당한 아내의 일관성 없는 기억이 그 예다. 돌봄 수혜자 자신이 통제해야 됨을 느낄 경우 그들은 수많은 목회적 돌봄 상담을 받은 후에도 지나치게 간결하게 이야기하며 예전과 같은 방식으로 되풀이할 것이다. 그들이 자유롭게 이야기할 경우, 목회적 돌봄 상담이 진행되는 동안 그들의 이야기는 새로운 의미를 풀어 내는 그 자체만으로도 하나의 생명력을 가질 수 있다. 즉, 이것은 돌봄 사역자와 돌봄 수혜자가 계속적으로 함께 이야기를 풀어 나간다는 것이다.

3. 돌봄 수혜자의 이야기가 고통의 깊은 경험까지도 나타낼 만큼 충분히 다양하고 복합적으로 표현될수록 돌봄 수혜자는 그러한 고통을 통해 견디게 되며, 심지어 변화하게 될 것이다.

역으로 돌봄 수혜자가 이야기를 통해 고통의 아픈 경험을 충분히 드러내지 못할 경우 그들의 고통은 더욱 더 심각해질 것이다. 『The Secret Lives of Bees』(Kidd, 2002)라는 소설에서 열네 살 소녀 릴리는 자신의 어머니에 대한 이야기로 인하여 강박관념에 사로잡혀 있다. 릴리의 어머니는 그녀가 네 살 되던 해에 살해당했다. 릴리는 그 죽음의 진실에 대해 매우 간단하게만 알고 있었다. 그녀의 아버지는 그녀에게 어머니의 죽음에 대한 진실을 알려 주었다. 부부싸움을 하던 중 릴리가 그들 사이에 있었는데, 그녀가 마루에 있던 총의 방아쇠를 실수로 잡아당기는 바람에 사고로 어머니를 죽게 했다는 것이다. 그녀가 살고 있는 사우스캐롤라이나 시골 지역의 모든 사람들이 이 죽음에 대한 이야기를 알고 있었다. 그러나 어느 누구도 그 죽음에 대해 말하지 않았다. 릴리는 어머니에 대한 깊은 그리움과 그 죽음에 대해 알고자 하는 갈망 때문에 집을 뛰쳐나갔다. 그녀는 본능적으로 어머니의 삶의 비밀이 담겨진 장소를 발견하게 된다. 흑인 보트라이트(Boatwright) 세 자매들이 운영했던 '검은 마돈나 벌꿀 농장(the Black Madonna Honey Farm)'에서 릴리는 자신이 네 살 때 심한 우울증을 앓았던 어머니가 자신을 아버지에게 맡겨두고 벌꿀농장에서 생활했었다는 사실을 알게 된다. 어머니가 항상 자신을 위해 헌신했을 것이라며 수없이 되뇌었던 릴리의 생각은 산산조각이 나 버렸다. 이제 그녀가 생각할 수 있는 것이라고는 어머니가 자신을 떠났다는 것밖에 없었다. "진실을 아는 것은 한 사람의 인생에서 저주가 될 수도 있다(역자 주: 識字憂患, 식자우환). 나는 거짓 한 상자와 진실 한 상자를 교환했고 어느 쪽이 더 무거운지 알지 못했다. 짊어지기에 어느 쪽이 더 힘들까? 비록 터무니없는 질문이기는 하지만 당신은 진실을 알아버렸기 때문에 과거로 돌아가 더 이상 거짓의 가방을 들 수 없다(Kidd, 2002: 256)." 결국 릴리는 보트라이트 자매들이 만든 선별적인 수녀회인 '마리아의 딸들'의 의식 절차를 통해 자신의 어머니를 애도하면서 비로소 진실로부터 자유로워진다.

4. 폭력으로 인한 생명의 위협과 상실이 클수록 위기 전의 생활방

식으로 돌아갈 가망성은 더 적을 것이다. 그들이 자신의 과거, 현재, 미래로 이야기를 구성한다면 그러한 이야기는 더 이상 돌이킬 수 없을 정도로 변화될 것이다.

고통은 때때로 사람들이 '회복(recover)'하는 경험이 아니다. 그래서 그들은 단순히 고통의 경험 이전에 살았던 삶의 방식으로 되돌아간다. 중요한 존재의 상실을 슬퍼한다고 해서 그 상실을 '극복(getting over)'할 수 있는 것은 아니다. 오히려 영적으로 연결될 새로운 길을 찾는 것이 상실을 극복할 수 있는 방법이다. 이러한 새로운 길은 슬퍼하는 자와 슬퍼하게 하는 자가 누구인지를 나타내는 이야기와 습관을 재구성하는 것을 포함한다.

5. 이야기는 가족, 지역사회 그리고 문화에 의해 구체화된다.[3] 가족과 지역사회와 문화는 그들이 자신의 고통을 이해하고 대처할 수 있도록 도와줄 수 있다. 하지만 그 고통을 악화시킬 수도 있다.

이야기를 구성하거나 재구성하는 것은 다른 사람 또는 가족, 지역사회, 문화의 의미체계로부터 분리된 상태에서 이루어질 수 없다. 한 사람이 사회적인 네트워크와 목회적 돌봄 사역자들이 믿는 초월적 존재를 포함한 영적인 네트워크에 둘러싸여 있음을 고려해 볼

---

3) 돌봄 수혜자의 이야기는 수많은 요소로 구성되며, 심지어 잠재적이며 모순되는 요소까지도 포함한다. 이러한 요소는 기초적인 해석상의 가정에 의해 함께 구성된다. 이러한 가정, 줄거리, 이야기 구성은 개인적 경험, 가족의 역할과 이야기, 사회제도의 영향, 문화적 주제를 통해 만들어진다. 그것들은 개인에 의해서 개인적인 역사로 짜여지는데, 그러한 역사는 과거로부터 의미를, 현재로부터 분별력을, 미래로부터 미래를 만들어 낸다(Neuger, 2001: 43).

때, 의미의 재구성은 단순히 한 사람만을 포함해서 다뤄질 수 없다. 우리의 가족, 지역사회, 문화 속에서 들리는 이야기들은 목적이나 의미 없이 우리를 절망 속에 빠져 있게 만드는 힘을 가지고 있다. 예를 들어 살펴보자. 목사들이 신앙을 가지고 있는 여성들에게 열심히 기도하면 신체적으로 학대하는 남편이 변화될 것이라고 말한다. 그 말을 들은 여성들은 자신의 남편을 구하고 함께 협력하여 결혼생활을 유지하기 위해 자신이 져야 하는 십자가를 감당할 수 있게 해 달라며 예수님께 간청한다. 역으로 가족과 지역사회의 이야기는 상처받은 마음을 감싸 안아주며 억압받는 노예를 풀어 주는 힘을 가지고 있다. 예를 들어, 익명으로 알코올 중독자 모임에 참석한 사람들이 자신이 저지른 나쁜 일을 보상하기 위해 노력하거나 금주를 하기 위해 쏟는 피나는 노력에 대해 이야기하는 상황을 생각해 보자. 이러한 이야기는 참석자들이 다음 24시간 동안 술을 마시지 않고 지낼 수 있도록 그들을 격려해 준다.

다음의 다섯 가지 가정은 슬픔을 이해하기 위한 구성주의 심리학자들의 접근방법의 일부분이다(Neimeyer, 1995, 2000, 2001).

- 고통에 대한 이야기의 특이성
- 사람들이 의미를 구성할 수 있도록 도와주는 이야기 방법
- 치유를 도와주거나 방해하는 이야기 방법
- 인생의 사건들이 사람을 돌이킬 수 없을 정도로 바꿔 놓을 때 의미를 재구성해야 할 필요성
- 사람을 구속하거나 자유롭게 해방시킬 수 있는 이야기를 구성할 때 가족과 지역사회와 문화의 역할

이러한 접근은 이어지는 상실, 폭력, 그리고 강박적인 대처방법에 뒤따르는 토의과정에서 사용된다.

우리는 이러한 토의를 시작하기 전에 구성주의와 사회구성주의의 시각을 반드시 구별해야 한다. 구성주의 심리학자들은 고통으로부터 자신만의 특유한 의미를 구성하는 개인의 능력에 관심을 갖는다. 사회구성주의 심리학자들은 사회적으로 의미가 구성되는 방식에 관심을 갖는다. 이러한 두 시각은 서로 상충되는 것 같이 보이지만, 두 시각을 결합해 본다면 이것은 돌봄 사역자에게 두 개의 관점에서 돌봄 수혜자의 의미구성 체계를 볼 수 있게 도와준다. 이를테면, 한 개의 그림에서 관점에 따라 두 개의 그림으로 보이는 착시 현상을 일으키는 그림과 같다. 우리가 잘 알고 있는 유명한 착시 현상 그림으로 두 옆모습의 얼굴이 서로를 마주 보고 있는 그림, 혹은 검정색 배경에 놓인 흰색 꽃병 그림이 그 예다. 이 두 가지 시각 간의 또 다른 차이점을 살펴보면 구성주의 심리학자들은 지문에 흥미를 갖는다는 점이다. 즉, 그들은 각 사람이 자신의 상황과 상호작용할 때 남겨지는 특유한 흔적에 관심을 갖는다. 구성주의는 유동적인 의미구성을 위해 개인과 상황에 흥미를 갖는다. 즉, 구성주의는 개인을 그 자신의 상황으로부터 분리된 하나의 실체로 보지 않는다. 이 장에서는 각 개인이 구성하는 특유한 의미에 대하여 초점을 맞추고자 한다. 그리고 다음 장에서는 가족, 지역사회, 문화의 역할이 돌봄 수혜자의 고통에 미치는 영향을 살펴봄으로써 어떠한 상황에서 돌봄 수혜자의 고통이 더 악화되었는지, 더 나아졌는지에 대해 고찰하고자 한다. 구성주의와 사회구성주의, 이 두 가지 관점은 돌봄 사역자가 다음을 바르게 인식하기 위해 필수적이다.

- 전적으로 가족, 지역사회, 문화에 의해 결정되는 것이 아닌 각 개인이 하는 이야기의 구체화 방식
- 매우 독특한 방법으로 의미를 구성하는 개인의 능력

🌵 상 실

상실은 인간의 고통 중 가장 일반적인 원인이다. 사춘기, 집을 떠나는 것, 배우자관계의 시작 또는 독신생활의 결정 등에서 얻는 것과 잃는 것들에 대해 생각해 보라. 결혼과 같은 축하할 만한 변화조차도 배우자를 최종 선택함으로써 다른 선택권을 포기한다는 의미의 상실을 포함하고 있다(Anderson et al., 1994). 더욱이 어린 나이에 결혼한 십대 청소년의 경우 집을 떠나는 것은 그들에게 육체적으로나 정신적으로 상실일 수도 있다. 그런데도 이런 다양한 상실은 낭만적 사랑을 이상화하는 문화 속에서 종종 부정되거나 비웃음을 산다. 결혼과 같이 예상된 생애주기의 변화 또는 이혼과 같이 예기치 못한 위기는 배우자와 가족, 그리고 친구들로부터 충분한 사회적인 지지를 받지 못할 경우 변화나 위기에 따른 상실에 당황스러움을 느낄 수 있다. 상실로 인해 어려움을 겪는 여성은 목사에게 도움을 청할 수도 있다. 만약 그 목사의 목회사역이 생애주기의 변화나 위기를 겪는 교인들과 만남을 유지하는 것을 포함한다면 그는 지지적 역할을 제공할 수 있을 것이다.

슬픔의 단계

돌봄 사역자가 할 수 있는 첫 번째 일은 돌봄 수혜자가 겪는 슬픔의 단계를 평가하는 것이다. 즉, 감정이 혼란스럽고 극도의 격정적 단계인지, 아니면 의미구성 과정을 통해 상실을 극복하는 장기적 단계인지를 평가하는 것이다. 어떤 사람이 상실로 인해 돌봄받기를 원할 때 돌봄 사역자가 평가를 위해 처음으로 해야 할 질문은 돌봄 수혜자가 겪고 있는 슬픔이 어느 단계에 있는지 물어보는 것이다. 즉, 격정적 단계인지, 장기적 단계인지를 물어봐야 한다. 만약 상실이 방금 일어났거나 일어난 지 얼마 되지 않았다면, 그 사람은 슬픔의 모든 강렬한 역동성을 수반한 격정적 슬픔의 단계에 있을 것이다. 이와 반대로, 과거에 일어났던 상실로 계속해서 아픔을 겪고 있으며 더 이상 격정적 슬픔의 단계에 있지 않다면, 그 사람은 장기적 슬픔의 단계에 있을 가능성이 크다. 슬픔의 단계를 평가할 때 복잡성이 나타날 수도 있다. 이러한 복합성은 감정 표출을 금하는 가족적 또는 문화적 관습으로 인해 격정적 슬픔의 단계의 일부분인 감정의 다양성과 강도를 표현하지 못하게 될 때 나타날 수 있다. 그들이 격정적 슬픔의 단계에서 강렬한 심리적·정신적 충격을 받지 않았다면 결국 그것은 상실을 극복하는 장기적 단계에서 나타날 수 있다. 한 예로, 『The Secret Lives of Bees』(Kidd, 2002)의 주인공 릴리(Lily)는 열 네 살의 소녀였다. 겉보기에 그녀는 네 살 때 일어났던 어머니의 죽음을 잘 '극복(gotten over)'하는 듯했다. 가정부인 로잘린(Rosaleen)은 누구보다 릴리에 대해 잘 알고 있었다. 그래서 로잘린을 제외하고는 아무도 릴리의 내면에 어머니의 죽음에 대한 끝없는 슬픔이 있을 것이라고 생각하지 못했다. 릴리는 어머니에 대한 모든 진실을 알고 나서야 비로소 자신의 슬픔 속에 숨겨진 분노를 완전히 느낄 수 있었다. 뿐만 아니라 어머니의 죽음까지도 받아들일 수 있는 장기적 단계에 진입할 수 있었다.

격정적 슬픔의 단계에 있는 사람들은 상실의 직접성과 비현실감, 그리고 슬픔의 파괴적인 영향력을 경험한다. 그렇지 않으면 망연자실하여 강렬한 슬픔 속으로 또다시 빠져들 수 있다. 불면증과 식욕상실과 같은 신체적 증상은 상실의 부정, 혼란, 무감각과 같은 심리적·정신적 고통에 해당된다. 상실을 반복적으로 경험하게 된다면 혼란감 속에서 분노, 강렬한 슬픔, 그리고 죄의식과 같은 감정이 날카롭게 다가올 것이다. 그리고 때로는 마치 그 상실이 새롭게 겪는 것처럼 느껴질 수도 있다.

돌봄 수혜자가 격정적 슬픔의 단계에 있을 때 돌봄 사역자는 우선 그들의 안전에 대해 물어볼 필요가 있다. 그리고 반드시 자살 가능성에 대해 살펴봐야 한다(8장에서 치유계획에 대한 더 자세하게 논의하겠지만 이번 장에서도 치유문제를 다루고자 한다). 돌봄 사역자는 돌봄 수혜자가 상실이 매우 심각해서 더 이상 살고 싶지 않다고 느끼는지에 대해 반드시 평가해 보아야 한다. 자살 충동성은 낭만적 사랑이나 부부관계가 끝났을 때 심각한 경제적 위기, 혹은 심한 수치감을 주는 범죄로 고소당했을 때 일어날 수 있다.

격정적 슬픔의 단계에서 직접적인 관계가 있는 또 다른 치유법은 돌봄 사역자가 돌봄 수혜자에게 격렬한 심리적 반응을 다루는 법을 배우도록 도와주는 것이다. 돌봄 수혜자가 상실을 겪은 직후 목사는 매주 상담을 할 수 있는데, 그 상담 중에 교인은 죽음, 위암 진단, 최근에 얻은 신체장애와 같은 상실이 발생했던 것을 일시적으로 망각하는 '강렬한' 순간을 자세히 설명할 수 있다. 목사는 공감적으로 경청함으로써 돌봄 수혜자의 격정적 슬픔을 불안해하지 않으면서 받아들이고 있음을 전할 수 있다. 돌봄 수혜자는 목사의 침착한 반응을 기억함으로써 자신의 감정의 격렬함을 조절하는 법을 배울 수 있다.

목회적 돌봄 사역자가 격정적 슬픔의 단계에 있는 돌봄 수혜자에게 제공하는 특별한 방법 중 하나는 돌봄 수혜자가 하나님과 신앙적으로 소통하기 위한 종교적이고 영적인 실천방법을 찾도록 도와주는 것이다. 과거에 도움이 되었던 실천방법을 목록으로 작성하는 것은 돌봄 수혜자로 하여금 영적 훈련을 더욱더 자발적으로 참여하도록 유도할 수 있다. 돌봄 수혜자는 기도하는가? 기도한다면 언제 하는가? 자신이 무엇을 느끼는지 하나님께 있는 그대로 말하는가? 도움을 요청하는가? 요청한다면 어떤 종류의 도움을 요청하는가? 성경을 읽는가? 읽고 있다면 어떤 구절을 읽고 있는가? 영적으로 힘을 주는 음악을 듣는가? 자연과 세상의 아름다움과 소통하기 위한 활동을 하는가? 돌봄 수혜자 스스로 상실에 따른 격렬한 심리적 반응을 고찰할 필요가 있을 때 일기를 써 왔는가? 이 질문에 대한 돌봄 수혜자의 답변은 그가 하나님과 소통할 수 있는지, 혹은 위기로 인해 영적인 극복방법을 찾지 못하고 상실감에 빠졌는지를 보여 줄 것이다.

슬픔의 요인은 다양하고 복잡하다. 슬픔은 몇몇 환경적 요인 때문에 더욱 복잡해진다. 예를 들어, 예상치 못한 갑작스러운 죽음, 폭행에 의한 죽음, 살해에 의한 죽음, 어린아이의 죽음, 그리고 오랜 투병 후의 죽음과 같은 요인이다(Karaban, 2000). 또 다른 요인은 상실에 대해 심리적으로 반응하는 사람들 내면에 있는 정신적이고 심리학적인 한계와 관계가 있다. 예를 들어, 스트레스에 대해 알코올 중독의 성향을 가진 사람은 술로 격렬한 감정을 마비시켜 상실에 대한 심리적 반응을 완전히 경험하지 않으려고 할 것이다. 또 다른 예로, 스트레스에 대해 정신이상 성향을 가진 사람은 슬픔에 대처하기 위해 편집증적인 내면세계를 만들 수도 있다. 자신의 지역사회와 문화도 자원이나 장애물이 될 수 있다(7장 참조). 예를 들어, 대다수의 중·상류층 유럽계 미국인들의 문화와 종교적 전통을 살펴보자. 이들 문화에서는 죽음을 추모하는 종교적 의식(예배)이 거행된 후 문상객이 슬픔을 강하게 표현하는 것은 바람직하지 않다. 이와 대조적으로, 카리브계 미국인들은 오랜 시간 동안 슬픔을 드러낼 수 있다. 또한 밀려오는 슬픔을 견디기 위해 사망 후 1주년 동안 종교적 추모의식을 가지기도 한다.

이번 장과 다음 장에서는 심리적·가족적·종교적·문화적 수단과 방해물을 고려한 평가의 과정을 논의하고자 한다. 또한 슬픔을 솔직하게 표현하도록 하거나, 혹은 표현하지 못하도록 하는 장애물에 대해서도 다뤄 보고자 한다. 돌봄 사역자가 정신적·영적·사회적 관점에서 바라본다면, 한 개인적인 부분으로서만이 아니라 가족과 지역사회와 문화적인 부분에서도 슬픔을 충분히 표현할 수 있는 돌봄 계획을 개발할 수 있다. 돌봄 수혜자가 상실에 대한 슬픔을 충분히 표현할수록 슬픔의 다양한 의미구성을 통해 고통의 무게를 충분히 견뎌 낼 수 있게 되며 또한 고통으로부터 벗어날 수 있다.

대체로 격정적 슬픔의 단계에서의 혼란은 시간이 지남에 따라 진

정되며 또한 슬픔에 대한 강렬한 감정과 반응도 조절하기 수월해진
다. 격정적 슬픔의 단계가 지속되는 기간은 개인적이며 환경적인 상
황에 영향을 받는다. 격정적 슬픔이 서서히 진정될 수 있도록 적절한
시간과 지지와 자원이 주어진다면 상실된 사람과 장소와 물건과의
관계를 포함하여 장시간의 과정을 통해 삶을 재구성할 수 있게 된다.
예를 들어, 죽음과 관련한 상실일 경우 반 카트윅(Van Katwyk,
1993)은 이러한 삶의 재구성은 다음과 같은 이야기를 계속적으로 재
구성하는 것과 같다고 하였다.

- 죽은 사람과 슬퍼하는 사람과는 서로 어떤 관계인가?
- 이러한 죽음으로 인한 슬픔을 견뎌 내야 하는 사람은 누구인가?
- 슬픔 속에 있는 사람에게 하나님은 어떤 분이신가?

죽은 사람에게 가족이란 무엇인가, 그리고 하나님은 이 가족에게
어떤 분이신가라는 문제 속에 통합되었기 때문에 이러한 이야기의
재구성은 '가족의 영적, 그리고 소명과 관련된 정체성을 변화시키
는 것'을 포함한다(Van Katwyk, 1993: 146). 예를 들어, 이야기의 재
구성은 개인, 가족, 종교적 행동방식의 재구성에 영향을 미친다. 이
러한 관습은 가족과 공동체 생활 가운데서 죽은 사람과 다시 소통하
는 것과 관계가 있다.
구성주의 심리학자들도 반 카트윅과 마찬가지로 슬픔의 한가운데
에서 이야기와 관계를 재구성하는 것을 강조한다(Attig, 2000; Klass,
2002; Neimeyer, 2001). 예를 들어, 네마이어(Neimeyer)는 심리학적
구성주의, 상호주관적 심리학, 심리학에 대한 다문화적이고 맥락적

인 접근법의 최근 이론을 적용한 슬픔의 새로운 모형이 필요함을 강조한다. 구성주의 심리학은 궁극적인 분리에 대한 심리적 해방과 수용을 강조하는 심리학적 모형을 넘어서서(Hagman, 2002), 상실된 대상과 연결된 상태를 유지할 것을 강조하는 영성심리 모형을 제시한다. 구성주의 심리학은 대부분 반 카트윅(1993)의 신학적 관점을 받아들이지는 않는다. 하지만 일부는 죽은 사람, 상실의 대상과 영적으로 연결되기 위한 수단으로서 돌봄 수혜자에게 상실, 죽음, 그리고 사후세계에 대한 종교적 의미를 찾게 한다. 또한 이러한 연결을 강화시키기 위해 종교적이고 영적인 훈련을 하도록 유도한다.

상실의 유형

상실을 평가하기 위해서는 사람들이 겪고 있는 상실의 유형을 파악해야 한다. 상실은 일반적으로 여섯 가지 범주로 나뉜다. 즉, 물질적 상실, 관계적 상실, 심리내적 상실, 기능적 상실, 역할 상실, 조직적 상실이다(Mitchell & Anderson, 1983). 다음에서 설명하겠지만, 이러한 상실의 종류는 대부분 서로 중복된다.

물질적 상실　물질적 상실(material loss)은 외적인 것이다. 즉, 자산을 잃는 것과 연관이 있다. 예를 들어, 은퇴에 대비하여 투자한 주식이 폭락하여 돈을 잃는 것이다. 대다수의 물질적 상실은 외적인 가치뿐만 아니라 본질적인 가치도 가지고 있다. 본질적인 가치란 개인적인 의미를 말하는 것으로, 각 개인이 시간이나 장소, 혹은 자신에게 매우 중요한 사람과 심리적으로나 영적으로 소통함으로써 의미를 부여하는 것을 말한다(Mitchell & Anderson, 1983). 예를 들어, 한 남자가 십자가와 금목걸이를 잃어버려서 매우 속상해한다. 그것은 첫 번째 성찬식 기념으로 대모에게 받은 것이었다. 여기에서 십자가는 그에게 본질적인 가치를 의미한다. 장애를 가진 사람이 교회와 같은 건물이나 장소에 쉽게 갈 수 없는 경우 물질적 상실은 접근성의 상실도 포함한다. 그러한 장소는 그에게 매우 성스럽고 미적인 의미를 가졌을 수도 있기 때문이다. 이와 비슷하게 멀리 이사한 경우도 매우 가치 있는 장소와 활동에서 접근성의 상실을 의미한다. 만일 위기가 가치 있는 장소와 접근하는 것을 제한하거나 차단하는 갑작스러운 육체적 또는 정신적 장애와 관련이 있다면 이 경우의 물질적 상실은 매우 클 것이다.

돌봄 사역자는 돌봄 수혜자가 물질적 상실에 해당하는지를 평가하기 위해 위기나 변화가 경제적 충격을 주는지, 대상이나 장소의 상실을 포함하는지, 그러한 대상이나 장소가 본질적이며 더 나아가 성스러운 가치를 가지고 있는지, 또는 대상이 초월적인 존재와 관련이 있는지에 대해 반드시 물어보아야 할 것이다(Pargament & Mahoney, 2002).

관계적 상실   관계적 상실(relational loss)은 친밀함의 기회를 종결하는 것이다. 즉, 육체적 · 심리적 · 지적 · 미적 · 오락적 · 정신적 그리고 성적인 것을 말한다. 이혼은 일차적으로 관계적 상실과 관련이 있다. 이혼한 사람들은 남편과 아내로서 서로에게 익숙해 있기 때문에 여러 가지 형태의 상실을 경험한다. 그들은 가끔 만나면서 부모로서 실무적인 관계를 유지할 수도 있다. 자녀들은 분리된 가정

속에서 부모와 관계적 상실을 경험한다. 죽음은 관계적 상실의 가장 심각한 예로 볼 수 있다. 죽음으로 인해 더 이상 감각(소중한 사람을 보고 듣고 만지고 체취를 느끼는 것)을 통해 한 사람과 만날 수 있는 기회가 없어지기 때문이다. 또한 죽음으로 인해 완전히 분리되는 것은 신체적인 상호작용의 상실을 경험하게 한다. 알츠하이머와 같은 치매를 수반한 질병은 돌봄 수혜자에게 죽음만큼이나 치명적인 관계적 상실을 의미한다.

심리내적 상실　심리내적 상실(intrapsychic loss)은 이상(ideal) 또는 상징(symbol)의 상실과 관련이 있다. 즉, 한 개인의 내면세계에서 중요한 역할을 하는 사람, 장소, 사물을 상실할 때 경험된다. 한 예로, 유산은 태어날 아이에 대해 품었던 모든 이미지의 상실을 의미할 수 있다. 임산부는 내면세계에 존재한 '꿈에 그리던 아이(dream child)'를 상실한다. 꿈에 그리던 아이를 내면세계에 생생하게 그렸을수록, 즉각적으로 경험하는 상실감은 훨씬 클 것이다. 심리내적 상실은 관계적 상실로 이상이 무너질 때 경험할 수 있다. 배우자의 죽음과 함께 간통이나 금전적 문제를 알게 될 경우 배우자에 대한 신뢰의 상징은 부서져 버린다.

기능적 상실　기능적 상실(functional loss)은 신체 일부분의 기능이 상실됨을 의미한다. 이러한 유형의 상실은 나이, 질병 등에 따른 신체적 장애와 관련이 있다. 이것은 대개 스스로 할 수 있었던 것을 타인에게 의존해야만 함으로써 받아들이기 힘든 변화를 수반한다. 뿐만 아니라 더 이상 자급자족할 수 없으며 자신의 생활조차도 책임질 수 없다는 것을 동반한 심리내적 상실까지도 경험할 수 있다. 예를 들어, 일생 동안 건강했던 한 여성이 무릎을 다쳤다. 이 때문에 그녀는 일상적인 신체운동을 할 수 없다. 그녀에게 운동은 스트레스를 풀 수 있게 해 주며 우울증으로부터 벗어나게 해 주는 수단이었다. 그녀는 신체적으로 건강할수록 자신감도 커져 감을 느꼈다. 이런 그녀에게 일상적인 운동을 할 수 없다는 것은 단순한 기능적 상실감뿐만 아니라 건강하고 유능한 자신의 이미지에 대한 심리내적 상실감을 가져다주었다.

역할 상실 역할 상실(role loss)은 딸, 교사, 상담가, 목사의 역할과 같은 특정한 역할의 상실을 의미한다. 그리고 종종 죽음, 졸업, 승진, 은퇴 또는 직장을 바꾸는 것과 같은 변화를 수반한다. 한 사람이 최초로 다른 사람과 맺는 관계는 계약이나 약속에 근거하며, 그러한 계약의 종결은 관계의 종결을 의미함을 확실히 알고 있는 것이 중요하다. 예를 들어, 상담이 종결된 후 치유관계도 끝나기 때문에 또 다른 관계는 시작될 수 없다. 이와 유사하게 한 목사가 교회를 떠난다면 그는 더 이상 어느 교인에게도 목사로서의 역할을 수행하지 않는다. 만약 한 교회에서 오랜 시간 동안 목회사역을 한 경우 그는 그 교회에서 가족의 일원이 된 느낌을 가질 수 있다. 그리고 이로 인해 계약적 관계가 끝났음에도 불구하고 그는 그것을 받아들이기 힘들어할 수 있다.

조직적 상실 조직적 상실(systemic loss)은 가족체계, 신앙공동체, 그 외의 기관에서 일어나는 변화를 의미한다. 이러한 유형에서 상실의 대상은 체계 내에서 작용하는 특별한 방식이다. 교회의 체계가 변하여 더 이상 동일한 방식으로 움직이지 않는다면 교인들은 조직적 상실을 경험할 수 있다. 예를 들어, 광범위한 주택 개발로 교인의 수가 많아지기 전까지 조그만 시골 교회는 대가족과 같은 기능을 수행했다. 교회에서는 젊은 직장인 부모들의 필요성에 부합하는 프로그램을 시작했다. 기존 교인들은 목사가 예전처럼 심방을 자주 하지 않는다고 불평했다. 여전도회는 젊은 여성들이 여전도회에는 조금의 관심도 갖지 않으면서 아이들을 돌봐주는 오전 독서모임을 만들려고 하는 것을 이해할 수 없었다. 기존 교인들은 조직적 변화를 받아들이지 못하고 있다. 그들은 목사가 예배 인도자의 역할을 하고 새 신자는 가족의 전통에 적응하던 과거의 대가족적 분위기가 사라짐으로써 교회의 상실을 경험했다.

조직적 변화는 조직 형성에 중요한 인물이 조직을 떠날 때 일어날 수 있다. 대가족에서는 해마다 가장 웃어른의 생신을 축하하기 위해 한자리에 모인다. 그분이 돌아가신다면 그들은 더 이상 모이지 않을 것이다. 그리고 이러한 가족체계의 형태도 사라질 수 있다. 교육·훈련기관에서는 한 반의 학생 또는 실습생들은 해마다 가끔 독특한 방식으로 조직체계를 형성한다. 예를 들어, 일 년간 학급의 모든 아이들을 매우 재미있게 해 주는 개그맨 같은 몇몇 아이들이 있을 수 있다. 이러한 교실에서 수업하는 선생님들은 어느 정도 형식과 진지함에 대한 조직적 상실을 경험할 수 있다. 또 다른 선생님들은 그러한 유머의 역할을 즐길 수도 있다. 그리고 그들이 떠날 때 더 처진 분위기로 돌아가는 것을 안타깝게 생각할 수 있다.

조직적 상실은 약혼이나 결혼을 통해 새로운 구성원이 기존의 가족에 포함되어 새로운 가족체계가 형성될 때 발생한다(Anderson & Fite, 1994). 자녀가 집을 떠날 때도 가족체계는 변하게 된다. 떠난 가족 구성원의 독립을 인정하면서 남은 가족 구성원들에게 새로운 관계적 형태가 형성된다(Anderson & Mitchell, 1993). 종교공동체에서 지도자의 가족이 떠나게 된 경우 공동체는 그 지도자를 포함한 교회체계의 상실을 분명히 슬퍼할 것이다. 지도자가 변화되자마자 새로운 조직적 체계가 나타난다.

　　돌봄 수혜자의 위기의 일부분일 수 있는 상실에 대한 심리적 반응을 평가하기 위해 돌봄 사역자는 상실의 다양한 유형(물질적 상실, 관계적 상실, 심리내적 상실, 기능적 상실, 역할 상실, 조직적 상실)에 대해 경청할 수 있다. 돌봄 수혜자가 더 많은 상실의 유형을 경험할수록 그의 슬픔은 더욱 복잡해질 것이다. 엉덩이뼈를 다쳐 요양원으로 들어가야만 하는 허약한 노부인은 가정에 대한 물질적 상실, 이동성에 대한 기능적 상실, 주부로서의 역할 상실, 그리고 수많은 심리내적 상실을 경험한다. 만약 그녀가 방금 이야기했던 교회의 교인이라면 그녀는 집처럼 느꼈던 교회에 대한 상실도 경험하게 된다. 상실의 유형을 평가할 때 생활주기의 변화가 있는지 살펴보는 것은 유익하다. 몇몇 상실은 다양한 생활주기와 관련이 있기 때문이다. 예를 들어, 중년의 위기는 무릎 부상과 같은 기능적 상실이나 노화에 대한 심리내적(즉, 내면세계에서의) 상실로 유발되는 경우가 많다. 돌봄 수혜자의 생활주기 변화를 살펴보는 것은 목회적 돌봄 사역자가 다양한 상실을 좀 더 쉽게 이해하고 적절하게 대응할 수 있게 도와준다. 설상가상으로 여러 가지의 생활주기 변화는 복잡한 문제에서 동시

〈표 5-1〉 상실의 유형과 생활주기의 관계 평가

	졸 업	독 립	결 혼
물질적 상실			
관계적 상실			
심리내적 상실			
역할 상실			
조직적 상실			

에 발생할 수 있기 때문에 각각의 변화와 관련된 상실을 구분하기란 매우 어렵다. 예를 들어, 청년기에는 학교 졸업과 독립, 결혼이 단기 간에 진행될 수도 있다. 결혼 전 상담을 담당한 목사는 젊은 커플이 새로운 인생 앞에 위축되어 있는 것을 알아차리고 그들이 각각의 변 화와 관련된 잃는 것과 얻는 것을 자세히 살펴보도록 도와줄 수 있다.

목회적 돌봄 사역자가 상실의 유형과 생활주기의 관계에 대해 평 가할 때 〈표 5-1〉을 사용하면 도움이 될 것이다. 가로축은 생활주 기의 변화를 적고 세로축은 상실의 종류를 적는다. 앞에서 언급했던 젊은 커플을 예로 들어 설명해 보면 돌봄 사역자는 앞과 같이 표를 작성해 볼 수 있다.

상실의 평가

돌봄 사역자는 각 칸 안에 각각의 생활주기 변화에 따른 획득과 상실의 유형에 대해 자세히 적을 수 있다. 예를 들어, 집을 떠나 부 모에게서 독립하는 것은, 만약 경제적으로도 독립하게 된다면 물질 적 상실과 관련이 있을 수 있다. 졸업은 역할 상실과 관련이 있다.

취업을 한다면 그는 더 이상 학생의 역할이 아니라 직장인의 역할을 감당해야 하기 때문이다. 전문교육 프로그램에 참여했다면, 그는 인턴 사이트에서 전문직 역할을 할 수 있는 기회를 얻었을 수도 있다. 인문계열의 교육과정을 수료한 학생은 학생의 역할에서 직장인의 역할로 변화를 더욱 힘들어할 수 있다. 졸업과 독립, 결혼을 동시에 하게 되는 젊은 청년은 상당한 스트레스를 겪을 수 있다. 그는 온전한 성인의 신분으로 나아간다. 결혼의 세세한 부분에 강박적으로 신경 쓰는 사람은 결혼 직전의 무기력증과 감정단절이나 과민반응을 보이며 스트레스를 드러낼 수 있다. 돌봄 사역자는 상실의 유형과 위기·변화의 상호작용을 표로 작성해 봄으로써 돌봄 수혜자의 복잡한 슬픔을 개략적으로 파악하는 데 도움을 받을 것이다. 슬픔에 대한 격정적 반응은 위기에 처한 사람들이 자신의 결렬한 감정을 경험하고, 그 감정을 고찰하며 상실을 슬퍼하도록 허락해 주는 전략을 발견할 수 있는 공간을 만들어 내는 것을 통해서 다루어질 수 있다.

개인의 이야기를 재구성하는 장기간의 과정은 지속적인 목회적 돌봄의 일부분일 수 있다. 위에서 설명한 젊은 청년의 경우 앤더슨과 피트(Anderson & Fite, 1994)가 언급한 것처럼 그것이 결혼을 하게 되는 과정이다. 실존적·정신적·종교적·초월적 차원이 과정의 일부분이 되고 돌봄 수혜자의 이야기를 재구성함에서 특정한 소주제가 될 때 돌봄 수혜자는 하나님과 이웃과 자신과의 관계에서 깊은 신뢰, 희망, 사랑을 경험하게 될 것이다.

🏃 폭 력

돌봄 사역자가 돌봄 수혜자의 이야기를 경청할 때 사용할 수 있는 두 번째 틀은 폭력과 관련이 있다. 폭력은 타인을 지배하거나 제압하기 위해 신체적 · 심리적 · 성적인 방법을 사용하는 행위다. 돌봄 사역자가 돌봄 수혜자의 이야기를 이해하기 위해 이 틀을 사용할 경우 폭력의 다양한 유형을 알아내는 능력이 필요하다. 가정 내에서의 폭력은 신체적 · 심리적 · 성적인 것일 수 있고 또한 방치의 형태를 취할 수도 있다. 가정 내에서의 폭력은 부부 사이, 부모와 자녀 사이, 나이 많은 세대와 젊은 세대의 사이, 형제자매 사이에서 발생할 수 있다. 가정 밖에서의 폭력은 낯선 사람들에 의한 신체적 폭행, 성폭행, 협박, 괴롭힘, 그리고 강도 등과 같은 형태를 취할 수 있다. 또한 심리적 외상(trauma)은 생명을 위협한 사건으로 발생한다. 사고 혹은 자연재해를 겪거나 경찰, 소방관, 구급대원, 의료진과 같은 직장생활을 그 예로 들 수 있다.[4]

생명을 위협할 정도의 폭력은 한 개인의 생명에 대한 실질적인 신체적 위협을 포함할 뿐만 아니라 성폭행이나 성적 학대처럼 한 인간의 근본적인 자아를 해치는 행위도 포함한다. 외상은 폭력에 대한 심리적 반응으로서 생명의 위협성 정도에 따라 결정된다. 결국 심리적 외상은 급성 스트레스 장애를 일으킬 수 있다(American

---

4) 위버, 플란넬리, 그리고 프레스턴(Weaver, Flannelly & Preston, 2003: 50)은 "자동차 사고가 PTSD를 유발하는 단 하나의 가장 일반적인 심리적 외상 형태일 것이다."라고 말한다.

Psychological Association, 2000). 급성 스트레스 장애는 심리적 외상 사고 후 4주 내에 발생하며 며칠 내지는 4주까지도 계속될 수 있다. 생명을 위협하는 스트레스 요인에 대한 반응은 다음과 같이 세 가지로 나타날 수 있다. 이 세 가지 반응은 한 번에 모두 나타나며 흔히 교대로 발생된다.

- 무감각(numbing): 폭력적 사건에 대한 무감각과 감정적 이탈, 자신의 주변에 일어나고 있는 일에 대한 인식 결여(멍한 상태에 있는 것처럼), 사건을 상세하게 기억하는 것에 대한 어려움
- 회피(avoidance): 피해자에게 일어난 일을 상기시키는 모든 것으로부터의 회피
- 충격의 재경험(intrusion): 반복되는 꿈이나 회상, 밀려드는 생각을 통해 폭력적 사건을 다시 경험하는 것, 흔히 폭력을 연상시키는 냄새, 감각, 소리 등을 통해 유발됨

피해자의 신경 '경보 시스템(alarm system)'이 매우 민감해진 것처럼 보이기 때문에 실제로 이런 반응은 불안감을 고조시킨다. 급성 스트레스 장애의 경우 이러한 반응은 피해자의 사회적·직업적·관계적 기능 수행을 방해한다.[5]

심리적 외상은 또한 폭력적 사건에 대한 매우 심각한 심리적 반응인 심리적 외상 후 스트레스 장애(PTSD: Post Traumatic Stress

---

5) 몇몇 사람들은 심리적 외상으로 인한 스트레스 회복이 빠르며 기능의 상실이 거의 또는 전혀 없다(Bonanno, 2004).

Disorder)를 일으킬 수 있다. PTSD와 급성 스트레스 장애는 모두 생명을 위협하는 사고에 대한 심리적인 반응이다. 또한 ① 심리적 외상 사건을 재경험하는 것과, ② 폭력적 사건을 연상시키는 모든 것으로부터 회피하고 감정적 이탈과 같은 반응이 교대로 오가는 특징을 가진다. 심리적 외상 스트레스 요인의 심각성은 흔히 사람들이 PTSD를 경험하게 될지를 결정한다. PTSD로 인한 회피와 무기력함은 피해자가 타인을 멀리하는 것, 감정적 이탈, 미래에 대한 두려움 등에 관해 보편적인 근거에 따른다. PTSD의 특징은 스트레스 정도가 매우 심각해서 극심한 스트레스 반응을 완화하기 위한 건전한 대처방법을 취하지 못하며 증상이 4주 이상 지속된다. 증상 기간이 3개월 이하일 경우는 급성 PTSD라 한다. 증상 기간이 3개월을 넘길 경우 만성 PTSD로 구분되며 외상에 대처하기 위한 '긴급한(emergency)' 방법이 삶을 유지하기 위한 하나의 방법이 된다. PTSD는 발병이 늦춰질 수 있어서 사고 뒤 최소 6개월까지 아무런 증상이 나타나지 않을 수 있다.

폭력에 대한 심리적 반응인 심리적 외상의 정도가 생명을 위협하는 폭력의 유형에 결정됨을 고려해 볼 때, 폭력의 경험에서 힘의 역할을 더욱 면밀히 조사하는 것은 매우 중요하다. 1장에서 논의한 것과 같이 관계의 특징 중 하나인 힘의 역동성은 상호 간의 힘의 분산, 상대방을 압도하는 것, 그리고 제압당하는 것의 형태를 취할 수 있다. 대부분의 관계에서 폭력이 일반적으로 나타나는 문화권에서 '힘(power)'이라는 단어는 '타인을 지배하는 것'이라는 오직 하나의 뜻만 가질 것이다. 폭력은 신체적 · 심리적 · 성적 상호작용 그리고 돌봄을 제공하는 것과 관련이 있는 상호작용 등의 관계적 측면을 사용하는 것을 포함한다. 그리고 방치뿐만 아니라 신체적·심리적·성적 폭력의 형태로 다른 사람을 지배하기 위하여 이러한 관계적 측면을 사용한다.[6)]

폭력은 어떤 관계에서도 일어날 수 있다. 성인들 사이에서도, 오랫동안 사귄 관계에서도, 동성연애자 또는 이성 부부 사이에서도 일어날 수 있다. 폭력은 한 가족의 형제자매 사이에서도, 친척 간에도, 구면 혹은 모르는 사람들 사이에서도, 그리고 역할에 의해 정해진 힘의 차이를 포함한 관계(돌봄 사역자와 돌봄 수혜자, 전문 치료사와 환자 등)에서도 일어날 수 있다. 또한 폭력은 성인과 어린 형제자매 또는 의붓 형제자매 사이에서 일어날 수도 있다. 폭력은 낯선 사람과 어린이, 십대 또는 연약한 성인 사이에서 일어날 수도 있다. 그리고 성인과 어린이, 십대 청소년 또는 장애를 가진 성인 사이에서도 일어날 수 있다. 폭력은 어린이와 십대 청소년 사이, 형제자매와 의붓 형제자매 사이, 괴롭히는 관계, 데이트하는 관계, 구면인 관계, 깡패, 소위 말하는 입회의식이나 신참을 괴롭히는 관계에서도 일어날 수 있다.

폭력은 흔히 가정, 공동체, 문화체계, 관계 내에서 재발생하는 형태를 가진다. 심리학적 가계도 내에서 세대 간 폭력의 패턴을 찾는 것은 어렵지 않다. 이러한 폭력의 패턴이 공동체와 폭력의 문화적 패턴과 함께 공존하는 것은 당연하다. 이런 이유 때문에 돌봄 사역자는 폭력이 돌봄 수혜자의 관계체계 중 어떤 부분에서 일어나고 있

---

6) 포천과 폴링(Fortune & Poling, 1995)은 애완동물과 재산 파괴와 같은 폭력도 포함한다. 똑같은 물리적인 힘을 사용하여 사람을 위협하는 것은 그를 지배하는 하나의 수단이 된다.

는지를 밝힐 필요가 있다. 이러한 '검토(taking stock)'를 통해 돌봄 수혜자의 모든 관계적 기반 사이의 이면에 숨겨져 암처럼 퍼지고 있는 폭력을 발견하게 된다면 그것은 충격적인 경험일 수 있다. 만약 돌봄 수혜자의 삶에서 폭력에 주의를 기울인다면 돌봄 사역자는 자신의 삶의 일부분일 수 있는 폭력의 이면을 더욱 깊이 알게 될 것이다. 폭력 피해자를 돌볼 때 그의 이야기가 자신의 이야기와 어떻게 유사한지를 관찰하는 것(2장 참조)은 매우 중요하다.

폭력이 갈등을 해소하기 위한 수단으로 사용되기 때문에 폭력의 관계적 패턴을 평가하는 것은 필수적이다. 폭력의 악순환 속에서 내면의 무력감은 스트레스를 증가시킨다. 그리고 흔히 폭력을 일으키게 된 사건이 발생하기 전까지는 대인관계에서의 갈등을 일으키며 이러한 갈등은 점차 심각해진다. 『문으로 들어온 여인(The Woman Who Walked into Doors)』라는 소설에서 파울라(Paula)는 남편이 처음으로 자신을 때렸던 상황을 생생히 기억하고 있다. "저는 남편이 원하는 대로 하지 않았어요. 그는 기분이 좋지 않은 상태였고 전 그날따라 건방지게 굴었죠. 그는 제가 임신하는 것을 싫어했어요. 전 더 이상 그에게 귀여운 파울라가 아니었어요. 그는 주먹으로 저를 쳤어요(Doyle, 1996: 163)." 그녀는 구타 직전에 일어났던 일을 생생히 기억해 낸다. "저는 그에게 차는…… 당신 스스로 타 마시라고 말했어요. 그 말 때문이었어요. 바로 그 말 때문에 그를 화나게 만들었어요. 전 항상 그를 화나게 했어요(Doyle, 1996: 163)." 파울라는 단순히 아내로서 의무를 수행하지 않았기 때문에 그가 때린 것이라 생각했다. 이것은 표면적인 이유다. 하지만 그녀는 그가 자신과 자신의 임신에 제압당했다고 느끼는 것을 알고 있었으며 이것이 바로 내면적인 이유다.

만약 갈등을 겪는 사람이 점차 심각해지는 상황에 건전하게 대처하지 못한다면 갈등을 일으킨 사건을 과거의 경험으로 형성된 폭력적 방법으로 대처할 것이다. 그리고 학대한 후에는 강한 후회, 부인 또는 감정적 단절을 보일 수 있다. 전문가가 개입하지 않는다면 보통 이러한 악순환은 지속되며 점점 더 악화될 것이다. 워커(Walker, 1979)가 처음으로 설명한 이러한 악순환은 다음의 단계를 포함한다.

① 폭력성을 가진 사람은 직장 또는 가정에서 심리적으로 제압당한 느낌을 갖는다. 격한 감정을 제어해야 할 필요성은 더욱더 높아지지만 조절할 심리적 수단이 부족하다. 대인관계에서 갈등이 있을 경우 무력감은 커진다.

② 만약 내면에 쌓인 무력감이나 제압하고자 하는 욕구 또는 대인관계의 갈등에 건전하게 대처할 방법이 없을 경우 폭력을 야기한 사건에 폭력적인 행동으로 반응할 것이다.

③ 폭력을 행사할 때 그들은 상대를 제압하기 위해 성적·신체적 또는 심리적 수단을 사용하거나 어린이, 노인을 방치함으로써 피해자를 직접적인 위험에 처하게 할 수 있다.

④ 폭력을 가한 뒤 그들은 자신이 저지른 행동에 대해 사과하고 용서를 빌면서 후회하는 감정을 가질 수 있다. 또는 신체적 학대를 훈육이라고 말하거나 성적 접촉을 '성교육(sex education)' '단지 애정어린 접촉(just affectionate touching)' 또는 '장난(horsing around)'이라고 말하며 폭력사실을 부인할 수 있다.

다음에도 가해자는 무력감과 대인관계의 갈등을 겪게 되면, 폭력이 적어도 일시적으로나마 권력투쟁을 종식시키는 데 효과가 있지만 다시 반복될 것이다. 따라서 외부에서의 개입이 없다면 폭력의 악순환은 더욱 심각해질 수 있다.

목회적 돌봄 사역자는 폭력의 가능성에 주의를 기울여야 하며 폭력이 위기의 일부분인지를 확인하기 위해 질문을 해야 한다. 돌봄 사역자는 갈등 중에 있는 부부에게 그들이 다툴 경우 일반적으로 무슨 일이 벌어지는지, 그리고 분노를 어떻게 표출하는지를 물어볼 수 있다. 만약 신체적 학대의 흔적(의심스러운 부상, 심한 불안, 분노 또는 통제의 필요성 등)이 있다면 돌봄 사역자는 돌봄 수혜자를 폭력의 가능성을 가진 피해자로 따로 분리해서 대화해야 한다. 신체적 학대의 증거가 될 만한 모든 것(애완동물 또는 재산 파괴, 위협, 거칠게 밀기 등)에 대해서는 구체적으로 질문해야 한다.

어린이, 십대 청소년 또는 노인이 의심스러운 부상이 있거나, 가출했거나, 교회·집·학교에서 행동장애가 있거나, 심한 불안에 떨고 있거나, 방치된 흔적이 있을 경우 돌봄 사역자는 학대의 가능성을 반드시 염두에 두어야 한다. 어린이 또는 십대 청소년에게 가족 중 누구와 갈등이 있었는지, 갈등이 어떻게 다뤄졌는지, 벌을 받았다면 어떻게 받았는지, 그리고 불쾌함을 느낄 정도의 신체적 접촉이 있었는지 등을 물어볼 필요가 있다. 또한 그들에게 외부에서의 협박, 성추행, 성폭행, 강간 등의 가능성에 대해 물어볼 수 있다. 돌봄 사역자는 노인에게 신체적 위협을 받는다고 느낀 적이 있는지, 또는 신체적 접촉으로 불쾌감을 느낀 적은 없는지 등을 물어볼 수 있다.

만약 어떠한 폭력의 흔적이라도 있다면 돌봄 사역자는 반드시 피해자의 안전을 확실히 보장해 주어야 한다. 어린이나 노인학대에 관해서는 자신이 신고의무자인지 아닌지를 확인할 필요가 있다(4장 참조). 가정 내에 폭력이 있을 경우 돌봄 사역자는 피해자가 긴급구조 또는 경찰을 부르거나 대피소에 가는 방법을 알고 있는지 반드시 확인해야 한다(8장 참조).

일단 신체적 안전이 보장되면 목회적 돌봄 사역자는 악몽, 불안 발작, 과거가 눈앞에서 현실처럼 재현되는 플래시백의 정도와, 피해자가 이러한 경험에 어떻게 대처하고 있는지를 평가함으로써 피해자에게 심리적 안전감을 제공해 줄 수 있다. 피해자는 심호흡이나 이완요법을 통해 자신을 진정시킬 수 있는가? 내적으로 안전감과 평온을 되찾기 위해 노력하는가? 만약 목회적 돌봄 사역자가 정신적 외상의 강박적인 증상을 통제할 수 없다면 정신과 전문의에게 위탁하는 것이 필요하다. 폭력의 재경험 현상에 대처할 줄 모르는 피해자에게 돌봄을 제공하는 것은 적절하지 않다. 피해자의 경험에 대한 목회적 상담은 불안, 플래시백 그리고 악몽을 더욱 심각하게 함으로써 고통을 악화시킬 수 있기 때문이다.

피해자가 상담을 통해 배우는 많은 방법은 폭력을 재경험하는 폭풍 속에서 심리적으로 넘어지지 않도록 중심을 잡게 도와준다. 목회 상담가는 영적 또는 종교적 방법에 의존하는 것이 도움이 되는지 여부를 살펴봄으로써 피해자들이 사용하는 대처방법을 보완해 줄 수 있다. 예를 들면, 피해자는 자신을 진정시킬 때 종교적 또는 영적 이미지나 관념에 집중하기를 원할 수 있다. 이완 훈련을 받는 한 피해자는 숨을 들이마시면서 "주는 나의 목자시니."라고 말하고 숨을 내쉬면서 "내가 부족함이 없으리로다."라고 말했다. 이러한 훈련은 그녀가 세상에 대한 신뢰감을 재경험하는 데 도움이 되었다. 또 다른 피해자는 예배 장소의 유리창에 그려진 어린아이들을 위로하는 예수님의 모습을 머릿속으로 그렸다. 그녀는 이러한 마음속의 그림에서 자신이 신성한 장소에 있는 것처럼 느꼈고 편안해졌다. 어떤 사람은 예레미야 선지자로부터 한 그루의 나무 이미지를 생각했다. 그 나무는 수분을 얻기 위해 메마른 땅속 깊은 곳으로 뿌리 내리고 있다. 이를 통해 강한 바람에도 뽑히지 않고 여전히 생명을 유지하는 나무가 되었다. 이러한 이완 훈련을 통해 그는 자신의 몸이 땅으로부터 기를 받는 상상을 했다. 위에서 보았듯 강박적인 기억, 플래시백, 감정을 다루기 위해 그들은 명상과 그 외의 이완방법을 사용함으로써 종교적 신앙과 영성에 의존하는 방법을 찾았다.

목회적 돌봄 사역자와 피해자는 영적 또는 종교적 훈련방법을 살펴볼 때 폭력 후에 나타날 수 있는 무기력과 감정적 단절을 완화하고 불안감을 낮추는 데 얼마나 효과가 있는지 평가하는 것이 필요하다. 예를 들어, 한 피해자는 불안감을 느낄 때 처음에는 주기도문을 암송했다. 하지만 얼마 지나지 않아 그녀는 회복되는 단계에서 자신을 학대했던 남자들에 대한 경험 때문에 아버지로서 하나님 상은 위로가 되지 않는다는 것을 깨달았다. 그 대신 예수님께 집중하여 기도할 때 진정한 위로와 편안함을 느꼈다.

피해자가 자신의 영적·종교적 방법의 효과를 살펴보고 고찰하기 위해 돌봄 사역자는 피해자에게 종교적·영적·방법을 강요하지 않으면서 그들을 신뢰하게 할 필요가 있다. 피해자에게 힘을 부여하는 것은 목회적 돌봄의 기본요소다. 무엇을 믿어야 할지, 믿음을 어떻게 실천해야 할지를 가르쳐 주는 신앙공동체에서 성장한 피해자는 돌봄 사역자가 하나님의 대변인 역할을 해 주길 바란다. 그래서 자신이 어떻게 기도해야 할지 알려 주길 원한다. 더 많은 피해자가 자신의 종교적 믿음과 영적 방법에 의존할 때 그것이 무엇과 같은지를 인식하고 돌봄 사역자와 함께 공유하는 법을 배울 수 있다면, 자긍심을 고양하고 피해자 본인에게 적절한 종교적 의미와 영적 방법을 구축할 수 있을 것이다. 즉, 자신의 삶을 책임질 수 있는 능력을 구축할 수 있다. 목회적 돌봄은 피해자와 신뢰관계 형성을 수반하며 이는 피해자가 자신의 영적·종교적 훈련과 함께 그 기초가 되는 신앙을 온전히 탐색할 수 있게 해 준다. 피해자가 목회적 돌봄 사역자를 믿을 수 있다는 것은 목회적 돌봄의 첫 단계에서 안도감을 형성하는 것의 일부분이다. 이러한 관계가 형성되지 않는다면 피해자가 고통에 대한 종교적이고 영적인 의미를 깨닫는 장기 작업에 참여할 수 없다(7장 참조).

폭력 평가의 마지막 영역은 자살의 위험에 관한 것이다. 목회적 돌봄 사역자는 자살의 위험성을 평가함에서 몇 가지 위험 요인을 명심할 필요가 있다. 프레첼(Pretzell, 1990: 1235)은 자살 충동을 느끼는 사람들이 갖고 있는 고도의 스트레스 요인을 다음과 같이 열거한다. 낮은 개인적 자원, 사회적 억압과 관련한 스트레스(즉, 동성애를 혐오하거나 괴롭히는 사람을 대하는 십대 동성애자, 괴롭힘을 당하는 대학생), 최근 발생한 상실, 육체적 질병, 육체적 고립, 그리고 알코올의 사용 등이다. 프레첼은 또한 스트레스, 증상, 지지체계, 생활습관, 소중한 사람과의 교제, 의료지원 상태 등도 점검해 볼 것을 권한다. 미국에서 발생하는 자살의 70%는 백인 남성이 차지하며 백인 노인의 자살률은 최소 젊은이들의 두 배다. "일반적으로 백인 남성들은 다른 어떤 그룹보다도 사회경제적으로 높은 지위에 있기 때문에 그들이 노년에 겪는 사회적 지위의 몰락에서 오는 고통은 그 어느 것보다도 더 큰 것처럼 보인다(Hoff, 1989: 177)." 백인 젊은이들보다 젊은 미 원주민이나 도시 흑인들의 자살률이 높은 것은 빈곤 또는 인종차별과 자살 사이의 연관성을 암시한다. 여성을 대상으로 한 연구결과를 보면(Hoff, 1989: 177), 친밀한 관계에서 갈등과 학대가 자살 충동, 자살과 관계가 있는 것으로 나타났다.

위기상담 중 자살 또는 살인의 위험성을 평가할 때, 위기에 처한 사람이 자살 충동을 느끼는지 또는 자신을 화나게 한 누군가를 죽이고 싶은 생각을 갖고 있는지에 대해 신중하게 물어볼 수 있다. 이러한 질문은 돌봄 수혜자에게 그런 의도를 심어 주지 않을 것이다. 오히려 이런 질문은 보통 돌봄 수혜자에게 안도감을 가져다주어 자살 또는 살인하고픈 생각을 돌봄 사역자에게 털어놓을 수 있도록 마음문을 열어 준다. 만약 돌봄 수혜자가 그런 생각을 털어놓는다면 즉시 다음과 같은 추가 질문을 하는 것이 중요하다.

- 자살 충동이나 타인에게 해를 가하고 싶은 생각을 얼마나 자주 하며 또 언제 하는가?
- 가족이나 친구 중 자살을 시도하거나 자살한 사례가 있는가?
- 과거에 자살을 시도한 적이 있는가?
- 자살할 방법에 대해 생각해 본 적이 있는가?
- 그런 계획이나 계획을 실행할 방법을 가지고 있는가?[7]

7) "보다 구체적이고 치명적이고 이용 가능한 방법일수록 더욱 위험해질 것이다. 미국

돌봄 수혜자가 과거에 자살을 시도한 적이 없으며 그런 계획이나 계획을 실행할 방법도 없지만 자살을 하고 싶다는 생각을 자주 한다고 밝히면 돌봄 사역자는 그를 전문 상담가에게 맡겨야 한다. 만약 돌봄 수혜자가 평가를 위한 모든 질문에 양성반응을 보인다면 돌봄 사역자는 지체하지 말고 평가를 위해 돌봄 수혜자를 응급실로 데리고 가야 한다.

약물 남용, 중독, 강박적인 대처방법

돌봄 수혜자의 위기를 평가하기 위해 사용되는 세 번째 틀은 그들이 어떻게 스트레스에 대처하는가다. 과로, 과식, 지나친 운동, 식욕억제, 약물 남용과 중독, 지나친 쇼핑, 강박관념에 사로잡힌 도박, 자해, 지나친 자위행위, 인터넷 포르노에 빠지는 등과 같은 강박적인 성적 행동 등은 위험한 대처방법이다. 강박적인 행동양식 중 몇 가지는 건전한 일상생활의 측면(일하고, 먹고, 운동하고, 성적 즐거움을 느끼는 것)을 명백하게 왜곡한다. 이것이 강박적으로 행해질 경우 위험해진다. 즉, 활동에 참여하는 것이 올바른 동기 부여 때문이 아니라 저항할 수 없는 강박감 때문에 행동하게 되는 경우다. 약물 남용은 약물의존성의 형성이 유전적 성향에 영향을 받는다는 점에서 다른 형태의 강박적인 행동과 구별될 수 있다. 이러한 이유로 나는 약

에서 가장 많이 쓰이는 자살방법은 약물 사용이고 두 번째는 총으로 자살하는 것이다(Pretzell, in Hunter, 1990: 1235)."

물의존성을 지칭하기 위해 강박적인 행동이라는 용어 대신 중독이라는 용어를 사용한다. 그리고 돌봄 사역자가 어떻게 강박적인 대처방법을 평가할지를 설명한 후에 중독에 대한 평가를 논하려고 한다.

목회적 돌봄 사역자는 한 개인의 강박적인 대처방법의 정도를 알아내는 데 몇 가지 이유로 어려움을 겪을 수 있다. 첫째, 이러한 행동들은 일반적으로 은밀히 이루어진다. 특히 그들이 수치심을 느낄 때 더욱 은밀해진다. 둘째, 강박적인 행동을 정상으로 여기는 문화적 태도는 평가를 방해한다. 예를 들면, 대학생들 사이에서는 폭음이 사회적 활동과 흥미를 위해 허용될 수 있다고 본다. 특히 대학 내의 남학생 사교클럽이나 여학생 사교클럽에서 더욱 허용되며, 한 연구에 따르면 남학생 사교클럽 회원의 86%와 여학생 사교클럽의 80%가 폭음을 하는 것으로 나타났다(Erenberg & Hacker, 1997). 폭음하는 대학생들은 자신이 적당하게 혹은 가볍게 마신다고 말한다.[8] 미국 문화에 널리 퍼져 있는 강박적인 행동의 또 다른 형태는 과식과 생필품의 과도한 사재기다. 지나친 쇼핑이 스트레스에 대한 강박적인 수단으로 이용됐음에도 불구하고 이를 사회적으로 용납하며, 심지어 부추기기 때문에 더욱 인식하기 어려워질 수 있다.

교인의 위기나 생활주기 변화에 대하여 목회적 돌봄 상담을 시작할 때 돌봄 사역자는 그가 어떤 방법으로 대처하고 있는지 물어볼 수 있다. 가족 구성원의 스트레스 대처방법으로 인해 위기가 왔을 경우 가족 구성원들은 목회적 돌봄 사역자에게 도움을 구할 수 있

---

8) 라이올(Lyall, 1995)는 국가 차원의 조사에서 폭음하는 사람 중 여성의 91%와 남성의 78%가 자신이 적당하게 혹은 가볍게 마신다고 말하는 것을 발견했다.

다. 목회자가 중독에 대한 주제로 설교를 하며, 회복을 위해 노력하는 교인들을 위해 중보기도를 할 경우 가족 구성원들은 목회자에게 더욱 쉽게 도움을 구할 수 있다. 예를 들어, 사춘기 때 오는 스트레스에 대처하기 위한 수단으로 식욕을 억제하는 십대는 불가피하게 가족들을 끌어들이게 된다. 자신이 스스로 도움을 찾으려 하지 않더라도 부모가 중·고등부 목회자를 찾아갈 수 있다. 특히 알코올 남용, 약물 남용, 식욕 억제, 폭음, 자학 등과 같은 강박적인 대처방법에 대한 상담을 포함한 청소년 프로그램에 대해 알고 있을 경우 더욱 중·고등부 목회자를 찾게 될 것이다.

　돌봄 수혜자가 강박적인 행동을 부인하는 것이 흔하게 일어남을 고려해 볼 때 목회자는 과로, 과식, 과음, 약물 남용에 대해 구체적으로 물어볼 필요가 있다. 과로에 대한 세부적인 질문은 다음과 같다. 보통 얼마나 늦게까지 사무실에 머무르는가? 회사 일을 집으로 가져가는가? 주로 저녁에 일하는가? 주말에도 일하는가? 주중에 고의적으로 일하지 않는 시간이 있는가? 그러한 시간은 어느 때인가? 휴일에는 무엇을 하는가? 그리고 식사습관에 대한 세부적인 질문은 다음과 같다. 하루에 과식을 하게 되는 특별한 시간이 있는가? 평상시에 무엇을 먹는가? 얼마나 먹는가? 구토 또는 설사약 복용 등을 통해 섭취한 음식물을 제거하려고 하는가? 하루에 무엇을 먹을 것인지에 대하여 생각하는 시간이 있는가? 그러한 생각을 얼마나 자주 하는가? 식욕 억제의 경우 과식하지 않으려 하거나 칼로리를 한정하려 할 때 어떤 방법을 선택하는가?

　이러한 질문을 비교해 보면 식습관에 대하여 질문하는 것이 훨씬 더 어려움을 알 수 있을 것이다. 과로는 문화적으로 받아들일 수 있는 대처방법이다. 반면 과식은 아니다. 돌봄 사역자가 이런 질문을 할 때는 반드시 도덕적으로 비판하지 말고 연민의 자세로 대해야 한다. 강박적인 행동은 도덕적으로 잘못된 행동이 아니라 정신적 굶주림과 갈망을 채우기 위한 시도일 뿐이다. 목회적 돌봄 사역자는 돌봄 수혜자가 자신의 정신적 갈망을 알도록 도와줄 수 있다.

강박적인 대처방법은 표면적 · 비현실적 방법으로 기분을 좋아지게 하는 즉각적인 효과를 보일 수 있다. 술의 첫 잔 또는 과식의 첫 젓가락으로도 행복감에 도취될 수 있다. 첫 번째 복권을 사거나 첫 번째 게임에 돈을 거는 강박적 도박꾼은 이번에야말로 거액의 상금에 당첨될 것이라는 확신을 가질 것이다. 스트레스에 대처하기 위해 항상 음주, 약물, 강박적인 행동 등을 하는 사람은 심리적 · 정신적으로 내면 깊숙이 들어가 그 원인을 확인할 수 있을 만큼 충분히 오랜 시간 동안 스트레스를 참아낼 수 없다. 넬슨(Nelson, 2004)은 스트레스의 가장 극심한 원인일 수 있는 존재에 대한 두려움과 불안을 설명하기 위해 '끝없는 목마름(the thirst behind the thirst)'이라는 강한 은유를 사용한다. 즉, 과음에 대한 충동을 억제하지 못할수록 그 충동을 자극하는 존재에 대한 불안감은 더욱더 깊어진다. 넬슨은 바로 그가 알코올 중독에서 회복된 후에 자신의 유한성에 대한 두려움 때문에 매우 많은 집필과 강연을 수락하고자 하는 욕구를 깨달았다. "그러한 요청에 'Yes'라고 말하는 것은 생명, 실현, 새로운 경험, 관계, 기회를 의미하는 것같이 보였다. 그리고 'No'는 포기, 기권, 기회를 놓치는 것을 의미했다. 간단히 말해 'No'는 유한성을 의미했다. 즉, 두려운 경계선, 제한된 공간과 시간, 죽음 그 자체인 마지막 한계 등을 의미했다(Nelson, 2004: 114)."

인간의 생활에서 음식, 술, 일 또는 성이 신과 같은 역할을 한다는 점에서 강박적인 대처방법은 우상숭배의 한 형태로 묘사될 수 있다 (Morgan & Jordan, 1999; Martignetti, 2000). 토마스 울프(Thomas Wolfe)는 "병 안에 들어 있는 신을 사서 그 신을 마셔 버리고 그 자신이 신이 될 수 있었을 때 왜 인간은 영원히 술 취해 있지 않았을까?"라고 말했다(Nelson, 2004: 27에 인용됨). 그 우상은 사람의 생명을 빼앗아간다. 한 개인의 우상에 대한 가장 옳지 않은 충성은 술, 일, 음식, 물건, 섹스 등을 강박적으로 생각하는 형태로 나타난다. 하나님과의 약속은 강박적인 행동의 대상과의 약속으로 바뀐다.

강박적인 행동에 빠져 있는 사람에게는 마치 그러한 대처방법이 때때로 불안감을 극복시켜 주기 때문에 하나님과 약속을 지키는 것처럼 느껴질 수 있다. 강박적인 행동에 대한 이론적 근거는 다음을 포함한다.

- 인터넷 음란물을 통해 성적 긴장을 해소함으로써 그 외의 생활에서 정신적 흐트러짐 없이 집중할 수 있다.
- 쇼핑을 통해 더 많은 자신감을 갖는다.
- 더 많은 책임을 짐으로써 더욱 효율적으로 일하게 만들고 새로운 방향으로 뻗어 나가게 한다.

목회자는 그들이 다음번에도 강박적인 행동에 못 견디게 하고 싶을 때 종교적 또는 영적인 방법으로 스트레스에 대처할 것을 부드럽게 권함으로써 이러한 근거 중의 하나를 논박할 수 있다. 예를 들어, 산책, 정신적·종교적 이미지에 집중하는 이완 훈련, 따뜻한 욕조에서 휴식 취하기, 정원에 앉아 있기, 가계부 작성, 악기 연주, 그림 그리기, 또는 애완동물과 함께 시간 보내기 등이 있다. 돌봄 사역자는 기도와 함께 이러한 활동을 시작함으로써 신성한 하나님과 민감하게 연결하기 위하여 의도적으로 그 활동을 활용할 수 있다.

돌봄 수혜자에게 어떻게 스트레스에 대처하는지 물어봄으로써 종교와 영성을 사용하는지와 어떤 방식으로 사용하는지에 대한 화제로 이끌어 갈 수 있다. 두 가지 종교적인 대처방법을 살펴보는 것은 중요하다. 즉, 스트레스를 겪을 때 하나님과 어떤 방법으로 소통하는지와 어떤 종류의 종교적 활동을 통해 대처하는지다. 파가먼트와 동료들(Pargament et al., 1997)은 경험에 입각하여 종교적인 대처방법의 관점을 조사했다. 그 결과 일관성 있게 발견된 세 가지 형태가 있다. 첫째, 돌봄 수혜자가 자신과 하나님의 관계를 능동적인 동반자관계로 여기는 협력적인 대처방법이었다.[9] 이는 스트레스와 연관된 심리적·정신적 성장과 같은 긍정적인 심리적·정신적 결과와 관련이 있었다. 둘째, 책임전가형으로 이는 하나님을 기다리고 의존하는 것으로 구성된다.[10] 협력적인 대처방법과 비교하면 "책임전가형은 낮은 개인적 통제의식, 낮은 자기존중, 비계획적인 문제해결

---

9) 다음은 협력적인 종교적 대처방법에 대한 것이다. "문제의 해결방법을 결정하는 것에 대해 하나님과 나는 파트너처럼 함께 문제를 해결한다. 어려운 상황에 처했을 때 하나님과 나는 함께 가능한 해결책을 생각해 낸다. 문제를 해결한 후에 나는 그것을 이해하기 위해 하나님과 함께 일한다(Pargament, 1997: 181)."

10) 다음은 책임전가형 대처방법에 대한 것이다. "나 스스로 문제에 대한 올바른 해결책을 찾으려 하기보다는 이 문제를 어떻게 해결해야 할지 하나님께 맡긴다. 나는 내가 가지고 있는 문제에 대해 많이 생각하지 않는다. 하나님이 나를 대신해 그 문제를 이해하고 계신다(Pargament, 1997: 181)."

기술, 사람들 사이의 차이에 대한 편협한 마음 등과 같은 매우 부족한 능력을 나타내는 수많은 지표와 결부되어 있다(Pargament, 1997: 182)." 그러나 제어할 수 없는 일에 대해 스트레스를 받을 경우 책임전가형은 긍정적인 건강 결과와 관련이 있다. 셋째, 하나님보다는 자기 자신에게 의지하는 자기주도형이다.[11] 자기주도형은 심리적·정신적 결과의 긍정적·부정적 양 측면 모두와 관련이 있다.

　이러한 세 가지 형태의 종교적 대처방법 외에도 파가멘트와 동료들은 어떤 종교적 대처활동이 긍정적이고 부정적인 결과와 관련이 있는지를 실험을 통해 연구했다. 영적인 도움을 구하는 것, 하나님을 자애로운 분으로 묘사하는 방식으로 위기를 재구성하는 것, 신앙 공동체로부터 도움을 얻는 것은 모두 긍정적인 결과와 관련이 있다. 신앙공동체와 하나님에 대해 불만을 나타내고 하나님을 부정적인 분으로 묘사하는 방식으로 위기를 재구성하는 것(예를 들어, 진노의 하나님)은 부정적인 결과와 관련이 있다. 이러한 연구 결과는 돌봄 수혜자가 ① 자기주도적, 책임전가적 협력적인 방법에 의하여 하나님과 어떤 관계를 맺고 있는지, ② 교회와 어떤 관계를 맺고 있는지, ③ 자애로운 하나님과 진노의 하나님과 관련해서 위기를 어떻게 구성하고 있는지 등은 서로 차이가 있으며 평가될 필요가 있다는 것을 보여 준다. 단순히 스트레스에 대처하기 위해 종교를 이용하는 것은 긍정적 결과를 보장하지 않을 것이다. 즉, 중요한 것은 자신의 종교

11) 다음은 자기주도형 대처방법에 대한 것이다. "나는 힘든 시기를 보낸 후 하나님께 의존하지 않고 스스로 이해하려고 한다. 나는 문제에 부딪혔을 때 하나님의 도움을 구하지 않고 나의 감정을 처리한다(Pargament, 1997: 181)."

를 '어떻게(why)' 이용하는지에 달려 있다.

스트레스 대처방법에서 종교의 역할을 고찰하였다면, 다음으로 돌봄 사역자는 돌봄 수혜자의 동기부여 수준을 평가할 수 있다. 동기부여는 강박적인 대처방법에서 벗어나게 해 주는 중요한 열쇠다. 스트레스 대처방법으로 강박적인 행동에 의존하지 않는 돌봄 수혜자는 많은 영적인 대처방법을 시도하여 그 결과를 돌봄 사역자에게 보고할 수 있을 것이다. 만약 서너 차례 상담을 한 후에 돌봄 수혜자에게 목회자가 제공할 수 있는 지지적 돌봄 이상의 것이 필요함이 명백해질 경우 위탁은 필수적이다. 목회자는 과식과 과도한 음란물 사용과 같은 강박적인 행동에 대한 12단계 프로그램과 체중감소 모임과 같은 체중관리 프로그램에 대한 정보를 반드시 입수하고 있어야 한다. 그들은 또한 목회상담가에게 위탁할 수 있다. 위탁 후에도 체중관리 프로그램이나 12단계 프로그램에서 다뤄지지 않을 수 있는 돌봄의 측면이 있기 때문에 목회자는 스트레스를 대처하기 위해 중요한 영적·종교적 방법을 찾아서 돌봄 수혜자를 지속적으로 도울 수 있다.

많은 돌봄 수혜자들은 최악의 사태에 빠져 위기에 처하기 전까지 변화를 위한 동기부여를 충분히 받지 못할 것이다. 강박적으로 과식하는 사람들의 경우 위기는 심장마비, 당뇨병 등과 같은 건강에 관련된 것일 수 있다. 일중독에 빠진 사람은 결혼생활의 붕괴나 자녀 중 하나가 말썽을 피우고 있는 것을 깨달을 수 있다. 강박적으로 인터넷 음란물에 빠진 사람은 가정이나 직장에서 음란물을 보거나 다운받는 것을 들킬 수 있다. 강박적으로 쇼핑과 물건 사재기에 빠진 사람은 심각한 경제적 어려움에 처한 것을 알게 될 수 있다. 도박에 빠진 사람은 빚더미에 앉아 있는 자신을 보게 될 수 있다. 이러한 위기는 음식, 일, 음란물, 물건, 도박 등의 우상을 숭배하는 약속을 깨고 '끝없는 목마름(the thirst behind the thirst)'을 해소하기 위해 하나님과의 약속으로 돌아오게 되는 기회가 된다. 목회자는 최악의 상황에 처한 돌봄 수혜자와 함께 영적·신학적으로 고찰해 볼 수 있는 독특한 위치에 있다. 영적·종교적 대처방법을 평가하고 강박적인 행동의 정신적 근원을 확인하는 전문적 지식을 가지고 다른 건강관리 전문가들이 포함된 돌봄 팀의 일원이 될 수 있다.

알코올 중독과 약물 중독은 다른 강박적인 행동과 세 가지 측면에서 차이가 있다. 첫째, 물질의 긍정적 효과를 더 강하게 경험하게 하며 때때로 폭음 후에 나타나는 부정적·신체적 후유증을 완화시키는 유전적 성향이 있다. 둘째, 중독성 물질은 화학적으로 뇌를 바꾼다. 셋째, 내성으로 인해 전과 동일한 긍정적 효과를 얻기 위해서 더 많은 약물을 복용하려는 생리적 욕구가 생긴다.[12] 이러한 요인으로 인해 알코올과 약물 남용 및 중독을 치료하는 것은 강박적인 행동보다 더 어렵다. 목회자는 단독으로 돌봄 사역자가 될 만한 전문적 지식과 자원을 가지고 있지 않다. 그러나 그들은 전문가의 도움이 필요하다는 것을 결정할 수 있는 평가 정도는 충분히 할 수 있다. 그들은 흔히 다른 돌봄 사역자와 다르게 중독 증상을 알아내는 데 일인

---

12) "알코올 중독자인 우리는 알코올 섭취가 즐거움을 준다는 것을 알고 있다(어느 정도의 즐거움은 유전에 의해 결정된다). 하지만 이러한 즐거움은 오래가지 못하며 불안감이 뒤따른다(이것의 정도 또한 유전과 관련 있다). 불행한 감정의 이름은 갈망이며, 첫째로 갈망을 만들어 내는 약물처럼 갈망을 버리기 위한 효과적인 방법은 없다(Nelson, 2004: 26)."

자가 될 것이다.

알코올 중독의 증상에는 어떤 것이 있을까?

- 호흡에서 술 냄새가 나는 것으로, 특히 하루 중 일반적으로 술
  을 마시지 않는 낮시간에 술 냄새가 날 때
- 사교모임에서 지나치게 음주하거나 술 취한 행동을 할 때
- 교회행사에 이유 없이 불참하거나 교회 직분을 수행하는 데 어
  려움이 있을 때
- 술 취한 상태에서 다칠 수 있는 상처가 있을 때
- 음주를 줄이려는 노력
- 손떨림 증상 심화, 땀 흘림, 구토, 신체적 흥분상태, 환각증상
  등과 같은 약물 사용 중지 후유증이 있을 때

약물 의존은 구별하기가 더욱 어렵다. 즉, 목회자가 알아내지 못
할 수도 있다는 것이다.[13] 알코올을 남용하거나 중독된 사람은 자신
의 음주량을 최소화하거나 부정할 수 있다. 『The Harvard Mental
Health Letter』에는 다음과 같이 적혀 있다.

음주를 하는 사람은 두 개의 그룹, 즉 건강한 사람과 장애가 있
는 사람으로 똑같이 나누어지지 않는다. 폭음 또는 무절제한 음주
형태는 복잡하며 개인에 따라 다양하게 나타난다. 즉, 음주문제 또

---

13) 십대 청소년의 약물 사용을 탐지하는 것에 대하여 부모를 위한 정보는 다음의 홈
페이지에서 찾아볼 수 있다(http://health.org).

는 그런 문제를 가지고 있는 사람인지 정확히 구별하기가 쉽지 않다는 것이다. 그리고 그 문제가 진단이나 치료가 필요하다고 단언할 만큼 심각한 시기인지를 판단하기 어렵다.

(Harvard Mental Health Letter, May 2000, 1)

알코올 의존형의 많은 사람들은 장기간 동안 금주를 할 수도 있다. 그것 또한 평가를 어렵게 할 수 있다.

가장 중요한 평가요소는 개인의 생활 속에서 알코올이 수행하는 역할에 대해 자세히 물어보는 것이다. 이러한 질문은 돌봄 수혜자가 어떻게 스트레스를 극복하는지에 대한 일반적인 질문을 함으로써 시작할 수 있다. 그리고 돌봄 사역자는 상담 당시 혹은 차후에 세밀한 질문을 함으로써 더 알아볼 수 있다. 알코올 이용에 대해 세밀하게 해야 할 질문은 다음과 같은 사항을 포함한다.

무엇을 마시는지? 언제 마시는지? 양은 어느 정도이며 얼마나 자주 마시는지? 평소보다 더 많이 마시는 경우가 얼마나 자주 있는지? 술을 마실 수 없는 경우 불안함을 느끼는지? 첫 잔을 마실 때 평소 습관보다도 더 급하게 마시는지? 때때로 음주에 대해 죄책감을 느끼는지? 사람들이 당신의 음주에 대해 이야기할 때 불쾌하게 느끼는지? 술 마신 날 밤의 일을 다음 날 아침에 기억하지 못하는 경우가 있는지? 술 마시면서 한 행동과 말에 대해 자주 후회하는지? 음주 시기, 음주 장소, 음주량 등에 대해 나름의 규칙을 만들고 깨는 일을 반복하고 있지 않은지?

(Harvard Mental Health Letter, May 2000, 1-2)

알코올에 대한 이러한 질문은 약물에 대한 질문으로 이어질 수 있다. 즉, 마리화나나 코카인과 같은 약물을 사용해 본 적이 있는지 속사포 쏘듯 연속으로 질문해서는 안 되고 상담의 일부로 해야 할 것이다. 다양한 질문은 돌봄 수혜자에게 알코올과 약물의 남용과 중독을 탐구하기 위한 다른 방법을 제공할 것이다.

강박적인 대처방법을 취하는 사람을 평가하는 것은 폭력 경험, 우울증, 불안, 정신분열 또는 조울증 성향 등 다른 심리적 취약성을 가지고 있을 때 훨씬 더 복잡해진다. 목회자는 정신질환을 진단할 지식을 가지고 있지 않다. 그들이 할 수 있는 것은 우선 중독자들에게 약물에 대한 치료를 권하는 것이다. 중독이 회복되기 전에는 정신질환 치료의 효과를 기대할 수 없기 때문이다. 음주와 폭력은 상호 연관성이 있다. 가해자는 폭력을 행한 이유를 술 또는 마약 탓으로 돌릴 수 있다. 하지만 실제로 알코올 또는 마약이 결과적으로 폭력을 유발시킨다는 것을 알면서도 약물을 과도하게 사용한다.

물질 남용 및 중독은 관계적 체계에서 극적인 영향력을 갖고 있다. 알코올 중독 환자가 있는 가정에서는 알코올이 그 외의 가족 구성원들에게 강항 영향력으로 작용하기 때문에 필연적으로 알코올 중독 가족이 되기 시작한다. 가족체계는 점점 중독과 남용에 적응하도록 바뀌어 간다. 아이들은 부모가 술 취해 있을 때 대처하는 법을 배우게 된다. 아내는 남편이 취해 있을 때 남편 상사에게 남편이 아프다고 이야기한다. 방해받지 않고 잠을 자서 술을 깨기 위하여 십대아이들은 방치된다. 한 가장이 알코올 남용 또는 중독 때문에 실직한 상태일 때 일가친척들은 돈을 빌려줄 수 있다. 정신과 전문의가 접근하지 않는 방법으로 목회자가 그 가정에 접근함으로써 중독의 폐해를 확인하고 침묵을 깰 수 있다. 목회자는 평가와 치료를 위해 전문가에게 위탁할 수 있고 가족 구성원들에게 12단계 프로그램에 대한 정보를 제공할 수 있다.

평가의 목적은 의학적 평가와 치료의 타당성 여부를 결정하기 위해 충분한 사전 정보를 확보하는 것이다. 목회자는 일차적인 돌봄 사역자가 되기 위한 전문성을 가지고 있지 않다. 그러나 그들은 환자를 위탁할 수 있고 알코올이나 약물 남용 및 중독된 사람에게 지지적인 역할을 해 줄 수 있다. 댄(Dann, 2002)에 따르면, 지지적 역할은 인내, 정직, 판단의 보류, 개인적 경계선 유지를 포함해야 한다. 중독에 빠진 사람들은 흔히 최악의 상황에 처하기 전까지 회복하려고 하지 않기 때문에 인내는 필수적이다. 중독자는 계속 알코올이나 약물을 사용하고 중독 증상을 숨기기 위해 거짓된 행동을 하기 때문에 정직함을 확립하는 것은 매우 중요하다. "정직함과 같이 겉보기에 단순해 보이는 것들은 중독의 숨김, 부인, 음모하고자 하는 마음에 타격을 준다. 그리고 그러한 중독의 숨김, 부인, 음모가 없다면 중독자의 기능장애는 지속될 수 없다(Dann, 2002: 46)." 비판을 억제하는 것은 중독을 도덕적 문제가 아니라 하나의 질환으로 이해하는 일부분이다. 개인적 경계선을 유지하는 것은 돌봄 사역자가 중독으로 인해 곤경에 처한 돌봄 수혜자를 구하고 싶은 마음이 강하게 들 때 필수적이다. 자신의 행동의 결과인 중독에 빠진 돌봄 수혜자를 보호하려는 것은 단지 그들의 중독을 지속시킬 뿐이다. "고통스러운 결과는 스스로 행위를 중단하거나 도움을 구하고자 하는 결정을 내릴 수 있는 근본적인 방법이다." 돌봄 사역자는 회복 중에 있는 환자가 24시간 내내 도움을 요청한다면 유용성의 한계를 정할 필요가 있다. 익명의 알코올 중독자 모임(A.A.: Alcoholics Anonymous)이나 마약 중독자 모임(N.A.: Narcotics Anonymous)의 경험자로부터 도움을 받을 수 있다. 목회적 돌봄 사역자는 중독 상담가와 알코올 중독자 모임과 같은 단체와 긴밀한 관계를 유지하면서 팀 접근방법을 반드시 사용해야 한다. 특히 회복 초기 단계에서는 집단과 경험자의 도움의 필요성과 무력함을 강조하는 접근방법을 반드시 이용해야 한다.

연습 5

상실, 폭력, 대처방법 평가하기

돌봄 수혜자의 위기의 일부인 상실, 폭력, 강박적인 대처방법의 정도를 평가하기 위해 다음의 지침을 이용할 수 있다.

1. 상실이 문제의 일부인지를 평가하라.

a. 다음의 질문에 초점을 맞추라.

 -돌봄 수혜자가 슬픔의 격정적 단계 또는 장기적 단계에 있는가?

 -돌봄 수혜자가 ① 분노, 불신, 죄책감, 슬픔과 같은 다양하고 강한 반응을 겪고 있는가? ② 식사와 수면에 어려움을 겪고 있는가?

 -자신의 삶을 재구성하기 위한 장기적 단계에 있는가?

b. 돌봄 수혜자의 위기의 특징을 이루는 상실을 기술하라. 위기가 생활 주기에 나타나는 하나의 변화인지, 다발성 변화인지를 고찰하라. 예를 들어, 최근에 이혼하고 자녀가 딸린 두 번째 부인과 재혼한 사람은 세 가지 생활주기의 변화를 겪고 있다. 즉, 이혼, 재혼, 재혼가족을 꾸리는 것이다. 다음의 표를 사용하여 여섯 가지 범주에 속한 상실을 확인하라. 예를 들어, 이혼한 사람은 가정을 잃었기 때문에 물질적 상실 난에 '가정 상실'을 적어라. 다리가 부러진 사람은 기능 상실 난에 '일시적 이동성 상실'이라고 적어라.

〈표 5-2〉 상실의 유형과 삶의 주기상의 평가

상실의 종류	삶의 주기상의 동시다발적 변화를 각 칸에 하나씩 적는다.		
물질적 상실			
관계적 상실			
심리내적 상실			
기능적 상실			
역할 상실			
조직적 상실			

2. 다음의 질문에 초점을 맞춤으로써 폭력이 문제의 일부인지를 평가하라.

 －폭력이 돌봄 수혜자의 위기나 이야기의 일부인가? 신체적 폭력, 심리적 폭력, 성폭력, 방치 중 어떤 형태의 폭력이 발생했는가? 근원가족, 확대가족, 공동체, 문화적 체계를 고찰하기 위해 현재 당면한 위기 이상의 것을 살펴보라. 그리고 이러한 모든 관계 속에서 발생가능한 폭력의 유형을 조사하라.

 －돌봄 수혜자의 심리적 외상 사건의 재경험과 정서적 분리, 무감각인 상태가 계속 번갈아 오가면서 심리적 외상 후 스트레스를 어느정도 겪고 있는가? 이러한 폭력에 대한 반응이 돌봄 수혜자의 삶을 얼마나 혼란시키며 방해하고 있는가? 돌봄 수혜자는 심리적 외상 후 스트레스나 외상 후 장애를 겪어 온 기간이 얼마나 되는가?

3. 돌봄 수혜자의 대처방법을 평가하라.

a. 돌봄 수혜자가 고난에 어떻게 대처하는지를 살펴봄으로써 돌봄 수혜자의 대처방법을 열거해 보라. 다음 증상 중 어떠한 증상이 나타나는지 알아보라.

  -슬픔과 관계되는 감정을 피하고 억누른다.

  -오로지 폭력으로 인한 상실을 슬퍼하는 것과 관련된 분노만을 나타낸다.

  -중독성 있는 물질을 사용한다(니코틴, 알코올, 약물 등).

  -무감각하게 하고 시간의 흐름을 견디기 위해 강박적인 행동을 한다(과식, 과로, 결식증, 도박, 강박적인 쇼핑, 포르노 사용 등).

  -슬픔의 처리에 대해서, 특히 도움을 주려는 사람과 관계를 갖지 않으려 하는 면에서 어느 누구도 믿지 않고 오로지 자신만 믿는다.

b. 그러한 대처방법이 돌봄 수혜자가 다음의 사항들을 할 수 있도록 도와주는 정도를 적어 보라.

  -심각한 상실과 스트레스의 직접적인 고통을 다룬다.

  -강한 슬픔과 스트레스의 반응을 견딘다.

  -그것들을 공감적이며 힘을 실어 주는 관계에 있는 사람들과 하나님, 그리고 자신과 더욱 깊이 연결한다.

  -그것들을 그러한 의미 있는 관계로부터 분리한다.

  -자율권을 주는 방식으로 자기주체감을 촉진시킨다. 또는 감상적이

고 표면적인 감정을 표현(예를 들어, 강박적인 운동과 쇼핑과 같은) 하도록 함으로써 일시적인 자기주체감을 촉진시킨다.

c. 스트레스에 대처하기 위해 종교적·영적 전통을 어느 정도로 이용하는가? b항의 일련의 질문에 대답함으로써 종교와 영성의 사용을 심리적으로 평가하라(7장 '신학적 고찰' 편에서 이러한 극복을 신학적으로 평가하는 방법을 설명한다). 돌봄 수혜자의 종교적·영적 정체성에 대한 분명한 언급을 살펴보는 것 외에도 그들이 종교적 상징을 이용할 수 있는 환경을 살펴보라. 그들은 장례식장에서, 묘지에서, 신앙공동체에서, 그리고 장소를 나타내거나 비극을 기념하는 성지와 기념비처럼 그들 주변에 있는 문화 속에서 종교적 상징을 이용할 수 있다. 돌봄 수혜자가 사용하는 대처방법은 이러한 상징과 습관을 이용하는 것처럼 보이는가?

4. 다음 질문을 고찰함으로써 자살의 위험을 평가하라.
   −돌봄 수혜자가 자살을 생각할 만큼 그 위기에 심각하게 압도당한 것처럼 보이는가?

6장

체계적 평가: 돌봄 수혜자의 문화, 공동체 그리고 가족

5장에서 상실, 폭력, 그리고 강박적 대처방법에 관한 돌봄 수혜자의 이야기를 조사했다. 이제 돌봄 수혜자의 가장 근접한 관계성, 곧 현재 가정, 원래 가정, 공동체, 그리고 미래의 가정을 평가하면서 목회적 관심의 다음 단계를 설명한다. 어떤 방법으로 이러한 관계적인 체계가 돌봄 수혜자의 상실에 대한 슬픔과 존재하는 폭행과 스트레스에 대처하는 것을 돕는가? 그중 어느 것이 돌봄 수혜자의 고통을 증가시키는가?

체계적인 평가는 세 가지 이유에서 필요하다. 첫째, 돌봄 수혜자는 격리되어 존재하지 않는다. 그의 삶은 꼼짝할 수 없도록 동반자와 가까운 친구, 가정, 그리고 살고 일하고 경배하는 것으로 얽혀 있다. 그의 심리학적·육체적 그리고 영적인 건강은 가족, 친구, 교회 그리고 문화에 관련된 체계에 의해서 양육받거나 위협당하고 있다.

둘째, 돌봄 수혜자가 그의 삶을 감각적으로 만들려고 꾸미는 이야기는 그의 가족, 교회 그리고 문화 속에서 말한 이야기에 의해서 만들어진다. 어떤 이야기는 그의 삶을 변화시킬 힘을 가진 것도 있고, 다른 이야기는 그에게 일어난 것에 대한 감각을 만들고 일으키려는 방법을 제한한다. 셋째, 사람들을 보호한다는 것은 가족과 공동체를 위한 돌봄과 함께 손에 손을 잡는 것이다. 인간의 삶에서 변화가 일어나기 위해서는 또한 그의 관련된 체계, 곧 파트너, 친구, 가족 그리고 동역자의 관계성 안에서 일어나는 것이 필요할 것이다.

나는 한 사례연구를 시작한 다음에, 그 사례연구와 관련하여 돌봄 수혜자의 전반적인 위기 안에서 문화적인 체계에 대한 역할을 논의한다. 나는 공동체의 역할로 옮긴 다음 파트너와 친구, 그리고 돌봄 수혜자의 과거와 현재 가족과의 관련성을 논한다. 내가 설명한 모든 체계(심리적 · 영적 · 가족적 그리고 문화적)가 서로서로 형태를 가지는 동안에, 그것은 특별히 각 체계의 수준에 대한 강점을 사용하고 취약성을 말하는 보호 계획에 대하여 부분적으로 각 체계를 평가하는 것을 돕는다.

🏛 사례연구

팻시 로드리게스(Patsy Rodrigues)는 뉴멕시코 산타페(Sante Fe) 안에 있는 성모 마리아 병원의 원목훈련생이다. 그녀는 산부인과 분만실에 20세의 마리아 산체스(Maria Sanchez)라는 어느 로마 천주교 환자를 방문하라는 요청을 받았다. 마리아는 제왕절개 수술로 조숙아를 낳았는데, 그 아이는 2시간 후에 죽었다. 그녀는 최근 멕시코에서 온 이민자다. 팻시는 로마 천주교인이 아니지만 스페인어가 유창하기 때문에 마리아를 만나라는 요청을 받았다. 그들의 대화는 네 명의 환자가 있는 한 병실에서 일어난다. 커튼이 마리아의 침대 둘레에 드리워 있었다. 팻시가 커튼을 열었을 때 마리아가 창문 밖을 응시하고 있는 것을 보았다. 그녀의 눈은 최근 눈물로 충혈되어 있었다.

팻　시(1): 안녕하세요, 산체스 씨. 저는 여기 병원 원목인 팻시입니다. 당신 아이의 죽음을 진심으로 애도합니다.

마리아(1): 너무나 예쁜 아이였어요. 너무 작고 너무 아름다웠어요. 그 아이를 그렇게 빨리 데려가다니……. 그 아이가 병이 들었다고 말했어요. 그 아이를 꼭 붙들 수 있었더라면 좋았을 텐데.

팻　시(2): 그들이 아이의 생명을 구할 수 없었던 것이 큰 충격이었겠어요.

마리아(2): 아이가 숨을 쉴 수 없었다고 말했어요. 그애가 숨을 쉬기 위해 너무 어렵게 애를 쓰고 있었을까요? 저는 전혀 도움을 줄 수 없었어요. (그녀는 울기 시작한다.)

팻　시(3): 정말 유감입니다. (그들은 조용히 앉았다.)

마리아(3): 저는 그저 열심히 일하고 있었는데, 그때 양수가 터졌고 진통이 시작됐어요.

팻　시(4): 당신이 너무 열심히 일하고 있었다는 것이 무슨 말이죠?

마리아(4): 저는 집을 청소합니다. 그런데 다른 사람에게 말하지 않겠지요? (그녀는 갑자기 두려워하는 모습을 보인다.) 그날 일하지 말았어야 했는데.

팻   시(5): 누구에게도 말하지 않겠습니다.

마리아(5): 저는 어느 아주머니 집을 청소해요. 그것이 제가 여기 온 후에 살아갈 수 있었던 유일한 수단이었어요.

팻   시(6): 하고 있던 육체적인 노동으로 인해 진통이 시작되었다고 걱정하시는 것처럼 들리네요.

마리아(6): 네, 제 등이 며칠 전부터 아프기 시작했어요. 그것이 하나의 경고였다고 생각합니다. 그러나 저는 계속 일을 했어요.

팻   시(7): 왜 의사를 찾아가지 않으셨나요?

마리아(7): 지불할 돈이 없었어요. 이 병원 진료비도 어떻게 내야 할지 모르겠어요. 제가 사는 아파트에 있는 아줌마들이 아이가 나오려고 시작할 때 저를 응급실로 데려왔어요.

팻   시(8): 도와줄 수 있는 사람들에게 말해 보겠습니다. (침묵이 흐른다.) 아이가 나오고 있었을 때 많이 두려웠겠어요. 그리고 의사가 제왕절개 수술을 해서 아이를 분만했고요.

마리아(8): 진통이 너무 심했어요. 제 곁에 함께 있던 친구도 내가 그 아이를 자연적으로 분만할 수 없었다는 것을 이해했어요. 그래서 수술을 했어요.

팻   시(9): 수술이 너무 힘들었을 텐데 친구가 거기에 있어서 참 다행이었네요. (그들은 대화를 잠시 중단했다.) 간호사 선생님이 그 아이를 볼 수 있다고 하네요. 제가 모시고 갈게요. (함께 조용히 앉을 수 있는 방으로 갔다.)

마리아(9): (울면서) 그래요? 정말 볼 수 있을까요? (팻시는 마리아를 휠체어에 앉도록 도와준 후에 보조 간호사를 찾으러 방을 나갔다. 잠시 후 팻시는 마리아를 조용하고 어두운 방으로 데리고 간다. 그곳은 마리아의 아기가 담요로 단단하게 싸인 채 요람 안에 있었다. 그녀는 아기를 들어 마리아의 팔에 놓았다. 마리아는 울면서 앞뒤로 흔들렸다.)

마리아(10): 오 하나님, 이 아이는 너무 아름다워요. 그런데 왜 이 아이가 죽었습니까?

팻 시(10): 참 예쁘네요. 이 아이도 하나님의 사랑스런 자녀 중 하나입니다.

마리아(11): 오, 불쌍한 아이야! 나는 내 동생 이름을 따라 '주앙(Juan)'이라고 부르고 싶었어요.

팻 시(11): 주앙, 참 예쁜 이름이네요.

마리아(12): 이 아이의 몸을 봐도 될까요?

팻 시(12): 물론이죠. 아이를 붙잡고 있으면 내가 담요를 벗길게요.

마리아(13): 발 좀 보세요! 너무 작아요! 작은 손도요. (마리아는 구부려서 아기의 손가락에 입을 맞춘다.)

팻 시(13): 그러네요.

마리아(14): 아이에게 세례를 주실 수 있나요? 아이가 천국에 있기를 원합니다.

팻 시(14): 저는 아이가 하나님과 함께 있다고 믿어요. 내가 세례를 베풀 수 있을지는 모르겠네요. 하지만 축복기도는 할 수 있어요. 그래도 괜찮겠어요?

마리아(15): 네.

팻 시(15): 여기. 아이의 머리에 손을 얹으세요. (팻시는 마리아의 손 위에 그녀의 손을 놓았다.) 사랑의 하나님, 우리는 주앙, 그의 생명에 대해 당신께 감사드립니다. 당신은 그의 생명의 모든 순간을 아시며, 그의 뼈를 만드시고, 그의 어머니의 배 안에서 그를 함께 만들었습니다. 그는 당신의 사랑스러운 아들이요, 우리는 당신이 그를 너무 많이 사랑하는 것을 압 니다. 우리는 더 이상 그의 몸을 보호할 수도 자라도록 도울 수도 없으며, 이제 그의 영혼이 당신의 사랑의 품에 안겨서 당신과 함께 있다는 것을 압니다. 그의 어머니가 보살폈을 것처럼 살피시고 그를 돌보아 주옵소서. 당신은 이제 그의 어머니요, 아버지이십니다. 우리는 그를 당신에게 맡깁니 다. 아멘.

마리아(16): 아멘. (울면서) 예. 하나님이 이제 그를 돌보시고 계세요. (그들은 10분 동안 말없이 함께 앉아 있다. 그때 마리아가 깊은 한숨을 쉰다. 그녀는 아기를 둘러쌓고 있는 담요를 감 싼다.)

마리아(17): 아이는 이제 갔어요. 하나님과 함께 있어요.

팻   시(17): 네.

마리아(18): 그를 장사 지낼 수 있을까요?

팻   시(18): 모르겠어요. 간호사 한 사람을 불러올까요? 그리고 당신이 그녀에게 물어보겠어요? (팻시는 간호부장에게 그들과 만 나기를 부탁한다. 그리고 그들은 장례 절차를 어떻게 할 것 인가에 대하여 마리아와 상의한다.)

🏃 돌봄 수혜자의 문화와 사회정체성 평가

돌봄 수혜자의 위기에 관한 문화적 체계의 영향을 평가하는 것은 돌봄 사역자가 돌봄 수혜자의 이야기와 정체성이 어떻게 문화에 의해 형성되었나를 검토하는 것인데, 이는 곧 문화의 지식, 신념, 도덕, 법 그리고 습관을 전하는 실제다. 돌봄 사역자는 특별히 돌봄 수혜자의 사회적인 자원에 접근하는 데 관심이 있으며, 돌봄 수혜자의 문화적인 상태가 재정적 · 전문적 · 조직적 또한 교육적인 모습으로 힘을 실어 주거나 혹은 외면하는지(Gergen, 2001)에 관심이 있다. 사례연구에서 팻시는 어떻게 마리아의 위기가 그녀의 멕시코인 로마 가톨릭 문화에 의해 형성되었는지를 생각한다. 팻시는 아이가 세례를 받아야 한다는 마리아의 갈망이, 세례 없이는 아이의 영혼이 천국에 가지 못할 것이라는 그녀의 로마 가톨릭 신앙을 반영한다는 것을 직관적으로 안다. 팻시는 목회적 방문을 할 다른 성직자가 아이에게 세례를 줄지 확실히 모른다. 그녀는 이 문제를 로마 가톨릭 원목과 상의한 후 마리아와 다시 세례에 관한 대화를 가질 필요가 있다. 팻시는 또한 마리아가 노동 허가도 없고 건강보험도 없는 이주민으로서, 사회적 형태가 어떻게 그녀의 위기를 악화시켰는지를 반영한다. 그녀가 놀랄 만한 돈을 지불해야 할 계산서가 나올 것이다. 그녀의 재정적인 상태에 관한 정보를 병원 접수처에 공개함으로써 그녀가 도움 대상 적임자가 되도록 도와줄 수 있다. 그러나 그녀는 자신에 대한 더 많은 정보를 공개하는 것에 대하여 두려움을 가질 수도 있다. 그녀의 고민은 그녀가 영어를 이해하는 데 어려움이 있어서 더욱 커질 것이다. 팻시는 마리아의 위기에 문화의 역할을, 그녀의 사회정체성의 영향에 대해서 생각해 봄으로써 더 깊게 성찰할 수 있다.

'사회정체성'은 자신의 모습이 남성, 여성, 성 전환자 등[1] 성 (gender)과 같은 사회적으로 결정된 범주 안에서 구분되었을 때 사회적인 환경 안에서 주어진 것이다. 이 정체성은 사회적으로 지정되었고, 그것이 사회적인 이익과 불이익을 가져올 수 있다. 예를 들면, 젊은 사람으로 구분된 사람이 한 사회적인 환경 안에서는 젊음으로 인해 이익을 얻고 다른 쪽에서는 손해를 입게 될 수 있다. 나이보다 젊게 보이는 성직자는 그녀의 청소년 그룹 회원들로부터는 더 쉽게 받아들여지고 더 나이 든 성도들에게는 경험이 부족한 것처럼 보이기에 의문을 받게 될지도 모른다. 이러한 예로 팻시의 몇 개의 모습 (그녀의 성, 젊은 모습, 작은 몸매, 그녀의 부드러운 대화 매너) 때문에 나이 드신 회원들은 그녀를 너무 경험 없는 것처럼 판단하도록 부추기는 상호작용이 있을지도 모른다.

---

1) 유럽계 미국 문화에서는 정체성을 전통적으로 "시간, 바뀌는 역할 요구 속에 견고한 개인성과 자신만의 가치관, 그리고 자신의 사회세계에 대한 꾸준한 공헌"으로 정의해 왔다(Okum et al., 1999: 137-38, 에릭 에릭슨의 연구를 참조하였다). "주체로서의 자기(알아보는 자)와 대상으로서의 자기(알아지고 있는 자기)" (Okum et al., 1999) 간의 구별을 할 수 있다. 심리학적으로 볼 때 정체성은 우리가 일부분을 차지하고 있는 다양한 역동적인 시스템에 의해 형성된다. 예를 들면, 자신의 심리적 시스템과 가족, 공동체, 그리고 문화적 시스템이 그것이다. 정체성 형성은 언어와 타인과의 다양한 관계 양식을 사용하는 대화적 과정(Taylor, 1992)이다. 테일러가 말하는 것처럼, "우리는 우리의 정체를 항상 우리에게 소중한 사람들이 우리 안에서 보고 싶어 하는 것들과의 대화를 통해서, 때로는 갈등을 통해서 정의한다 (Taylor, 1992; reprinted in Goldberg, 1994: 79)."

만화경(역자 주: 인상, 감정, 행동 따위의 변화무쌍한 모습)은 어떻게 자신의 여러 모습이 사회정체성 형성에 상호작용하는가를 설명하기에 좋은 은유다. 각색 유리조각은 하나의 사회정체성의 모습을 상징한다. 그리고 함께 그 부분들이 한 양상을 만든다. 만화경이 돌려질 때 (다른 환경 안에 있는 다른 사회적인 정체성의 구조처럼) 유리의 파편조각들은 다시 정리되고 하나의 새로운 양상을 만든다. 이와 비슷하게 한 개인의 문화적인 환경 안에서 사회적인 독자성의 다른 모습은 나타나지 않지만 환경에서 환경으로 이동하는 것처럼 재구성된다.

돌봄 수혜자의 사회적인 정체성을 이해하는 중요한 부분은 그녀의 정체성에 대한 것들이 긍정적으로 고려되었는지, 그리고 그녀에게 물질적·심리적 그리고 사회적인 요인에 접근하는 기회를 주는지를 결정하는 것을 포함한다. 외모나 말의 예절 때문에 고등교육을 받은 것처럼 식별되는 것은 많은 사회적인 환경 안에서 이익이 될 수 있을 것이다. 사례연구에서 만약에 마리아가 대학원을 다니느라 재정적인 자원이 없는 유럽계통 미국 여성이었다면 그녀는 병원의 관계자들에게 다른 대우를 받았을 수도 있다. 또한 그녀의 가족의 자원에 접근할 수 있었을 것이고, 도움을 구하기에 더 잘 갖추어져 있었을 것이다.

사회적인 특권을 경험한 돌봄 사역자는 돌봄 수혜자의 이야기 속에 사회정체성이나 억압이 어떤 역할을 하였는지 확인하기가 종종 힘들다. 자신의 사회적인 신분 때문에 재정적이고 전문적이고 정서적이고 사회적인 지원에 접근할 수 있는 돌봄 사역자는, 아마 이런 사회적인 특권을 인정하지 않을 수도 있고 무의식적으로 모든 사람이 비슷한 조건을 가지고 있다고 추정할 수도 있다. 평생 보장되는 사회적인 특권에 대한 비평적인 반영 없이 상·중류층의 백인 돌봄 사역자는 체계적인 인종차별주의 안에서 그들의 필연적인 참여를 인정하지 못할 것이다(Ramsay, 2002). 사례연구에서 팻시는 마리아의 도움을 위한 필요, 곧 병원비 지불, 성직자를 찾는 것, 장례 준비에 관한 것들 때문에 압박감을 느낄 수도 있다. 그녀는 아마 마리아가 그냥 사라지길 바라는 자신을 느낄 수도 있다. 병원을 떠나든지, 뉴멕시코로 떠나든지, 그리고 그녀가 왔던 곳으로 돌아가기를.

돌봄 사역자는 돌봄 수혜자의 신원을 부분적으로 생각하면서 먼저 성, 다음에 인종, 그다음에 사회계층과 그 외의 것, 그리고 각 모습이 돌봄 수혜자가 현재 당면한 위기 안에서 사회적으로 유리한지 불리한지를 결정함으로써 돌봄 수혜자의 사회정체성에 접근할 수 있다. 예를 들어, 돌봄 수혜자의 성을 고려함에서 돌봄 사역자는 돌봄 수혜자가 그(그녀)의 성 때문에 유리한지 불리한지를 반영할 수 있다. 복잡한 사회정체성을 평가하기 위하여 돌봄 사역자는 돌봄 수혜자의 위기 안에 나타날 수 있는 모든 가능성 있는 모습, 곧 기혼, 미혼, 이혼자, 그리고 육체적으로 매력적이거나 매력이 없거나, 또는 날씬하거나 뚱뚱하거나 등을 고려해야 한다.

예를 들어, 노인층이며 허약한 중류층의 한 유럽계 미국 남성은 어쩌면 그 나이 시기에는 그의 성이 불리한 것으로 경험될 수 있다. 만약 그가 백인남성이며 중류층이어서 누린 사회적인 특권 때문에 어느 정도 삶의 지배권을 경험하였다면, 나이가 들면서 나타나는 그의 지배권 상실이 특별히 경험하기에 어려운 것을 발견할지도 모른다. 과거에는 그로 하여금 자신감을 가지고 자신의 통제권을 행사하게 도왔던 감정이, 이제는 인식할 수도 표현할 수도 없는 슬픔과 절망과 같은 느낌을 숨기고 자신의 분노에 압도됨을 느끼게 될 수도 있다. 실제 그의 사례에서 성과 나이, 그리고 사회적인 계급은 사회적인 불이익을 창출하는 데 서로 협력한다. 반면 항상 가난하고 지금은 약해진 나이 든 아프리카계 미국여성과 대조해 보라. 그녀의 사회적인 신분은 고통을 가져다주는 원인이 되었을 것이며, 그것이 오히려 그녀의 종교적인 믿음과 신앙집단과의 관련성을 심화시켰을 것이다. 그녀의 고통을 처리할 능력은 영적인 행복감을 제공하는 자원이 될 것이다.

궁극적으로 돌봄 사역자가 돌봄 수혜자의 사회정체성을 평가하는 목적은 세 가지다.

- 돌봄 수혜자가 경험한 사회적인 억압에 대한 이해를 가진다.
- 돌봄 사역자가 돌봄 계획을 세울 때 돌봄 수혜자에게 필요한 도움이 무엇인지를 예상한다(8장 참조).
- 완전한 치료와 회복이 있기 전 변화되어야 할 사회적인 체계를 확인한다.

사례연구에서 마리아의 사회적인 정체성에 대해 반영하는 것이 팻시의 마리아의 사회적인 억압에 대한 이해, 곧 영어를 잘 못하고 건강보험이나 노동비자도 없이 이주한 젊은 여성에 대한 이해를 깊게 한다. 그녀는 마리아에게 다른 종류의 도움도 필요할 것이라고 예상할 수 있다. 영적 · 심리적 · 의학적 · 재정적 그리고 법률적인 도움, 궁극적으로 마리아의 복지는 그녀가 과연 모든 사람에게 적용되는 의료보호와 법적인 보복의 두려움 없이 생활이 가능한 사회체계에 의해 돌봄받을 것인가에 달려 있다.

🏶 지역 공동체와 기관 조직 평가

돌봄 수혜자는 다양한 공동체 또는 기관조직의 부분이다. 곧 신앙의 종교적인 집단, 교육적인 조직, 일하는 장소, 전문적인 기관들, 요양 기관은 돌봄 수혜자에게 후원을 제공할 수도 있고 삶을 어렵게 만들 수도 있다. 돌봄 사역자는 이러한 공동체 조직과 기관의 역할을 다음과 같은 질문으로 평가할 수 있다. 이러한 공동체 조직이나 기관의 일원이 된 것이 돌봄 수혜자가 심하거나, 오랜 기간의 슬픔과 상실을 애도하거나, 폭력으로부터 안전과 회복을 추구하거나, 강박적인 행동을 버리고 건강한 방법으로 대처하는 것을 찾고자 할 때 과연 그를 돕는가 아니면 해치는가?

돌봄 사역자는 먼저 공동체나 기관의 파괴적이거나 악의적인 영향을 확인해야 한다. 무지, 편견 그리고 험담은 공동체 조직이나 기관 안에서 돌봄 수혜자의 고통을 악화시킬 수 있다. 그러한 문제를 확인한 후 목회자와 돌봄 수혜자는 어떤 행동을 취해야 할지 계획을 세울 수 있다. 가르치거나 아니면 상대 편과 맞서게 될 수도 있다. 돌봄 사역자가 이러한 방법으로 반응하는 신앙공동체의 성직자일 때, 그는 예언적으로 말할 수 있고 그들의 이웃들에게 그들 자신처럼 멤버를 사랑하라고 도전할 수 있다. 성직자는 그들의 지역공동체 안에서 또한 행동을 취할 수 있다. 예를 들면, 한 학생이 따돌림을 당했다거나 시달림을 당했을 때 학교 행정가들과 함께 일할 수 있다. 돌봄 수혜자의 인종이나 성 정체성 때문에 증오범죄 대상 위험이 있는 상황인 경우 돌봄 사역자는 그러한 위험을 진단하고 안전을 위한 계획을 세워야 한다.

만약 돌봄 수혜자의 고통을 악화시키는 공동체나 기관을 떠나거나 바꿀 수 없다면, 그때 돌봄 사역자와 돌봄 수혜자는 돌봄 수혜자를 심리적·영적으로 보호하기 위해 가능한 것은 무엇이든 시도할 수 있다. 예를 들어, 만약 직장이 문제라면 돌봄 수혜자는 다양한 전략을 세울 수 있다. 그녀가 일터에서 다른 사람과 심리적인 거리감을 얻는 데 도움을 주는 깊은 호흡과 점진적 근육이완 기술을 사용할 수 있다. 그녀는 직업환경에서 벗어나 휴식을 취할 수 있다. 그리고 직업환경 안에 그녀로 하여금 생명의 감각을 가진 거룩한 존재로서 관련짓게 하는 사진이나 물건을 설치해 놓을 수 있다. 직장에서 집에 돌아올 때는 기도와 이완운동을 통하여 그날의 축적된 스트레스에 대처할 수 있다.

돌봄 수혜자가 소속된 기관 또는 공동체 조직 안에서 문제시된 역동성을 논한 후에, 돌봄 사역자는 건강한 그룹의 회원이 되는 것이 돌봄 수혜자의 건강을 향상시킬 수 있는지를 고려할 수 있다. 신앙공동체나 특별지원 그룹들은 판단적이지 않고 사랑의 돌봄을 제공할 수 있다. 그러한 지원은 굶주린 자에게 단순한 선을 베푸는 빵 같을 수 있다.

사례연구에 등장하는 원목훈련생인 팻시 로드리게스는 과연 어떻게 마리아의 위기에 대한 공동체나 기관조직의 역할을 평가할까? 그들의 대화를 생각해 볼 때, 팻시는 마리아와 함께 일하고 함께 사는 여인들 중 한 명이 그녀를 병원에 데려다 줬다는 것을 기억한다. 팻시는 마리아가 그 여인들로부터 얼마나 많은 정서적인 지원과 도움을 받고 있을지 궁금해한다. 그들이 마리아의 재정적인 문제를 도울 수는 없을 것이라는 것을 알고 있다. 그러나 그들이 이 나라에서 오랫동안 살아왔다면 공동체 자원에 대하여 알고 있을 것이다. 팻시는 또한 마리아가 신앙공동체의 멤버인지, 그녀의 공동체는 어떤지, 아니면 그녀에게 도움과 지원을 제공해 줄 수 있는 로마 가톨릭 교구가 있는지 궁금해한다. 이 질문은 마리아가 장례 준비를 하도록 도울 때 그녀가 추구할 수 있는 문제다.

🐾 원가족과 현재 가족 평가

돌봄 사역자는 가족체계 안에 있는 권력역동과 관계의 경계선을 살펴보면서 돌봄 수혜자의 가족이 도움인지 방해인지 평가할 수 있다(Doehring, 1995). "돌봄 수혜자의 위기 가운데 가족 구성원들은 서로 공감적으로 대할 수 있나요? 그들은 각 개인의 복잡성과 이해할 수 없는 부분도 존중해 주며 인격으로 대할 수 있나요? 그렇지 않으면 그들은 서로의 인간성으로부터 끊기고 서로의 왜곡된 형상으로 융화되었나요? 권력역동에서 언제 자신의 필요를 주장해야 하고, 언제 다른 사람의 필요를 알고 인정해야 하는지를 알면서 주고받음의 균형이 건강하도록 서로 협상할 수 있나요? 아니면 그들은 권력 다툼에 휘말려 있나요? 제압하기를 원하면서, 제압당한 느낌을 가지면서 이런 권력갈등은 어떻게 해결되나요?" 이것들이 돌봄 사역자가 가족 조직을 평가하면서 물을 수 있는 질문이다.

돌봄 사역자는 더욱이 가족역동이 어떻게 성적 역할(예를 들면, 남편과 아내, 아버지와 어머니의 역할)에 관련한 문화적이고 종교적인 전통을 반영하는가를 고려함으로 가족체계를 평가할 수 있다. 그래함(Graham, 1992)은 가족체계 이론을 문화적 체계 이론과 관련지어 문맥상 가족 안에서 나이, 성별, 성적 지향 또는 육체적이거나 정신적인 상태나 능력 때문에 경험된 힘의 불균형을 언급하는 데 사용하였다. 그는 가족 안에서 작용하고 있는 문화에서 제어할 수 없는 힘의 불균형 속에 존재하는 악의 잠재성을 설명하는 데 '악마의 패권(demonic hegemony)'이라는 용어를 사용하였다. 예를 들어, 어느 핵가족은 북유럽 안에 뿌리를 둔 민족의 전통이 위기 가운데 서로로부터 정서적으로 분리되는 것을 보여 줄 수도 있다. 가족체계 안에서 취약하거나 의존적인 자들은 심리적으로 버림을 받는다. 거기에 외부로부터의 도움은 없다. 이는 그 가족이 공동체로부터 자신을 고립시키고 그 문제를 사적으로 여기고 자급자족하기 때문이다.

가족과 문화적 체계 사이의 관계를 이해하려고 추구하는 데 있어서, 특별히 돌봄 사역자가 사회적으로 이익을 얻는 인종이나 민족성을 가진 것으로 확인되고 돌봄 수혜자는 그렇지 않은 것으로 확인될 때, 돌봄 사역자는 많은 문화나 가족의 복잡성을 고려하지 않는 문화적인 고정관념을 들여다볼 수 있다. 사례연구에서 팻시와 마리아는 둘 다 스페인 계통의 사람인 동시에, 팻시의 세상은 마리아의 것과는 완전히 다르다. 팻시는 마리아의 가족이나 마리아의 자녀의 아버지에 대해 편견을 가지고 판단하는 것을 주의해야 한다. 만약 그녀가 마리아의 가족 이야기의 복잡성을 들을 수 있는 목회적 돌봄에 대한 대화의 기회를 가지게 된다면, 그때 그녀는 마리아의 가족체계와 그녀의 문화 사이의 관계를 더 잘 평가할 수 있을 것이다.

가족 평가의 다른 부분은 돌봄 수혜자가 성장할 때 경험하였던 가족체계와 관련이 있다. 위기 안에 있는 사람들은 가끔 어린 시절 위기와 큰 변화가 일어났던 시기의 가족역동을 재경험한다. 예를 들면, 그들은 어린이나 사춘기 아이로서 느꼈던 무기력감과 취약점, 그때 그들과 가족 구성원들이 대처하였던 방법을 다시 경험할지도 모른다. 만약 부모들이 자비심이 있고 후원적이었다면, 안전했던 기억과 다른 이들을 신뢰할 수 있는 것이 자원이 될 수 있을 것이다. 만약 부모가 무능력했고 학대적이고 부정적으로 대했다면, 그 기억은 아마 큰 두려움이나 위험한 감정의 원인이 될 것이다. 원가족 경험은 여러 면에서 위기 가운데 일어나고 있는 일을 이해하는 데 도움이 되는 내면된 관계적인 지도가 된다. 만약 자라면서 형성된 관계의 역동이 변화되는 경험을 가지지 못한 사람들은 어릴 적 가족의 역동성을 현재 위기에서 다시 경험하게 될 위험이 있다. 예를 들면, 이런 일은 약물 악용과 가정폭력이 다음 세대의 일부 어린이들에게 재발될 때 발생한다.

목회적 돌봄 사역자는 어떻게 돌봄 수혜자가 그들의 원가족과의 관계적인 역동을 재발하고 있는지를 분별하는 심리적 전문기술을 가지고 있지 않지만, 그들은 돌봄 수혜자가 심리적으로 막혀 있는 (stuck) 흔적들을 알려 줄 수 있다. 돌봄 수혜자의 슬픔이 현재 경험한 상실에 부적절하다면, 돌봄 수혜자가 아마도 어린 시절에 애도하지 않았던 상실을 대면하고 있는 것일 수 있다. 정서적으로 강하게 목회자에게 애착을 가지고 있는 여자 성도는 그녀의 아버지와 가졌던 복잡성 관계역동을 재경험하는 것일 수 있다. 자신의 경계선에 대해 건강한 인식을 가진 목회자는 돌봄 수혜자의 원가족으로부터 일어난 심리적 드라마가 목회적인 관계 안에서 다시 재현되고 있다는 느낌을 가질 수 있을 것이다. 이런 증거는 돌봄 수혜자가 상담을 받도록 보내져야 할 필요가 있다는 것을 나타낸다.

심리적 교육을 위해서 돌봄 수혜자의 원가족에 대한 자세한 정보를 모으는 것이 적절한 목회적 상황이 있다. 이러한 경우는 돌봄 수혜자가 위기에 있지 않고 결혼을 하거나 자녀를 갖는 것과 같은 삶의 주기 변화를 뚫고 나가려고 도움을 추구할 때 일어난다. 사람들이 원가족 관계 안에서 자기 자신을 이해하도록 돕기 위해 광범위하게 사용되었던 심리적인 도구는 가족나무의 도형인 가계도다. 목회자는 다음의 상징 견본을 사용하면서 어떻게 가족나무를 그리는지를 보여 줄 수 있다. 남성은 정사각형을, 여성은 원을 사용한다. 출생일은 정사각형이나 원 위에 기록될 수 있다. 만약 사람이 사망하였다면 네모나 동그라미 안에 'ｘ'를 넣고 사망 연도도 표시할 수 있다. 나이는 네모나 동그라미 안에 기록한다. 결혼은 두 사람 사이에 굵은 선으로 그려서 표시한다.

m. 1970

결혼하지 않고 함께 살고 있거나 혼외정사 관계를 가진 관계성은 굵은 선 대신에 점선으로 표시한다. 별거는 그(결혼) 선에 한 획을 긋고 이혼은 두 획을 긋는다. 어린이는 왼쪽부터 가장 오래된 자로 시작하여 출생 순으로 정렬한다.

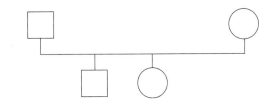

　어떻게 가계도를 작성할 것인지에 대한 상세한 설명은 돌봄 사역
자가 앤더슨과 피트(Anderson & Fite, 1994)와 맥골드릭, 거슨 그리
고 쉘렌버거(McGoldrick, Gerson, & Shellenberger, 1999)를 참고할
수 있다.

　돌봄 수혜자는 그들의 가계도를 구상하는 방법에 대한 기초를 배
울 수 있고 목회자와 만남 사이에 완성할 수 있다. 결혼 전 상담에서
가계도는 커플이 서로의 가족역동을 이해하기 위한 방법으로 사용
될 수 있다. 그들은 각각 관계적 갈등을 어떻게 다루는지, 패턴이 나
타나는지, 그리고 부모들과 비교하면서 반영할 수 있다. 가계도는
또한 자녀 세례 상담을 위해 부모와의 만남에서 그것을 부모에게 반
영하여 그들은 어떤 양육을 받았고, 또 어떻게 그들의 자녀를 양육
하는가를 보여 주기 위해 사용될 수 있다. 심리교육적 도구로서 가
계도는 돌봄 수혜자들이 결혼을 하거나 부모가 되는 것과 같은 삶의
주기 변화 때 발생하는 가족역동에 대해 성찰하도록 그들을 자극할
수 있다.

☗ 친밀한 파트너십과 우정 평가

돌봄 사역자는 돌봄 수혜자가 결혼관계에서 배우자나 동반자가 서로 존경하는가의 여부에 대하여 질문함으로써 건강한 친밀관계 안에 있는지 근본적인 평가를 할 수 있다. 고트만(Gottman)은 건강한 결혼을 다음과 같이 설명한다.

> 행복한 결혼 커플은……날마다 그들의 생활 속에서……그들에게는 그들의 긍정적인 것들을 압도하려는 서로에 대한 부정적인 사고와 느낌을 통제하는 역동이 있다. 그들은 내가 정서적으로 지적인 결혼이라고 부르는 것을 가지고 있다.
>
> (Gottman, 1993: 3)

반대로 "불행한 결혼 안에 있는 사람들은 만성적이고 산만한 생리적 자극, 다른 말로 하자면 육체적으로 스트레스를 받으며 보통 정서적으로도 스트레스를 느낀다(Gottman, 1999: 5)." 행복한 결혼 커플은 "의미 깊은 느낌을 나눈다. 그저 '사이좋게 지내기(get along)'만 하는 것은 아니다. 그들은 서로의 소망과 열망을 지원하고 그들이 함께 나누는 삶 속에 목적을 함께 세워 나간다. 이것이 내가 말하는 실제로 서로를 높여 주고 존중하는 것에 대해 말하는 때를 의미하는 것이다(Gottman, 1990: 23)."

돌봄 수혜자의 결혼생활 안에 존경에 대한 근본적인 특성이 있는지에 대하여 질문하는 것과 비슷하게, 돌봄 사역자는 한 가족체계의 건강을 평가하는 데 사용하였던 것들과 비슷한 질문을 요구할 수 있다. 그들의 배우자나 동반자는 돌봄 수혜자가 격렬한 느낌을 표현할 때 너그럽게 들을 수 있는가? 반면에 아내는 남편의 고통의 끝과 그녀의 고통이 시작되는 곳을 알 수 없을 정도로 동일시하지 않으면서 남편(돌봄 수혜자)을 지지하고 친밀하게 결속된 관계를 유지할 수 있는가? 그렇지 않으면 돌봄 수혜자의 남편은 아내가 고통 속에 있을 때 감정적으로 유리되어 있는가? 역동적인 권력갈등에 관하여 서로 갈등적인 욕구가 있을 때 언제 상대의 욕구를 인식하고 인정할 것인지, 또 언제 자신의 욕구를 강하게 요구해야 할지를 잘 인지하고 서로 건강한 주고받기를 협상할 수 있는가? 아니면 그들은 압도하기를 원하면서도 제압받는 느낌 때문에 격렬한 권력다툼에 휘말리게 되는가? 어떻게 이 격렬한 권력갈등이 해결되는가?

목회적인 돌봄 사역자들은 장기간의 부부상담을 제공할 준비가 되어 있지 못하다. 그들은 부부관계가 돌봄 수혜자의 치료에 주요한 장애인지에 대하여 평가할 수 있다. 그들은 단기간의 기초 위에 부부치료를 권고하고 위기치료를 제공할 수 있다. 돌봄 수혜자가 경험한 이 위기는 이미 깨지기 쉬웠던 결혼관계에 위기를 유발할 수 있다. 하지만 그 위기는 또한 결혼관계를 더욱 두텁게 하는 기회를 줄 수 있다.

연습 6
문화, 공동체와 기관, 가족, 그리고 결혼생활 평가하기

1. 사회정체성 평가

돌봄 수혜자의 사회정체성 중 다음의 도움을 줄 수 있는 두드러진 모든 면모를 열거하라. ① 사회적인 자원에 접근할 수 있어 그의 위기를 개선하게 해 주는 사회적으로 유리한 면모, ② 사회적인 자원에 접근하는 것이 부족하기 때문에 이 위기를 더욱 어렵게 만들 수 있는 불리한 면모. 이러한 각 면모에 대한 문단을 작성하라(정체성의 면모 중 가장 중요한 다섯 가지 면모만으로 제한할 수도 있다). 정체성의 면모 중 상호작용하는 면을 짝지어 함께 그것들에 관해 말할 수 있다. 예를 들어, 젊은 여성 목회자가 가진 사회정체성에 관한 나의 설명을 생각해 보라. "그녀의 다양한 모습(성형, 젊은 외모, 외소한 몸, 부드러운 언변)은 나이 든 성도에게 그녀를 너무 경험이 없는 것처럼 판단하도록 자극하는 상호작용이 있을 것이다(p. 101)." 또한 나이 들어 보이고 취약하게 보이는 유럽계 미국인 중년층 남자에 대한 나의 설명을 보라(pp. 102-103).

2. 공동체와 기관체계 평가

공동체나 기관체계 중 어떤 것이 돌봄 수혜자에게 자원이 되는지, 그렇지 않으면 그의 고통을 증대시키고 있는지를 지적하고 설명하라.

3. 가족과 결혼체계 평가

만약 돌봄 수혜자의 가족과 결혼에 대한 충분한 정보가 있다면 현재 가족체계, 처음 가족, 그리고 결혼 구조 역동을 다음 질문을 사용하면서 설명하라.

- 돌봄 수혜자의 위기 가운데 가족 구성원들은 서로 공감적으로 대할 수 있나요? 그들은 각 개인의 복잡성과 이해할 수 없는 부분도 존중해 주며 인격으로 대할 수 있나요? 만약 돌봄 수혜자의 가계에 관한 정보가 있다면, 위기를 당했을 때 그 가계에 무슨 일이 있었는지 이 문제를 사용하여 파악해 볼 수 있다.
- 식구나 배우자는 각자의 인간성으로부터 분리되고 서로의 왜곡된 이미지로 융합되었는가?
- 힘의 역동성의 조항에서 언제 다른 사람의 필요를 인식하고 인정하며 자신의 필요를 언제 강하게 주장해야 하는지 알면서 건강한 주고받음을 협상할 수 있는가?
- 그들은 압도하기를 원하면서도 제압받는 느낌 때문에 격렬한 권력다툼에 휘말리게 되는가? 어떻게 이 격렬한 권력갈등이 해결되는가?

각 문단의 끝에 다음 사항이 돌봄 수혜자에게 필요하여 전문가에게 보내야 하는지 최종적 평가를 한다. ① 가족/부부상담: 만약 가족이나 결혼체계가 돌봄 수혜자의 복지에 주요한 장애가 되는 것처럼 보인다면 가족/부부상담이 필요하다. ② 상담: 돌봄 수혜자의 고통이 원가족의 활동으로부터 야기되는 것처럼 보인다면 상담을 하라.

7장

신학적 고찰

인생의 위기를 만나서 어떤 선택이나 결정을 내려야 하는 상황에 처했을 때 사람들은 자신들의 가치에 대해 고찰한다. 그 상황에 빠지기 전에 그들은 삶의 목적을 주관하는 가치에 대하여 생각해 본 적이 없다. 신앙은 사람들이 자신의 가치에 대하여 알 수 있게 만드는 가장 쉬운 방법이다.

신학을 돌봄에 적용함으로써 목회적 돌봄은 다른 사람들의 것보다 특별해진다.[1] 목회적 돌봄 사역자들은 종종 과학적 관점을 가진 사람들에게 무시되었거나 평가절하되었던 종교적인 신앙에 관련된 문제를 평가할 수 있다. 어떤 한 사람의 종교적인 믿음과 실천이 자

---

1) 어떤 이들은 목회적 돌봄 사역자를 임상 신학자라고 정의한다(Morgen & Jordan, 1999). 또는 돌봄 신학자라고 한다(Schlauch, 1995).

신들에게 새로운 삶을 주는가? 그 믿음과 실천이 현재의 고통스러운 상황을 더 악화시키는가? 언제 사람들은 주님이 그들 곁에 임재하심으로 생기는 충만함을 경험하는가? 이와 같은 질문을 함으로써 목회적 돌봄 사역자는 종교적인 인식을 형성하는 가치에 대해 신학적으로 알아볼 수 있다.

레이놀드(Reynolds) 부인의 사례를 예로 들어 보자. 그녀는 암에 걸렸고, 치유되기를 기도했다. 그녀의 주교였던 조지 윈스톤(George Winstorn)은 레이놀드 부인을 위한 중보 기도자들을 통해서 환자가 암의 심각함을 알고 있는지 인식하거나, 그녀가 치유과정에서 수반될 고통스러운 상황을 맞닥뜨릴 수 없는지에 대하여 판단할 것이다. 그녀는 주님께서 그녀의 암을 치유하셔서 고통이 사라질 수 있다고 믿고 있을 수 있다. 만약 그녀가 주님이 자신의 소망을 즉각적으로 들어주시지 않기 때문에 존재하지 않는다고 말한다면, 그녀의 기도자들은 그 말에 대해 단호히 잘못되었다고 말할까? 그녀의 회복을 바라는 기도자들이 그녀가 만약 주님의 존재하심에 대하여 부정하거나 암에서 회복하는 것을 포기하는 것에 대하여 즉각적인 반응을 보일까? 목회적 돌봄 사역자의 임무는 신앙적으로 새 생명을 주는 기도자와 삶을 부인하고 파괴하는 기도자를 구분하는 것이다. 조지 윈스톤의 첫 번째 임무는 레이놀드 부인의 내재적 신학에 대해 파악하는 것이다.

🏛 내재적 신학 대 심의신학

행복을 위협하는 심각한 상실이나 경험을 겪어 본 사람들은 그 고통이 얼마나 심각한지 잘 알고 있다. 사람들은 누구나 할 것 없이 위기에 처하면 즉각적으로 "왜 이 고통이 저에게 일어나는 거죠?"라고 탄식한다. 그 질문의 답을 알기 위한 사람들의 첫 번째 시도는 내재적(embedded) 신학이나 우리의 삶을 결정하는 신학적 전제로부터 비롯된다. 그리스도인들이 자신의 신앙심과 교회를 삶에서 가장 중요한 부분을 차지하는 것이라고 고백하도록 만드는 것은 내재적 신학에서 비롯된 것이다(Stone & Duke, 1996: 15). 내재적 신학은 종종 장례식에서 조문객들이 닫힌 관 옆에서 고인의 안녕을 기원하면서 "이제 그녀는 천국에서 하나님의 천사들과 같이 있을 거야."라고 말하는 것에서 찾을 수 있다. 만약 죽음이 너무 급작스럽고 비참하다면 어떤 한 조문객은 "아마도 천국의 하나님께서 그녀가 필요하셔서 이렇게 빨리 부르셨나 봐."라고 말한다. 요약해 보자면 기억, 믿음, 감정, 사랑, 가치 그리고 소망과 같은 요소가 복합적으로 융합되어 내재적 신학을 나타낸다고 할 수 있다(Stone & Duke, 1996: 15). 반면에 심의(deliberative)신학은 신중하고 꼼꼼히 생각하는 과정을 거친다. 여러 요소의 관계성을 이해하게 된다. 기억을 되새기고 신앙을 재평가하며 감정과 가치관, 희망사항을 확인하고 평가한다.

자신들의 내재적 신학을 위기상황 가운데에서 인식했을 때, 사람들은 원래 자신이 가지고 있었던 신학을 평가하거나 새로운 신학을 구축하는 과정을 거친다. 이 과정을 거치면서 심의신학에 착수하게 된다. "내재적·신학적 신념을 신중하게 재고하는 과정을 통해 출현되는 신앙의 이해다(Stone & Duke, 1996: 16)." 내재적 신학은 시간이 흐르면서 쌓인다. 반면에 심의신학은 무의식 속에 활발하게 형성된다.

위기가 공개적일수록 사람들은 더욱더 신앙적으로 설명되기를 요구하며, 결과적으로 심의신학에 착수하게 된다. 예를 들어, 클린턴(Clinton) 대통령과 모니카 르윈스키(Monica Lewinsky)의 부적절한 관계에 대한 설명이 요구되었을 때, 그는 그의 행동에 대한 이론적 설명을 공개했다. 그때 분명해진 것은 그는 그의 결혼이나 대통령 취임 당시 세운 언약을 실현하지 못했다는 것이었다. 공개적으로 설명하고 자신의 죄를 인정함으로써 그는 그의 영적 지도자들과 함께 긴 과정의 심의신학을 시작했던 것이다. 그의 행동이 비밀로 남겨졌다면 이룰 수 없는 결과다. 공개된 위기는 사람들에게 심의신학에 착수하지 않을 수 없게 한다. 보다 덜 극적인 예로 한 여성 신자를 들 수 있다. 그녀는 직장에서 자신이 맡은 일을 수행할 수 없는 것에 대해 은근히 괴로워하고 있었다. 그녀는 상사가 점검할 때, 자신이 임무를 수행해 낼 수 없을지도 모른다는 것을 인정해야 하는 상황에 처해 있다. 이럴 때 그녀는 자신의 어려움을 목사와 나눔으로써 그녀에게 직장에서 임무를 잘 감당하지 못하는 고통이 얼마나 큰지를, 그리고 자신의 진정한 은사와 달란트와 사명이 무엇인지를 신학적으로 성찰하는 기회를 가지게 된다.

목회적 돌봄 사역자는 돌봄 수혜자가 자신이 가지고 살아가고자 하는 가치관을 설명하는 것을 들으면서 혹시 그녀의 내재적 신학이 그녀의 세계관과는 일치하지만 종교전통적 신학과는 어긋나지 않는지를 관찰해야 한다. 그녀가 내재적 신학대로 살아가는 것이 때로는 그녀의 종교전통에 속하지 않은 하나님의 계시에 대한 반응일 수도 있다. 예를 들어, 한 천주교 신자 부부는 아이를 낳을 준비가 되지 않았기 때문에 피임약을 사용한다. 이들이 출산에 대한 전통 신학을 따르지 않는 이유를 설명하는 가운데 출산을 조절하는 결정에 대한 신학적 의식을 형성하는 새로운 방법을 언어화할 수도 있다. 한 가지 예로, 부모가 되는 것에 대해서 그들이 결정하는 과정 중에 교회 지도자들이 말한 하나님과 크게 다른 하나님에 대한 인식을 묘사하게 될 수 있다. 그들의 심의신학은 출산조절에 관한 교황청의 교리를 그들 스스로 재구성하도록 만들 것이다. 다른 천주교 신자들은 출산조절 행위에 대해 숙고하고 그들의 상황에서는 출산조절에 반대하는 결정을 뒷받침하는 신학이 옳다고 판단할 수 있다. 그들의 심의신학은 출산조절에 대한 교황청의 신학을 지지하게 할 수 있다.

목회자와 돌봄 수혜자들이 심의신학을 수행할 때, 그들은 상실과 폭력의 경험, 그리고 삶 속에서 살아가기 위한 노력 속에서 하나님을 찾는 것이다. 그들은 지금까지 알고 있었던 우리의 삶에 생명을 유지하는 공기 속의 산소처럼 언제나 내재하시는 주님을 발견할 수 있다. 또는 돌봄 사역자는 주님을 이때까지 그들이 이해했던 것과는 완전히 다른 면으로 이해하게 될 수 있다. 마치 눈에서 비늘이 벗겨진 것처럼 초월적이고 신비 가득한 하나님, 욥이 회오리 속에서 본 하나님을 얼핏 보게 될 수 있다. 목회적 돌봄 사역자와 돌봄 수혜자가 지금 이 순간 임재하시는 하나님이 누구신가에 대하여 신학적인 토론을 시작한다면 그들은 함께 여행을 출발하는 것이다. 그리고 그들은 그들 자신이 두 방향으로부터 당겨지는 것을 느낄 수 있다. 바

로 전통 신학을 수호하려는 것과 그들을 재건하려는 것이다.[2]

　논쟁적 신학 과제 앞에서 이 두 가지 기본적인 신학적 관점은 양극화를 발생시킨다. 예를 들어, 지난 50년간 기독교 종교 전통에서 성(gender)은 논쟁적인 이슈였다. 재구성적 태도를 취하는 이들은 특히 가족 내부와 사제 서품에서 여성이 겪는 문제에 대해 종교 전통 속에 내재하는 가부장적 요소에 대항한다. 남성우월적인 것에서 양성평등적인 하나님의 이미지로 바꾸는 것은 하나님을 남성으로만 인정해 온 수백 년 된 교리와 실행에 대해 급진적인 변화를 수반한다.

　일반적으로 신앙적 주장이 언제 어디서든지 옳다고 생각하는 태도를 고수하는 입장은 전근대적이며 근대적인 사고방식이다. 탈근대적 사고는 하나님에 대한 지식이 복잡한 역사적 상황에 타당성을 가지기 위해서 지속적으로 재구성되어야 한다고 생각하는 태도다. '문화전쟁(culture wars)'이라는 용어는 탈근대적 접근을 대항하는 전근대적 · 근대적 사고방식의 논쟁을 묘사한다.

　탈근대적 재건신학(reconstructing theology)의 심의신학 적용과 전근대적 보존신학의 차이는 목회적 돌봄의 현장에서 볼 수 있다. 고통에 빠진 성전환자를 상담한 것을 예로 들어 보자. 그는 자신이 생물학적으로 남성의 몸을 지니고 있지만 하나님은 본래 그가 여자로 태어나길 의도하셨다고 믿기 때문에 고통받고 있다. 이 사람에게

---

2) 파가먼트(1997)는 비슷한 개념을 사용하면서 스트레스를 극복하는데, 신성(중요한 것)한 것을 보존하거나, 변형시키거나, 어떤 방법으로 종교를 사용하는지를 설명한다.

어떤 방식으로 조언해 줄 것인가? 어떤 목사는 성경 속 성전환자들의 존재 여부에 대해 찾아본다. 그리고 그것이 자연스러운 것이라고 말한다. 다른 목사는 사람들을 단지 남성, 여성으로만 구분하는 사회적 분류 때문에 고통을 겪고 있는 사람 곁에 하나님이 어머니의 뱃속에 새 생명을 창조하시는 신비와 우리를 구체적으로 아시는 주님, 그리고 주님이 어떻게 이런 구체적인 고통을 겪는 이들과 함께 하시는지에 대하여 성찰할 것이다. 첫 번째 목사는 성경 속에서 절대적인 진리를 찾기 위해서 심의신학을 이용하였다. 두 번째 목사는 이 문제의 사회적 맥락을 찾고 어떻게 주님이 이런 사회문제와 이로 인해 고통받는 사람들에게 개입하고 계시는가에 대한 잠정적인 결론을 내리는 데 심의신학을 이용하였다.

두 번째로 결혼 전 동거를 하는 커플의 예를 살펴보자. 재건신학 이론을 지지하는 목회적 돌봄 사역자들은 이 커플이 어떤 방식으로 갈등을 해결하고 상대방을 어떻게 인식하는지, 또한 동거에 대한 계약이 어떤 신념을 바탕으로 형성되었는지에 관하여 연구할 것이다. 목사와 커플은 주님이 그들을 한 쌍으로 맺음으로써 무엇을 원하시는지에 대하여 신중하게 논의할 것이다. 이 성찰적 신앙을 통하여 나오는 신념은 결혼과 같은 미래의 상호 관계에 대한 결정의 기반이 될 것이다. 반면에 전근대적이며 근대적인 성찰 신앙을 주장하는 목사들은 규정된 행동의 모범양식을 이 문제에 적용하길 좋아한다. 이 방식은 두 가지 해결법 중 하나를 선택하도록 만든다. 첫 번째 방법은 혼전에 동거를 하지 않도록 요구하는 것이고, 두 번째 방법은 단순히 그 커플의 동거 경험을 없었던 것으로 간주하고 아무 일도 없었던 듯이 자신들의 본래의 삶으로 돌아가게 만드는 것이다.

심의신학은 목회적 돌봄 사역자들이 돌봄 수혜자들을 대할 때 일단 기존의 교리에 대해 의심의 해석학을 적용해야 한다. 재구성 단계에 있는 사람들은 특정 상황에는 적용되지 않을 모범양식의 사용에 대하여 의심해 보아야 한다. 의심의 해석학을 사용하지 않는다면, 돌봄 사역자는 특정 심리학이나 신앙적 관점만 고수할 것이다. 이와 비슷하게 북아메리카에서 목회적 돌봄에 관한 글을 쓰는 신학자들을 예로 들 수 있다. 그들은 그들의 심리학적 관점이 아프리카나 아시아 사람들에게도 똑같이 적용될 것이라고 생각한다. 그들은 그들의 목회적 돌봄에 대한 인식과 기본적인 심리학적 가정이 보편적으로 존재할 수 없음에 대하여 알아야 한다.

　심의신학 접근을 통해서도 전통적 교리를 고수하며 동성애를 죄라고 보는 목회적 돌봄 사역자에게는 어떤 의심의 해석학이 필요한 것일까? 목회적 돌봄 사역자들은 과거의 종교적 교리 때문에 소외되었던 사람들에게 주의를 기울여야 한다. 예를 들자면, 종교 교리에서 차별당하였던 여성들이나, 이성애를 당연시하는 사회 풍토에서 소외되었던 동성애자들을 들 수 있다. 또한 모든 사람은 정상이라고 생각하며 장애는 개인의 원죄 때문에 생겼다고 말하는 사회에서 소외되었던 장애인들이다. 되돌아보건대, 많은 종교적 교리는 그들의 이런 차이점을 일반인들과 차별하기 위하여 만들었다고 간주할 만큼 모순점을 가지고 있다. 그러므로 목회적 돌봄 사역자들은 그 구조 속의 경험이 자비로운지 억압적인지 판단하기 위해 이런 전통 속에서 힘이 없는 사람들의 편이 되어 줄 준비가 되어 있어야 한다.

　목회적 돌봄 사역자는 위기에 닥친 사람들이 존재의 불안감, 슬픔을 말로 묘사할 때 나타나는 내재적 신학에 귀를 기울여야 한다. 그렇게 함으로써 신학적인 확실한 답이 필요한 상황에서 돌봄 수혜자들의 진정한 필요가 무엇인지 알게 된다. 극심한 위기의 초기에 가지는 충격적이고 부정적인 상태일 때 종종 사람들은 전근대적 자세로 행동한다. 위기를 모면할 수 있도록 하나님께 직접 간구한다. 내재적 신학을 재확인하는 위기 초기에는 이성적이거나 과학적 근거를 구하지 않고 하나님에 대한 절대적인 신앙을 고백하게 된다. 이런 경우 목회적 돌봄 사역자가 취해야 할 태도는 그 순간에 심의신학을 적용하여 돌봄 수혜자가 표현한 내재적 신학이 생명을 주는 것인지, 파괴적인 것인지를 파악해야 한다.

다음의 질문을 적용해 볼 수 있다.

- 그 자신을 저주하는 이 순간 그의 신학은 자비와 사랑의 하나님과 통하는가?
- 그의 신학은 자신이 다른 이들을 해친 것들에 대한 총체적인 책임을 묻고 있는가?
- 그의 신학은 너무 자기중심적이기에 다른 이들을 고려하지 못하지는 않는가? 그의 신학은 이웃을 자신처럼 사랑하는 것을 돕는가?
- 그의 신학은 그가 신앙공동체에 가입했을 때 맺었던 언약을 실행하도록 돕는가?
- 그의 신학은 위기 중에 하나님의 임재의 신비를 이해하도록 돕는가?

상황에 대한 총체적인 인식이 초기의 충격과 부정을 밀어낼 때,

사람들은 종종 근대적 자세로 변하면서 과학과 의술에 기초한 확실한 설명을 의료진과 응급치료사들의 전문성에 의지하게 된다. 또한 하나님을 어떻게 경험하고 있는지, 하나님께서 무엇을 바라고 계시는지, 그들의 고통을 어떻게 이해할 수 있는지를 심의신학적으로 다룰 준비가 되어 있을 수도 있다. 목회적 돌봄 사역자가 돌봄 수혜자와 함께 심의신학에 착수하기 때문에 돌봄 수혜자 안에서 나타나는 심의신학이 하나님의 존재의 신비함과 충만함을 어느 정도 반영하고 있는지를 평가해야 한다. 이렇게 평가할 때 목회적 돌봄 사역자는 자신이 받은 신학교육을 잘 활용해야 한다. 어느 성경 본문이 돌봄 수혜자가 경험하는 하나님에 대해서 말하고 있는지를 해석할 때 성서 비판학을 사용한다. 그리고 돌봄 수혜자의 고통을 이해하기 위해서 악과 고통에 대한 신학적 관점을 적용할 수 있다. 이러한 자료와 권위의 기준을 활용하여 돌봄 수혜자와 함께 심의신학을 구성하는 과정에 착수하게 된다. 돌봄 수혜자들이 더 그들의 고통의 복잡성과 애매모호함을 용인할 수 있을 때, 그들의 심의신학은 더욱더 지식에 대한 탈근대적 접근을 고려하게 되며 더 과감한 재건을 하게 된다. 그러한 재건은 복잡성과 애매모호함을 가진 21세기의 삶을 잘 견딜 수 있는, 하나님과 다른 이들과 나와의 지속적인 관계의 기초가 될 것이다.

돌봄 수혜자가 극심한 위기 단계를 거치고 그들의 위기를 신학적으로 이해하기 위한 장기적인 단계로 옮길 때, 목회적 돌봄 사역자와 돌봄 수혜자는 탈근대적 지식 탐구에 기초를 둔 심의신학에 착수할 수 있을까? 이 질문에 답하기 위해서 쉐이라 더베이니(Sheila Davaney)의 구체적인 신학 관점을 소개한다. 『Pragmatic Historicism:

A Theology for the Twenty-first Century』(2000). 더베이니는 그녀의 신학을 "역사적 존재의 구체성, 물질성, 정치성"을 인정하고 "피할 수 없이 과거에 의해 형성되는, 그러나 단 한 가지나 한 목소리가 아니라 항상 복수의 복합적이고 다양하고 상반된 요소"까지도 고려하는 실증주의자의 기획이라고 설명한다(Davaney, 2000: x, 3). 실증주의자의 관점은 목회적 돌봄 현장을 "다수의 상호작용 과정인 사회정치적 · 경제적 · 지적 · 종교적 · 문화적으로 구성되어 있다."고 역사적으로 본다. 하지만 이제는 이런 과정을 더욱 정확하게는 권력에 의해 형성되고 권력 전개의 효과적인 수단이라는 것이다(Davaney, 2000: 2). 역사주의자의 임무는 "역사적 존재의 이면을 분석하는 것, 즉 과거에 의한 구성과 우리의 현재 상황, 그리고 역사적 현실을 창조하는 우리의 대행자적 역량이다(Daveney, 2000: xii)." 역사적 현실을 창조하는 역량이 주어졌을 경우 역사주의적 접근을 사용하는 신학자는 궁극적으로 사회 정의와 치유를 위해 전략을 세우는 데 실용주의적이 되어야 한다.

더베이니의 신학은 탈근대적 지식 이해, 다원론, 21세기 삶의 복잡성, 그리고 20세기와 20세기에 악이 취한 형태 등을 고려하는 신학에 근거하여 세운다. 그녀의 신학은 학제적이고 탈근대적이어서 지식에 탈근대적 접근을 사용하는 목회적 돌봄을 조직화해 줄 수 있다. 고통의 이해를 위해 탈근대적 신학적 접근을 사용하는 목회적 돌봄 사역자들과 신학자들은 더베이니의 신학을 높이 평가할 것이다.

신학의 탈근대적 접근은 깊은 '신학적 공감(theological empathy)'의 역량을 반영한다. 우리로부터 신학적으로 다른 위치에 있는 자들의 자리에 설 수 있는 능력, 그녀의 신학이 그녀의 도전과 고난의 시간에 어떻게든 '안식처'가 될 수 있음을 인정해 주는 역량이다. 더베이니의 '구체적·물질적·정치적 성격'의 신학은 목회적 돌봄 사역자가 돌봄 수혜자의 위기를 돌봄 수혜자의 이야기, 즉 그녀의 삶에서 추악한 미를 마치 예술적으로 풀어 나가는 소설처럼 듣고자 할 때 달성된다. 그녀의 신학은 또한 돌봄 사역자가 돌봄 수혜자의 문화적 환경, 사회공동체, 그리고 가족체계가 그녀의 고통을 낳게 해 주거나 악화시키는 상태를 파악할 때 실현된다. 그녀의 신학은 돌봄 사역자가 돌봄 수혜자와 신학적 고찰에 착수할 때 그들의 삶의 애매모호함을 이해하기 위한 신학을 함께 재건할 것을 요구한다.

더베이니는 탈근대적 접근 인식 사용을 위한 목회적 돌봄에 총체적인 틀을 제공했으나, 돌봄 사역자에게는 좀 더 구체적인 탈근대적 신학 관점이 필요하다. 돌봄 수혜자가 자신의 고통을 어떻게 설명하는지를 신학적으로 평가하는 것을 고찰하기 위해서다. 이제 돌봄 사역자가 돌봄 수혜자를 심의신학에 함께 착수하는 단계에 접근할 때 구체적인 신학 관점을 어떻게 활용할 수 있는지를 설명하고자 한다. 두 가지 신학 관점을 사용한다. 네빌(Neville)의 파괴된 상징 신학(1996)과 폴링(Poling)의 악의 이해(1996)다. 네빌과 폴링을 선택한 데는 세 가지 이유가 있다.

첫째, 네빌의 파괴된 상징 신학은 7장, 8장, 9장에 나오는 사례연구 내용에 상황적으로 의미가 있다. 그의 신학은 여러 면으로 이해하는 데 윤택한 방법을 제공한다. ① 사람들이 어떻게 종교적·실존적 상징을 내면화하고 구성함으로써 그것들이 내재적 신학이 되는가? ② 이들의 상징이 위기와 변이로 인해 어디까지 부서질 수 있으며 재구성이 가능한가? 단, 네빌의 파괴된 상징 신학의 초점이 개인에게 있고 그 개인의 사회적 환경에 있지 않다는 것이 한 가지 부담스러운 부분이다. 이 부담을 절충하기 위해 사회적 정체성과 압박에 초점을 두는 신학적 관점을 사용한다. 즉, 폴링의 악을 구조적 권력 남용으로 이해하는 신학이다.

둘째, 이 두 가지 신학 관점은 5장과 6장에서 다룬 심리적·사회적 정체성 이론과 활발한 대화를 가질 수 있는 역량이 있다.

셋째, 이 신학 관점은 치유와 정의를 찾기 위한 전략의 신학적 기초를 이룰 믿음의 주장을 개발하는 데 실용적으로 사용될 수 있다.

🛐 파괴된 상징의 신학

로버트 네빌의 신학의 중심 전제는 인간은 다른 많은 피조물과 상호관계가 있으며 그것들에 의해 조절되는 피조물이라는 것이다. 이 창조물은 서로 연결된 유한 시스템이며, 그것을 유지하시는 무조건적이며 무한한 하나님에 의한 것이다. 하나님은 직접 알 수 있는 분이 아니다. '아버지' '어머니' '창조주' '생명의 포도나무' '성령'과 같은 상징의 언어로 설명할 뿐이다.

네빌은 종교적 상징은 유한적 피조물과 무조건적 무한성의 경계선에서 만들어졌으며 기지수와 미지수의 대조적 관계에 있다고 한다(Neville, 1996: 47). 둥그런 산맥의 한 봉우리 꼭대기에 서 있는 것을 상상해 보라. 계곡 아래에 우리가 알고 있는 유한한 삶이 있다. 그런데 뒤돌아서서 이 산맥이 미치지 못하는 곳을 바라보려고 할 때는 전망이 분명치 않고 실제로 아무것도 볼 수 없다. 이것이 바로 무조건적 무한이다. 우리의 경험이나 대상들에게 신성한 특질이 있다고 설명할 때 상징언어를 사용하게 되고 그것들은 "유한과 무한의 경계 표시"의 예가 된다(Neville, 1996: 69). 그 예로, 1980년대에 대중의 관심을 끌었던 에디나 샌디(Edwina Sandys)의 크리스타(Christa)라는 조각품을 고려해 보자. 이 작품은 나체의 여인이 마치 십자가에 못박힌 것처럼 두 팔을 펼친 형태를 하고 있다. 많은 관찰자에게 이 조각품은 폭력피해 여성들의 고통을 표현한다. 예수님의 십자가상의 죽음과 유사성이 이 죽음의 의미를 시사하며 구체적인 폭력의 고통을 새기게 한다. 이것은 예를 들자면, 폭력 경험 중에도 하나님이 깊숙이 함께하신다는 신앙과, 아무것도 피해자를 하나님의 사랑으로부터 떼어놓을 수 없다는 것을 나타낸다.

종교적 상징은 문화적 배경과 생활환경("해석자의 목적에 맞는 생리적·문화적·언어적" [Neville, 1996: 241])으로부터 발생한다. 크리스타라는 조각품은 예를 들어서, 여성 폭력이 대중의 관심을 더욱더 받는 시기에 만들어졌다. 네빌은 그런 상징이 어떻게 작용하는가를 다음과 같이 설명했다. "어느 특정 종교 전통의 상징이 새롭고 역동적일 때 사람들은 그것들을 꿰뚫고 하나님을 보게 되는 것이다. 창밖을 볼 때 유리창을 주목하지 않듯이, TV 일기예보의 기온 예보를 들을 때 온도계의 수은 높이를 생각하지 않듯이, 그들은 상징에 주목하지 않는다(Neville, 1996: 29)."

상징이 변화하는 환경, 사람들의 생활과 공동체를 반영하면 할수록 그것들은 시간이 흐름에 따라 더욱더 변화할 것이다. 개인이나 공동체의 신앙 경험에 더 이상 중심이 되지 않는 상징은 하나님의 새로운 계시를 표현하기 위해 한쪽으로 제쳐 두거나 서둘러 다시 만들 필요가 있을 수 있다. 반대로 일반인들이나 공동체적으로 관계가 없는 상징을 고집하거나 완고하게 굳어 있어 새로운 계시에도 깨어지지 않을 수 있다. 이러한 상징은 분석해 볼수록 죽은 것으로 보인다. 마치 거주하던 생명체가 떠나 버린 빈 조개껍질처럼, 생명이 없는 상징으로 새로운 계시를 설명하려는 것은 마치 낡은 포도주 부대에 새 포도주를 보관하려는 것과 같다. 새 포도주가 발효할 때 금이 가고 말라 버린 낡은 포도 주머니는 터져 버릴 것이다.

　네빌의 신학을 사용하는 목회적 돌봄 사역자는 돌봄 수혜자의 상징 시스템을 먼저 파악할 것이다. 비록 위기에 처한 돌봄 수혜자와 돌봄 사역자 사이의 전체 대화가 기지수와 미지수의 경계선에 있을지라도, 돌봄 수혜자는 초기에 닥친 위기의 존재적이나 종교적인 면을 부인할 것이다. 어느 남성이 응급 심장 바이패스 수술을 받았다고 하더라도 심장이 잘 치료됐으며 신체적인 위험에 처한 적이 전혀 없었다는 태도를 취할 수 있다. 그렇지만 대부분의 돌봄 수혜자들은 이 경계선상에서 명백히 말할 것이다. 그리고 돌봄 사역자는 이런 경우 그들이 하나님을 형용하기 위해 사용하는 종교적 상징을 힐끗 볼 수 있을 것이다. 상징에는 의식과 무의식층으로 덮여 있고 그들의 다양한 하나님 체험담이 많은 의미를 가질 수 있다. 그러므로 목회적 돌봄 사역자는 종종 코끼리의 코를 만지고는 뱀을 묘사하는 시각장애인처럼 느껴질 것이다.

　내가 소설이나 영화를 사례연구 자료로 사용할 때마다 돌봄 수혜자의 종교적 상징 사용을 이해하기 위해 그들의 이야기 조각들을 모아 붙이는 수고를 하던 것을 기억한다. 많은 소설의 경우 주인공이 종교적 상징을 어떻게 사용하는지를 독자들에게 보여 준다. 예를 들면, 『The Secret Lives of Bees』(Kidd, 2002)을 보면 열네 살 릴리는 돌아가신 어머니의 사랑을 뜻하는 어머니의 소품들을 몰래 수집해 두었다. 독자는 이 물건들이 릴리에게 얼마나 종교적인 의미를 함축하고 있는지 이해할 수 있다. 그리고 돌아가신 어머니를 애도하는 예식의 한 부분이 된다는 것을 알 수 있다. 예를 들면, 외롭고 사랑받지 못할 때마다 어머니의 하얀 장갑을 꺼내어 쓰다듬는다. 릴리를 돌보는 청소년 전도사도 릴리의 이 물건과 그것이 릴리에게 어떤 의미를 주는지 전혀 알지 못할지도 모른다. 목회적 돌봄 사역자는 돌봄 수혜자의 이야기에 마치 잘 쓰인 소설을 읽듯이 귀를 기울여야 한다. 그리고 말로 표현하기 힘든 이야기의 부분들도 자세히 설명하도록 격려해야 한다.

돌봄 수혜자의 종교적 상징이 파악되는 대로 목회적 돌봄 사역자는 네빌이 제시한 세 가지 질문을 사용해서 그것들을 신학적으로 평가하는 순서를 밟아야 한다. 첫째, 돌봄 수혜자는 자신이 사용하는 종교적 상징을 어느 범위까지 해석할 수 있는가? 이 질문은 목회적 돌봄 사역자로 하여금 돌봄 수혜자가 자신의 위기를 이해하는 과정에 대해 깊이 생각할 수 있는지를 파악하게 한다. 그녀는 내재적 신학에서 심의적인 신학으로 바뀔 수 있는가? 그녀에게 닥친 위기에서 한 발짝 뒤로 물러서서 현재 경험하는 하나님에 대해 성찰할 수 있는가? 목회적 돌봄 사역자와 대화 속에서 그녀는 일어난 일에 대해 신학적으로 이해하려는 노력에 참여할 수 있는가? 1장에서 다룬 관계적 경계선 개념을 기억하면서 돌봄 사역자는 질문해야 한다. 돌봄 수혜자가 위기에 푹 빠져 있어서 자기성찰을 할 능력이 부족하지 않은가? 혹은 위기와 심한 감정적 분리상태라서 그녀의 성찰은 그저

지성적으로만 처리된 듯한 짐작은 아닌가?

둘째, 돌봄 수혜자의 종교적 상징에 의한 실제의 결과는 무엇인가? 종교적 상징은 우리가 어떻게 살아야 하는가 하는 아주 기본적인 과제도 다룬다(Neville, 1996: 64). 이 질문은 상징이 사람들의 삶 속에서 어떻게 활동하는가에 관한 것이다. 돌봄 사역자는 질문해야 한다. 구체적인 종교 상징이 돌봄 수혜자로 하여금 위기를 극복할 수 있도록 어떻게 돕는가? 또한 장기적인 의미부여 행동을 어떻게 돕는가? 과연 이 종교적 상징은 긴 여행을 위해 필요한 모든 것을 잘 챙긴 배낭처럼 이들이 위기의 무게를 잘 지탱하도록 도울 수 있을 것인가? "종교적 개념을 챙겨라. 신성한 것들을 더 많이 정확히 이해할수록 적어도 어느 범위 안에서는 더 많은 사람이 변하고, 깨우치거나, 구원을 받는다(Neville, 1996: 65)." 예를 들어, 크리스타 조각품을 보라. 폭력 속에 절대적 소외감을 느꼈던 피해자들과 함께하시는 하나님의 모습을 나타냈다.

셋째로, 돌봄 수혜자의 영혼은 어떤 상태에 있는가? 나는 네빌이 말하는 영혼의 상태가 돌봄 수혜자의 이야기와 전통에 기인한다고 보기 때문에 이를 정황적으로 이해하고자 한다. 한 개인의 영혼을 파악하기 위해서는 돌봄 수혜자가 자신의 삶 속에 신성한 부분들에 대해서 어떻게 말하는가를 돌봄 사역자는 듣는다. 예를 들어, 어떤 사람은 영혼에 대해 영적 세계에 떠도는 조상의 영과 통하는 느낌을 가질 수도 있다. 또 다른 사람에게는 영혼이란 신의 존재로 인한 변화된 자신과 자신의 주위로 인한 초월적 경험일 수도 있다. 또한 영혼이란 신앙공동체에서 예배를 드리는 중 하나됨의 느낌일 수도 있다.

🍸 사례연구

　다음의 사례연구는 목회적 돌봄 사역자가 돌봄 수혜자의 종교적 상징 구조를 어떻게 신학적으로 성찰하는지를 보여 준다.

　주디스 토머슨(Judith Thomason)은 유럽 계통의 미국인 장로교 목사로, 같은 유럽 계통의 평생 장로교 교인인 75세의 루터(Rutter) 여사를 병문안 왔다. 그녀는 15년 전에 유방암 진단을 받았으나 유방절제술과 약물치료로 완치되었고 그 후 5년 동안의 정기적인 진단도 괜찮았다. 하지만 최근에 그녀와 가족들은 그녀의 잦은 기침이 폐암 때문이었다는 것을 알게 되었고, 이미 암이 온몸으로 퍼졌다는 것도 알게 되었다. 의사들은 그녀와 가족들에게 호스피스에 머물 준비를 하라고 말했다. 루터 여사는 자신이 살고 있는 노인아파트에서 약 56km 떨어져 있는 딸 벳시(Betsy)의 집으로 이사를 하고, 그곳에 병원 침대를 1층 손님방에 설치해 놓고 지내 왔다. 벳시는 낙스 장로교회의 주전 교인이고, 어머니의 교회는 최근에 임시 목회자가 부임한 상태라, 어머니를 모르는 분이었다. 그래서 벳시는 자신의 담임 목사 주디스 토머슨이 대신 방문해도 되는지 어머니께 물었다. 주디스 토머슨 목사는 임시 당회장과 대화를 했고, 양해를 얻었으며, 앞으로 목회적 돌봄을 제공하고, 만약의 경우 장례도 집례하기로 합의를 본 상태다.

　다음의 대화는 암 말기 상태에 대해서 루터 여사와 주디스 토머슨 목사가 나눈 초기 대화내용이다.

루터 여사(1): 이런 일이 일어나고 있다는 것이 믿어지지 않아요. 베스 (벳시의 26세 딸)는 5주 후면 결혼할 거예요. 그런데 제가 지금 이렇게 아프다는 것이 너무 속상해요. (자신의 머리를 두 손으로 감싸고 조용히 흐느낀다.)

토머슨 목사(1): 참 힘든 시간이에요.

루터 여사(2): (흥분됨) 차라리 결혼식을 치른 후에 알게 됐으면 좋았는데. 그놈의 기침이 생겼어도 의사를 찾아가지 말았어야 했어요. 그냥 참고 있을 수도 있었는데…….

토머슨 목사(2): 지금 일어나고 있는 일을 어떻게든 바꿀 수 있었으면 하고 바라는 것 같네요.

루터 여사(3): 네. 의사선생님을 찾아갔던 때를 자꾸 생각하게 되고, 차라리 기다렸다면 하고 바라요. 그런데 결국은 하나님께 간구하게 되요. 제발 앞으로 6주만이라도 아프지 않게 해 달라고요. 그러면 벳시가 제게 신경 안 쓰고 결혼 준비에만 집중할 수 있잖아요. 제가 조금만 더 힘이 생기면 휠체어에 앉아서라도 결혼식에 참석할 수 있을 텐데요. (주먹 쥔 손을 흔들면서 목소리가 커진다.) 하나님! 그것쯤은 해 주실 수 있지 않나요? 제발 결혼식이 있을 때까지만은 모든 게 괜찮게 해 주세요.

토머슨 목사(3): 지금 아픈 것에 대해 책임을 느끼시는 것 같아요.

루터 여사(4): 하나님은 왜 제게 이런 일이 생기게 했을까요?

토머슨 목사(4): 하나님이 왜 이런 일을 당신에게 하였냐고요?

루터 여사(5): 너무 피곤해요. 벳시(베스의 엄마)에게 이런 말을 못해요. 그녀가 찾아오면 괜찮은 척해요. 밤이면 고통이 너무 심해져요. 하지만 내 상태가 얼마나 나쁜지 벳시가 알기를 원치 않아요.

토머슨 목사(5): 지금은 혼자서 모든 것을 해결해 보려고 하시는 것 같네요.

루터 여사(6): 맞아요. (눈물을 글썽인다.) 근데 잘 안 돼요. 어떻게 해야 할지 모르겠어요. 지금 목사님께 기도를 부탁하고 싶어요. 그런데 무엇을 위해서 기도를 해야 할지 모르겠어요. 물론 이 일에 하나님께 책임이 있다고 생각하지는 않아요. 그래서 뭐라고 기도해야 할지 모르겠어요.

토머슨 목사(6): 뭐라도 구해야 할지 모르시겠다고요?

루터 여사(7): 그냥 맡기고 내려놓고 싶기도 해요. 하지만 책임이 무겁게 느껴져요.

토머슨 목사(7): 네. 그냥 하나님께서 이 시간 함께해 주시기를 구하는 것도 괜찮을 것 같은데요.

루터 여사(8): 네, 그렇게 기도해 주실래요? (그녀는 주디스 목사에게 손을 내밀었고 주디스 목사는 그녀를 잡아 주었다.)

토머슨 목사(8): 사랑의 하나님, 저희와 함께해 주세요. 지금 이 순간 저희에게 더욱 가까이 와 주세요. 우리가 들이쉬고 내쉬는 공기처럼, 주님과 가까이하게 돕는 좋은 공기처럼……. (주디스 목사가 숨을 크게 들이쉰다. 루터도 따라 한다.) 주님은 흑암 속의 빛이십니다. 밝게 타오르는 촛불처럼. 당신 안에 우리가 편히 쉴 수 있습니다. 주님 앞에 모든 것을 내려놓을 수 있습니다. 어떤 일이 일어날지라도 함께하실 줄 믿습니다. 당신은 우리와 항상 함께

하십니다. (루터가 깊이 숨을 쉰다. 잠시 침묵이 흐른다.)

루터 여사(9): 하나님, 당신은 저로부터 멀리 계셨어요. (눈물이 글썽해
진다.) 가까이 와 주시기를 원합니다. 주님과 가까이 있을
수 있도록 도와주세요. 당신은 좋으신 하나님이십니다.

토머슨 목사(9): 정말 좋으십니다. 가까이 계셔 주세요.

루터 여사(10): 아멘.

토머슨 목사(10): 아멘.

루터 여사가 묘사하는 그녀와 하나님과의 관계를 포함하는 그녀
의 종교적 상징 시스템을 주디스는 여러 방면으로 대화 중에 관찰한
다. 그녀는 자신의 무력감 속에서도 하나님의 강한 능력을 믿는다.
"제발 앞으로 6주만이라도 아프지 않게 해 달라고요." "하나님! 그
것쯤은 해 주실 수 있지 않나요?" 화가 날 때 그녀는 큰 목소리로 한
탄한다. "하나님이 왜 제게 이런 일이 생기게 했을까요?"

다른 때는 암 말기 상황과 가족들이 벌써부터 경험하고 있는 슬픔
을 부인한다. 그럴 때 그녀는 하나님이 없고 자신만이 상황을 좀 더
지배했어야 한다고 상상한다. "차라리 결혼식을 치른 후에 알게 됐
으면 좋았는데. 그놈의 기침이 생겼어도 의사를 찾아가지 말았어야
했어요. 그냥 참고 있을 수도 있었는데……." 의사를 찾았을 때를 다
시 생각하면서 이 병이 이 시점에 발생하지 않게 무엇인가 할 수 있
었다고 상상한다. 그녀의 반응은 충격받은 사람이 자동차 사고를 계
속해서 재연하면서 만약에 핸들을 다른 방향으로 틀었거나 브레이
크를 더 빨리 밟았다면 사고를 방지할 수 있었을 거라고 생각하는
것과 비슷하다.

주디스는 루터 여사가 한탄할 때마다 루터 여사로 하여금 자기성찰을 하도록 격려한다. "하나님이 왜 제게 이런 일이 생기게 했을까요?" 그때 루터 여사는 자신의 한탄으로부터 한 걸음 뒤로 물러선 듯이 자신이 등지고 있는 부담의 무게를 느낀다. "너무 피곤해요." 그러면서 심의신학적 접근으로 바뀐다. "물론 이 일이 하나님께 책임이 있다고 생각하지는 않아요." 그리고 그녀는 자신이 너무 많은 책임부담을 지고 있다는 것도 인정한다. "그냥 맡기고 내려놓고 싶기도 해요. 하지만 책임이 무겁게 느껴져요." 이 순간 루터 여사는 그녀의 상징 시스템에 대한 성찰능력을 보이고 있다. 그녀는 자신이 하나님이 이런 일이 일어나도록 했다고 말한 것을 되돌아볼 수 있는 것이다. 자기성찰능력이 바로 전환점이다. 주디스는 혹시 루터 여사가 이 순간에 하나님의 임재를 느낄 수 있는지를 확인하기 위해 개입했다.

하나님의 임재를 느낄 경우 어떤 결과가 따를 것인가? 우선적으로 이런 목회적 대화에 따르는 결과는 과거나 하나님의 상 또는 자신을 과대한 능력을 가진 것처럼 여기는 생각에 잠기는 것을 막는다. 또한 앞으로 있을 결혼식, 부재하신 하나님, 소외되고 모든 사람의 행복을 책임져야 한다는 것에 대한 강박적 초점을 내려놓는다. 그녀는 이제 현재 상황에 충실할 수 있게 되었다. 그리고 암 말기의 현실을 수용하게 되었다. 그것은 그녀가 하나님, 자신, 그리고 자신을 돌보는 주디스와 결속감을 느끼기 때문이다. 죽음에 가까운 사람으로서 현재 상황에 완전하게 몰입할 수 있는 능력은 참으로 큰 자원이 된다. 그러한 결속감은 삶의 마지막 날들이 '안전한 여정'을 가지도록 돕는다.

이런 대화 속에서 주디스가 느낀 것은 루터 여사에게 '영혼'이란 깊은 결속감과 현재에 충실함의 체험이라는 것이다. 그녀가 루터 여사와 집중하기 위해 드리는 기도가 '그녀의 영혼을 만족시킨다.' 그후의 방문에서 그녀와 루터 여사는 다른 영의 양식을 체험하게 될 것이다. 예를 들어, 종교음악 감상, 말씀 묵상 또는 성찬 받음 등이다.

목회적 돌봄 사역자는 네빌의 신학을 통하여 돌봄 수혜자들의 이야기, 생활, 믿음 속에 잠재해 있는 상징의 의미와 역할을 탐구하고 평가할 수 있다. 때로는 돌봄 수혜자들이 그들의 삶의 현장에서 이제는 부적절해진 종교적 상징을 사용하고 있을 수도 있다. 한 예로, 잭을 고려해 보자. 그는 가톨릭 신앙으로 양육되었지만 감리교의 교인이 되었다. 그런데 그의 가장 친한 친구가 자살했다. 잭은 약 3,000km가 넘는 먼 곳에 살고 있었지만, 친구의 죽음을 기억하기 위해 곧바로 무엇이든지 하고 싶었다. 답답한 마음을 달래고자 산책을 하던 중 어느 가톨릭 성당에 다다랐다. 어쩌면 죽은 친구를 추도하기 위해 신부님께 미사를 드려 달라고 부탁할 수 있을지도 모른다는 갑작스러운 생각에 성당 문을 들어선다. 그런데 그의 친구는 가톨릭 신자가 아니었다는 것을 기억한다. 그가 친구를 추도하기 위해 영성체(성만찬)를 드리는 것이 자신이 어렸을 적에 가졌던 후세에 대한 신앙임을, 죽은 사람 중에 종교적인 예식 없이는 그들의 영혼이 천국에 들어갈 수 없다는 그런 생각이었다. 그는 이제 어른이 되어서는 친구의 영혼이 이 순간 하나님과 함께 있다고 믿는다. 그리고 그것을 보장하기 위해 그에게는 종교의식이 필요하지 않다.

돌봄 수혜자에게 종교적 상징이 큰 의미를 가질 경우 그것들의 의미를 자세히 살펴볼 필요가 있다. 왜냐하면 때로는 상징이 생명을 주는 구조가 아닌, 폭력적 구조에 참여하며 힘을 소지하기 때문이다. 예를 들어, 예수님 십자가상의 고통의 상징이 많은 이로 폭력적이고 생명마저 위태로운 관계에 머물러 있도록 설득할 수 있다. 상징이 삶의 구조에 관여되어 있을 때 그것은 사람들의 관점과 생활을 변화시킬 수 있는 힘이 있다. 목회적 돌봄 사역자들은 상징을 힘의 구조로써 폭력의 구조를 유지하는지, 폭력의 구조에 갇혀 있는 개인 가족들과 공동체를 변화시키는 생명의 구조를 유지하는지를 꼭 평가해야만 한다.

루터 여사의 사회적 정체성을 총체적으로 평가할 때 토머슨 목사는 그녀가 말기 병 위기에 영향을 주는 사회적 혜택을 누리는지, 혹은 불리함을 받고 있는지(6장 참조)를 고려해야 한다. 예를 들면, 그녀와 그녀의 가족은 투병의 기회를 가질 수 있는 재정적인 여유가 있고, 집에서 호스피스 서비스를 받는 것이 재정적인 위기를 초래하지 않는다. 손녀딸이 결혼의 행복감을 누리게 하기 위해 그녀의 투병을 감추기를 원하는 것은 여자의 역할이 가족을 지키는 것이라고 어려서부터 배워 온 가치관임을 보여 준다. 아내와 어머니의 역할을 사회로부터 배운 것은 적어도 처음에는 그녀에게 손해가 된다. 주디스 토머슨은 그녀의 신앙공동체와 가족이 투병하는 데 필요한 능력에 자원이 되는지 방해물이 되는지 평가한다. 만약에 루터 여사나 그녀의 딸을 돕는 신앙공동체가 없다면, 하나님의 임재를 경험하기는 더욱 어려울 것이다. 만약 그녀의 가족이 과거에 어려움을 이기는 방도로 억지로라도 외부적인 성과에 초점을 둬 왔다면, 그들은 루터 여사의 말기 병을 부인하고 '완벽한' 결혼식 준비에 전력할 것이다. 만약에 경제적 여건이나 가족의 행동이 사랑과 존중이 가장 필요한 말기 환자인 루터 여사를 비인격적으로 대한다면, 사회적이고 가족적인 학대를 조명하는 신학적 관점이 루터 여사를 돌봄에 적절할 것이다. 많은 돌봄 수혜자들이 상실에 의한 단순한 위기와 변화를 경험할 때라도 돌봄 사역자는 폭력과 억압의 가능성을 고려해야만 하고, 폴링의 '악의 신학'과 같은 신학적 관점의 필요를 고려해야 한다. 다음에서는 신학을 요약하고 네빌의 신학과 함께 견주어 폭력과 억압에 의한 위기에 그의 신학이 어떻게 적절해질 수 있는지를 설명할 것이다.

🕴 폴링의 악의 신학

폴링은 악을 권력의 악용으로 정의하며 구조 이론을 통하여 악을 형성하는 상호 연결된 세 가지−개인적 · 사회적 · 종교적 요소를 설명한다. "악은 개인이나 사회 속의 행동에만 개별적인 것이 아니라, 많은 개인과 그룹의 행동과 의도에 의해 형성되고 유지되어 온 복잡한 권력과 폭력적 구조다(Poling, 1996: 112)." 악의 절대적인 결과는 몸과 영의 파괴다.

그는 악을 하나님으로부터 오는 생명적 사랑의 힘과 대조시킨다. 그것은 "감수성, 타인과의 관계의 내면화, 관계의 결속성에 가치를 준다(Poling, 1996: 114)." 폴링은 사람들의 심리내적 '지도'의 구조, 예를 들어, 자기−어머니, 자기−아버지, 자기−형제자매 관계의 이미지를 포함하는 그들의 대인관계 경험의 모체에 관해 초기 어린 시절부터 어떻게 형성되는지를 대상관계 이론을 이용하여 기술하고자 한다. 사람들은 또한 하나님−자기와의 관계 이미지들을 형성하는 데 대부분 가장 가까운 관계, 아버지나 어머니로부터 발생한다 (Rizzuto, 1979). 루터 여사에 대한 설명 중에 때로 하나님은 분노한 분이므로 자신이 두려워하는 존재로, 또는 하나님은 부재하시므로 자신이 모든 것을 통재해야 한다거나, 하나님은 사랑하시는 분이고 자신은 그런 하나님을 신뢰하는 것으로 경험한다. 이러한 이미지가 루터 여사의 하나님 상징의 기초가 된다. 추가적으로 폴링은 대상관계 이론의 인격 이해에 과정신학을 보태어, 존재의 구조를 삶의 상호 연속성으로 말한다. 자기-타인의 관계 모체가 관계의 거미줄과 같은 삶의 경험과 일치한다.

루머(Loomer)의 악의 과정신학과 같이 폴링은 지적한다. "악은 몸과 영의 삶 밖에 있는 외부적 힘이 아니라 삶 자체 속에서 발생한다 (Poling, 1996: 118)." 예를 들면, 다툼과 권력갈등은 대부분 가족 안의 부부 사이, 부모-자녀 간의 친밀하고 열정적인 관계의 부분이다. 권력갈등 속에 대부분 상대를 압도하기를 원하며 이 과정에서 아주 쉽게 상대를 독립된 인격체가 아니라 목적물로 대하게 된다. 사회구조 중 가족구조 같은 경우 피할 수 없이 권력을 가진 자와 못 가진 자 사이에 권력갈등이 생긴다. 사회적 필요에 의해 사람들을 범주에 따라 분류하고, 그에 따른 편견을 형성하는 습관이 자신과 다른 사람들을 비인격화시키는 경우가 많이 생긴다. 서로를 복합적이고 비밀스러운 주체로 대하기보다는 목표물이 된다. 심리적 언어로 볼때 전혀 상호적 주체감이 없는 것이다. 신학적 언어로는 사람들이 서로를 하나님의 사랑받는 자녀로 더 이상 대하지 않는 것이다.

악은 죄의 결과이며 "사랑하는 감수성의 부정이다." 그리고 자신과 타인들 또한 하나님과의 교제로부터 떠나는 것이다(Poling, 1980:

95). 죄는 개인적·사회적·종교적 형상을 가진다. "하나님께서는 개인과 상호 관계적 연속성의 가치를 높이기 위한 목적으로 우리에게 개인적인 것과 사회적인 힘을 주셨다(Poling, 1996: 114)." 권력을 악용하거나 침묵으로 권력악용과 협력할 때 우리는 죄를 짓는 것이다. 그리고 다른 이들과 창조물을 목표물로 취급할 때 그들과 창조에 내재된 선함을 침입하는 것이다.

삶의 망(web)은 악의 망과 엉켜 있다. 신앙인에게 도전이 되는 것은 그들이 사용하는 권력이나 경험하는 권력이 삶의 망을 돕는지 파괴하는지를 분별하는 것이다. 폴링은 권력의 악용이 영과 몸의 파괴를 가져온다고 주장하면서도 선과 악을 구별하는 것이 쉽지 않음을 인정한다. "악은 카멜레온과 같다. 선과 엉켜 있으면서 선한 것처럼 가면을 쓰고 있다(119)."

선과 악이 엉켜 있을 때 비극, 즉 생명과 삶의 망의 파괴가 생긴다. 비극은 삶의 세 가지 요소에서 발생한다. 첫째, 모든 이를 위한 삶의 기본적 필요물이 충분하지 않다. 그러므로 필요물, "생명력, 삶의 범위의 통합" "음식, 거처, 일자리, 건강, 정치적 자립"에 대한 다툼이 생긴다(Sands, 1994: 10-11). 인간으로서 어떤 선택을 하든지 누군가는 피할 수 없는 비극적인 갈등으로 말미암아 상처를 입게 된다. 삶의 상호 연속성을 인정할 때, 탈근대적 접근으로 보면 비극적인 갈등은 삶의 부분이다.[3] 둘째, 우리는 선과 악을 선택할 자유를 부여받고 창조되었다는 것이다. 셋째, 폭력은 대체로 더 많은 폭력을 낳고 세

3) "탈근대 시대에 비극적인 갈등은 우리의 삶의 테두리를 정해 줄 뿐만 아니라 속속들이 섞여 있다(Sands, 1994: 6)."

대적으로 전승되기도 하여 폭력의 악순환을 형성시킨다.[4]

　대체로 역사적 회상만이 사람들로 하여금 비극을 가져오는 악에 대해 이해하게 한다. 캐나다와 오스트레일리아에서 원주민 자녀들을 그들의 부족에서 빼내어 교회가 운영하는 기숙사제 학교에 배치한 것이 그 예다. 정부와 기독교 기관의 목적은 그 아이들이 유럽 문화를 받아들이도록 하기 위한 것이었다. 하지만 그 아이들과 가족들에게 끼친 영향은 너무나 파괴적이다. 그 아이들은 충분한 음식이나 의료혜택을 받지 못했다. 어떤 아이들은 육체적·성적 폭력의 피해자가 됐다. 자신들의 언어를 박탈당했고 그들의 문화와 종교는 무시당했다.

　위에서 소개한 것과 같은 악을 대면하게 될 때, 신앙인은 대체로 그에 대항하는 절대적 진리를 고수한다. 탈근대 여성신학자 캐슬린 샌즈(Kathleen Sands)는 설득력 있게 이러한 절대적 진리 주장을 만드는 것에 대해 반대한다.

　　악에 대해 말할 때, 과연 탈근대 시대에 신학이 무엇을 할 수 있는지 또는 해야만 할 것인지가 가장 중심적인 과제라고 주장해 왔다. 이 질문이 더 중요해지는 이유는 신학이 점점 더 고통과 불의의 분석을 심리학, 경제학, 정치학 같은 학문을 접하여 접근하기 때문이다. 이런 상황에서는 신학적으로 독특한 접근방법이 가장 설득력 없고 명료하지 못한 부분이 될 수 있다. 진실 주장의 공인

---

4) 이 세 가지 정의는 래리 그래함의 '변신론과 비극' 과목 강의 노트에 있다(Graham, 2004).

을 절대적 대상에게 호소하기 때문이다. 다행스럽게도 종교와 영성은 의미추구 양식이 다른 것들보다 더욱더 풍부하고 섬세하다. 내가 제안하고 싶은 것은 이런 절대적이지 않은 의미를 음미할 때야말로 신학이 탈근대 시대에 가장 충실한 역할을 감당할 수 있다는 것이다. ……이상화된 자연과 신에 대한 관점으로부터 눈을 돌려 특정된 역사적 공동체 속에서 신비적이고 미학적이고 도덕적인 경험을 다루는 것이다.

(Sands, 1994: 167)

목회적 돌봄 사역자들이 돌봄 수혜자들의 비극적인 폭력 경험 이야기를 들을 때 그에 해당된 진리주장을 명료하게 표현할 필요가 있다. 하지만 그들의 경험은 한정된 시간과 장소 안에서 형성되었기에 언제나 상황적이라는 것을 꼭 인정해야 한다. 이것을 기억하면서 폴링이 제시한 신앙적 주장을 다루자.

폴링의 악의 신학은 세 가지 신앙적 주장에 근거한다. ① 하나님이 우리에게 생명을 주신 것은 삶의 상호 의존적인 피조물의 선을 위해 우리의 힘을 사용케 하기 위함이다. ② 믿음의 사람들로서 인정해야 할 것이 있는데, 삶을 적극적으로 살다 보면 심한 충돌과 권력다툼으로 인해 권력을 악용하게 될 때도 있다는 것이다. 다시 말하면 죄를 짓는 것이고 죄적인 시스템에 참여하는 것이다. ③ 우리는 선을 악으로부터 쉽게 식별할 수 없는 서로 얽매여 있는 거미줄망 속에 존재하고 있다.

목회적 돌봄 사역자들은 권력의 갈등을 감시하는 임무가 있고 우리의 권력행사가 폭력상황에 기여하고 있지는 않은지 늘 점검해야 한다. 폴링의 말에 따르면, 우리는 "예수님을 따를 때 발생하는 여러 상황과 애매한 상황 속에서 보여 줘야 할 믿음의 형태"로 "선을 행하라"고 부름받았다(Poling, 1996: 175). 폴링은 폭력, 억압, 악의 상황 속에서 선을 행하는 전략과 행동을 다음과 같이 설명한다.

- 저항 영성을 개발한다.
- 저항 공동체와 결속한 삶을 산다.
- 자신의 도덕적·물질적 상태를 점검한다.
- 내면의 가해자적 성향에 직면한다.
- 권력자에 직면한다.
- 기관과 협상한다.

폴링의 악의 신학, 저항, 다원적이고 애매모호한 신성과 네빌의 파괴된 상징 신학을 합칠 때, 돌봄 수혜자들을 심의신학으로 접근하는 목회적 돌봄 사역자들은 좀 더 풍성하고 다양성 있는 신학적 이해를 얻을 수 있다.

연습 7
신학적 고찰하기

　자신의 축어록을 재검토하며 돌봄 수혜자가 종교적·영적 신앙, 실행 또는 하나님의 형상 등에 대해 말하거나 암시하는 것들에 밑줄을 친다. 밑줄 친 부분을 서너 번 정도 재검토하면서 뭉쳐 있는 문장 속에 흐르는 공통된 주제를 파악한다. 주제의 예는 여러 가지인데 고통, 특히 깊은 슬픔이나 분노, 하나님의 이미지/체험이나 신성하게 느껴진 경험(자연, 아름다움, 미술 등), 현재 일어나고 있는 상황이나 미래에 일어날 것들에 대한 죄/죄책감/수치심 또는 절망/희망, 죽음과 내세(이미 죽은 자와의 절대적인 이별 또는 지속적 영적 관계) 등이다. 축어록에 나타나지 않는 주제일지라도 돌봄 수혜자의 경험에 관련되는 주제를 다룬다.

1. 각 주제는 그 주제에 대해 명백하거나 암시적으로 언급하는 돌봄 수혜자의 말을 지적하면서 설명하라.

2. 돌봄 수혜자의 신앙, 실행, 하나님/신성의 체험을 네빌의 종교적 상징 신학을 활용하여 다음의 질문에 답함으로써 신학적으로 평가한다.
   - 돌봄 수혜자에게 자신의 종교적인 신앙, 실행, 체험, 하나님의 상징들을 숙고하고 회고할 수 있는 능력이 있는가?
   - 돌봄 수혜자의 종교적인 신앙, 실행, 체험, 하나님의 상징 등의 실제적인 결과는 무엇인가? 이러한 신앙, 실행, 체험, 하나님의 상징이 돌봄 수혜자가 위기를 극복하는 것을 어떻게 돕는가? 장기적인 의미 발견/영성을 어떻게 돕는가? 이러한 종교적인 신앙, 실행, 체

험, 하나님의 상징이 고통의 무게를 견딜 수 있도록 돌봄 수혜자를 도울 수 있을 것인가?

- 돌봄 수혜자의 영혼의 상태가 어떤가? 돌봄 수혜자의 이야기와 전통을 다루는 상황에 대해 숙고할 때 당신은 '영혼'이라는 말을 어떻게 이해하고 있는지 생각해 보라. 돌봄 수혜자가 자신의 삶의 신성한 부분에 대해 어떻게 말하고 있는지 경청하라.

3. 폴링의 신학적 관점에서 이 문제에 답하시오.

- 돌봄 수혜자의 신앙, 실행, 체험, 하나님의 상징이 더 큰 삶의 거미줄과 연결되어 있습니까? (2번 질문에서 돌봄 수혜자의 신앙, 실행, 체험, 하나님의 상징의 결과에 대한 대답을 어떻게 기록했는지 생각해 보라.)
- 그것들은 폭력으로 이루어지는 망(web)의 한 부분인가?

8장

돌봄 계획: 치유와 정의의 추구

돌봄 사역자는 돌봄 수혜자의 이야기를 잘 듣고, 상실과 폭력에 대한 것들을 곰곰이 생각하고, 대처방법을 되짚어 보며, 문화적 · 사회적 · 가족적 시스템의 영향을 평가하면서 신학적 성찰과 연결한 후, 돌봄 수혜자의 필요를 다룰 방법을 계획한다. 필요하다면 가족과 사회, 문화적 시스템까지 고려할 수 있다. 목표는 단지 개인의 변화만이 아니라 그들을 지원해 주는 여러 관계를 형성하는 가족, 사회, 그리고 문화의 변화도 포함한다. 돌봄 사역자는 계층, 성 같은 사회적 정체성의 특정 상황이 억압을 야기할 수도 있다는 것을 알아야 한다. 그리고 지속적인 권력남용 앞에서 개인의 치유는 궁극적으로 불가능할 수도 있다는 것을 알아야 한다. 그런 경우에 (7장에서) 폴링이 작성한 선을 행하기 위한 전략은 돌봄을 위한 방법의 한 부분이 될 수도 있다.

여기서는 세 단계로 돌봄의 방법을 제시하고 있다.

1단계: 돌봄 수혜자의 안전 고려와 신뢰감 구축하기
2단계: 상실에 대해 애도하기
3단계: 일상적인 삶과 다시 관계 맺기[1]

이 단계들은 위기 또는 변화에 처해 있는 사람들을 위한 돌봄의 한 방법이고 그들의 이야기에는 상실, 폭력, 그리고 극복하기 위한 강박적 방법을 포함한다.

🖐 1단계: 돌봄 수혜자의 안전 고려와 신뢰감 구축하기

누군가가 폭력을 당하고 있는지 판단하는 목회적 돌봄 사역자에게 가장 시급한 것은 돌봄 수혜자의 안전을 추구하는 것이다. 돌봄 사역자는 몇 가지 방법으로 이것을 해결할 수 있다. 첫째, 4장에 언급된 대로 현재 많은 주와 지방법에서 목회자는 아이, 청소년, 노인 그리고 장애인이 성적·육체적·심리적으로 학대 또는 무시되고 있다고 의심이 들면 보고해야 한다고 법적으로 의무화되었다. 이런 법의 목적은 적절한 전문적 지식을 갖춘 사람들, 즉 사회복지나 법을 집행하는 공무원들이 내린 위험에 대한 즉각적인 판단을 보장하

---

1) 이 단계들은 허먼(Herman, 1992)과 포천(1987, 특히 미국 시애틀 성폭력/가정폭력 단절센터의 담당자로 있을 때의 연구)의 연구다.

기 위해서다. 그런 사람들은 필요하다면 희생자의 안전을 확보하기 위해 즉시 행동을 취할 수도 있다.

따라서 어린이, 청소년, 노인 또는 장애인이 위험에 처해 있음을 알았다면 돌봄 사역자들은 그 지역에서 그들이 법적으로 보고해야 할 의무가 있는지에 대해 종교적 · 법적 자문을 얻어 확인해야 한다. 그리고 그들의 행위에 대한 교단적 규례가 학대를 신고하도록 요구하고 있는지도 상담해야 한다(4장). 법적 보고 의무가 있든 아니든, 그들은 희생자들이 스스로 학대를 신고하도록 격려할 수는 있다. 이런 행동을 취하는 것은 희생자들의 자기구제력(self-agency)을 키울수 있고 회복을 위한 첫걸음이 될 수 있다.

돌봄 사역자들이 성인 돌봄 수혜자가 폭력의 희생자라는 것을 발견하면 그 또는 그녀에게 가능한 모든 대처방법을 함께 찾아보도록 한다. 예를 들면, 강간위험 신고센터 혹은 가정폭력 피해자 보호기관에 연결해 주거나, 육체적 상처가 심한 경우 응급실에도 동행하며 경찰에 신고해 줄 수도 있다. 안전을 확보하고 범죄를 신고하도록 희생자를 격려할 필요가 있지만, 또한 더 취해야 할 행동에 대해 스스로가 결정하도록 해서 희생자의 권리를 존중해 주어야 한다. 가해자를 체포하는 것보다 피해자를 강하게 해 주는 것이 돌봄의 우선적 목표다.

돌봄 수혜자가 폭력이 일어나고 있는 현장에서 돌봄 사역자에게 예를 들어, 전화상으로 연락했을 때 돌봄 사역자는 즉시 경찰을 불러야 하며 돌봄 사역자 스스로 해결하려고 하면 안 된다. 끼어드는 것은 위험하고 갑작스러운 폭력 상황이 벌어질 수도 있다. 경찰들만이 폭력 현장에서 진입하도록 훈련된 유일한 사람들이다.

둘째, 돌봄 사역자들이 돌봄 수혜자의 안전에 유의해야 하는 방법은 자살충동에 대해 질문하는 것이다(5장을 보라). 예를 들어, 돌봄 수혜자가 심각한 슬픔으로 인한 절망감을 표현한다면 돌봄 사역자는 그가 전에 삶을 끝낼 생각을 했었는지를 물어야 한다. 가령 아내에게 굉장히 집착하는 남편이 있다면, 아내가 애인이 생겨 갑작스럽게 떠날 것을 알려왔을 때 자살을 생각할 수도 있다. 자신이 게이, 레즈비언 또는 성전환자라는 사실을 인정하게 됨으로써 위기를 경험하는 사춘기 아이들은 자살충동을 느낄 수 있다. 산후우울증을 경험하는 엄마는 자신이 갇힌 어둠에서 나올 유일한 방법으로 자살을 생각할 수도 있다.

돌봄 사역자는 폭력과 자살에 대해 물어보고 필요한 경우 학대를 신고하고 피해 당사자와 함께 여러 방법을 고려해 봄으로써 돌봄 수혜자가 위험으로부터 육체적으로 안전하다고 판단한다. 그리고 그 후에라도 그 또는 그녀가 심각한 슬픔, 폭력에 대한 반응 또는 대처하기 위해 강박적 방법을 사용하여 혼란스럽고 무질서해진 점을 진단할 수 있다. 돌봄 수혜자와 함께 그리고 그 사람을 돌봐주는 팀원들과 함께, 돌봄 사역자는 그(그녀)가 위험에 대해 강인한 육체적·영적·관계적 반응으로 극복하도록 도와줄 매일매일의 전략을 개발할 수 있다. 예를 들어, 무엇이 돌봄 수혜자가 평온함을 다시 얻을 수 있도록 도움이 될지 탐색할 수 있다. 기도, 예배, 세례와 성찬, 성경통독, 음악 감상 같은 종교적이고 영적인 훈련은 돌봄 수혜자가 평화로운 순간을 발견하고 삶을 살아가는 데 필요한 일상적인 일에 적응할 힘을 발견하도록 도울 수 있다. 돌봄 수혜자가 심각한 위기의 상황 동안 스트레스를 다스릴 영적·종교적 훈련을 효과적으로 사용할 수 있다면, 그런 대처는 하나님과의 관계와 신성한 삶에 대한 감각을 유지하고 깊이 있게 하는 지속적인 원천이 될 것이다.

그러나 돌봄 사역자들은 모든 종교적·영적 훈련이 생명을 풍족케 한다고 가정할 수는 없다. 위기에 닥칠 때 강박적인 심리 성향을 가진 돌봄 수혜자는 기도를 자신의 불안감을 증가시키는 방향으로 사용할 수도 있다. 낙태한 것에 대한 강한 죄책감으로 고해성사를 함으로써 하나님과 관계를 다시 지속시키고자 하는 여인은 그녀의 영적 행위에도 불구하고 죄책감을 계속 느낄 수 있다. 이 경우 그녀는 목회적 돌봄 사역자와 자신의 죄책감을 다룰 필요가 있다. 왜냐하면 단순히 지속적으로 회개를 반복하는 것은 하나님과 관계를 재정립하는 데 도움이 되지 않을 뿐더러, 삶을 풍요롭게 하는 영적 훈련이 아니기 때문이다. 오히려 하나님과의 단절감이 깊어질 수 있다.

결혼생활에서 폭력을 겪고 있는 여인은 성공적인 결혼에 대한 책임을 느낄 수 있으며, 그러기에 자신의 종교적 전통의 가부장적인 면을 받아들이고 잠언에 묘사된 '좋은 아내'가 되기 위해 더 열심히 노력함으로써 극복할 수 있다. 그녀는 남편의 폭력은 자신이 지고 가야 할 십자가이거나 하나님의 벌이라고 믿을 수도 있다.[2] 남편이 후회하고 있다면 용서해야 한다고 성경이 명령한다고 느낄 수 있다. 그녀는 부끄러움과 두려움 때문에 폭력에 대해 아무에게도 말하지 않거나, 그녀의 종교적 믿음 안에서 자신이 어떻게 이해하고 있는지

---

2) 사람들이 스트레스를 극복하는 데 종교를 어떻게 사용하는지에 대한 실험연구에 따르면, 부정적인 사고를 하나님으로부터의 벌이라고 이해하는 경우 심리적으로 더 힘들어한다는 결과를 보였다(Pargament, 1997: 288).

도 말하지 않을 수 있다. 이러한 종교적 원리와 권위적 규범의 사용은 폭력의 순환을 지속시킨다. 유사하게 미혼녀는 결혼할 사람과 성적 취향이 맞는지 안 맞는지도 고민할 수 있다. 그녀는 지나치게 단순한 순결에 대한 신학적 견해나 레위기서에 기록된 성스러움에 대한 규례를 받아들일 수도 있다. 그 당시에 문화적인 기능을 하였던 이런 규례는 현재 미국의 문화전쟁에서도 종교국가라는 위협 아래 역할을 하고 있다.[3]

돌봄 사역자가 돌봄 수혜자의 종교생활이 해롭다고 판단한다면, 먼저 그런 행위의 직접적인 효과가 무엇인지 돌봄 수혜자에게 물어볼 수 있다. 평화롭고 안락하며 희망적이라고 느끼는가? 얼마나 오래 이런 느낌이 지속되는가? 전능하신 하나님을 의지하고 따르는 돌봄 수혜자라면 위험의 순간에 안정감을 느낄 수도 있다. 어쨌든 하나님과 자신에 대한 이러한 이미지는 돌봄 수혜자가 인간존재의 여러 측면(web) 중에서 하나님에 대한 경험과 자기구제력(self-agency)을 협력적 관계로 여겨야 할 때 오히려 해가 될 수도 있다.[4] 돌봄 사역자가 돌봄 수혜자의 영적 행위의 효과에 대해 함께 조사해 보면 돌봄 수혜자는 이런 효과가 오래 지속되지 않음을 인정하며,

---

3) "사회지체가 위기에 처할 때의 반응 중에는 그 지체의 단결, 순수성, 완전함을 지키기 위한 큰 노력이 있다. 고대 이스라엘은 많은 위기를 겪었다. 신성규약은 환멸과 낙심에 차 있던 이스라엘 유배시절에 유래한 것으로, 뛰어나고 완전한 실체의 나라로 재건되고 연합하고자 한다(Stuart & Thatcher, 1997: 91)."
4) 파가먼트(1997)는 사람들이 스트레스를 극복하는 데 종교를 어떻게 사용하는지에 관한 실험연구에서 세 가지 극복하는 스타일을 발견했다. 스스로 관리하기, 협력하기 그리고 미루기다. 협력하는 스타일이 심리적 건강과 가장 일관되게 상관성이 있는 것으로 나타났다.

폭력, 심한 죄책감, 부끄러움, 두려움 같은 문제를 재발시키기도 하고, 심지어 더 혼란스러워할 수도 있다. 다음 단계는 종교적 행위를 교대로 숙고해 보며 돌봄 수혜자가 그중 어느 것을 더 하고자 하는지 살펴보는 것이다. 이 과정에서 돌봄 사역자는 돌봄 수혜자의 필요를 존중해 주는 것이 중요하다. 새로운 방식에 익숙해지기 전에 해로운 종교적 행위를 그만둘 것을 돌봄 수혜자에게 제안하는 것은 주의해야 한다. 돌봄 사역자는 돌봄 수혜자가 해로운 종교행위를 그만둘 준비가 될 때까지 인내하며 지속적인 도움을 제공할 필요가 있다.

개인의 영적 행위가 해로운지 아닌지 판단함과 동시에, 돌봄 사역자는 그런 행위가 위험 상황에서 자주 겪게 되는 비극적 충돌, 7장에 묘사된 대로 충분한 의미를 제공해 주는 신학에 기초한 것인지 판단할 수 있다. 빌딩의 무게를 충분히 감당하도록 더 강화된 강철처럼, 고난을 이해하도록 도와주는 신학적 방법은 돌봄 수혜자의 고통을 충분히 감당할 만큼 강한 것이어야 한다. 종교적 행위가 단순한 신학에 뿌리를 두고 있으면 가장 위험한 순간에 하나님에 대한 신뢰감을 회복하도록 도움이 될 수는 있을지도 모르지만, 장기적으로 봤을 때는 되돌릴 수 없는 상실로 인한 큰 슬픔을 허락하신 의미가 무엇인지 알아보고 그 고난의 정도를 완전하게 밝혀내도록 도와줄 수는 없을지도 모른다. 다른 곳에서 언급한 것처럼, 고난의 절정에서 종교와 영성의 역할은 탈근대 시대에서 종교를 사용하는 방법과 삶의 극복할 수 없는 고난 속에서 하나님에 대한 완전한 믿음이 유일한 희망이 되는 순간에 비유할 수 있다. 탈근대 시대에 개인의 하나님에 대한 기본적 신뢰의 회복과 고유한 종교적 의미를 발견하는 데 도전이 된다.

목회적 돌봄 사역자는 돌봄 수혜자의 안전에 유의하며 신뢰감을 구축하는 데 있어서 기본적으로 돌봄 수혜자 개인에게 중점을 두되, 또한 돌봄 수혜자의 가장 친밀한 관계, 가족, 공동체 그리고 문화가 심각한 돌봄 수혜자의 위기의 순간을 개선하는지 아니면 악화시키는지 판단해야 한다(6장 참조). 만약 그런 위기에 친밀한 관계와 가족들의 관계적 긴장과 충돌이 포함된다면, 그때는 위기의 가장 심각한 결과를 해결하기 위한 방법에 이러한 관계를 고려할 필요가 있다. 이 방법은 감정적 반발의 강도를 낮추기 위한 방법을 찾는 것으로 구성될 것이다. 그리고 가능하다면 그런 방법이 서로 간의 관계적 결합을 재경험하도록 할 것이다. 분쟁 중에 '중립지대'를 얻도록 도와주는 방법이라면 어떤 것이든 도움이 된다. 여기에서의 방법은 부부가 감정적 반발을 진정시키고 감정적 거리를 두며 함께한 활동을 즐길 수 있도록 하는 방법을 말한다. 예를 들어, 어떤 위기가 부모와 사춘기 자녀 간에 강한 충돌을 야기한다면 돌봄 사역자는 한쪽 또는 양쪽, 될 수 있으면 양쪽과 함께 계획을 짠다. 혹시 학교에 데려다 주는 차 안에서처럼 '휴전(no war)' 지역을 공포할 수 있는 시간이 있는지.

만약 위기가 친밀한 배우자나 친구, 가족 또는 특정 공동체에 있음으로써 발생하는 것이든가 그들의 문화적인 면에 노출되면서 야기되는 것이라면, 그때 돌봄 사역자와 돌봄 수혜자는 이런 관계적 시스템들이 그들의 고통을 증가시키지 못하도록 하는 방법에 대해 생각해 볼 수 있다. 폴링(Poling, 1996)은 그런 방법들을 '권력남용에 저항하기'로 불렀다. 좀 더 감정적 거리를 유지하는 것이 과도하게 걱정하거나 비난적인 부모를 가진 사람에게는 도움이 될 수도 있다. 스트레스를 견디기 위해 심하게 술을 마시는 돌봄 수혜자는 친구들이 술을 많이 마실 때 쉼을 얻고 스트레스를 다룰 수 있는, 대체할 수 있는 다른 방법을 찾는 것이 필요하다. 환경을 떠날 수 있거나 변화가 만들어질 때까지 동성애를 병적으로 싫어하는 환경 속에서 살아남기 위한 방법을 개발하는 것은 레즈비언 또는 게이라는 성적 정체성과 관련된 위기를 경험하는 사람들을 위한 돌봄의 핵심이 될 수 있다.

친밀한 관계, 가족, 공동체, 그리고 문화가 자원일 때 돌봄 사역자와 돌봄 수혜자는 이런 자원을 충분히 활용할 수 있는 방법을 마련할 수 있다. 목회적 돌봄 사역자들은 하나님과의 관계와 삶과의 연결을 깊게 해 주는 자원에 중점을 둘 수 있다. 돌봄 수혜자들은 자신들을 인정해 주는 관계와 활동만을 찾는 데 의도적일 수 있다.

공동체적인 영적 · 종교적 활동은 심각한 위기 단계에 처해 있는 이들에게 커다란 의미를 부여해 줄 수 있다. 종교적 예식이 돌봄 수혜자들로 하여금 즉시적인 하나님의 임재와 공동체의 참여를 체험하도록 도울 수 있다. 성례에 참여하는 것이 나날이 견디기 힘든 자들을 지켜 줄 수 있다. 성찬식에서 잔과 빵을 맛보는 것이 그녀와 함께하시는 하나님의 임재를 느끼는 데 도움을 줄 수 있다. 십자가의 길 기도처에서 묵상함으로써 예수께서 삶의 마지막 순간에 경험한 고통을 그려 보면서 예수의 고난의 이야기 속에 그녀의 고통의 이야기도 포함되어 있다는 것을 이해하게 될 것이다. 사랑하는 사람들을 기억하면서 자신에게 익숙한 로자리오 기도를 외우거나 예배당 강단의 촛불을 점화하는 것이 평안을 줄 수도 있다.

돌봄 수혜자의 이야기 속에 폭력, 상실 그리고 대처에 대한 주제를 돌봄 사역자가 들을 때 그의 문화, 공동체, 가족들이 그를 돕는지 방해하는지를 살핀다. 영적 생활과 신앙도 점검한다. 그리고 어느 신앙 활동이 도움이 되는지, 신뢰의 관계 형성은 어떤지도 묻는다. 그의 이야기의 구체적인 것까지도 관심을 보일 때 돌봄 수혜자는 자신을 경청해 주는 것을 느끼게 될 것이다. 그가 어떻게 대처하고 있는지와 새로운 대응전략을 물어봄으로써 돌봄 사역자는 돌봄 수혜자에게 일상생활의 갈등을 해결하기 위한 동행자라는 느낌을 주게 된다. 돌봄 사역자가 돌봄 수혜자가 어떤 방법으로 그녀의 믿음으로 자신의 위기 경험을 해석하고 있는지를 알게 되고, 그런 후에 하나님과의 대화를 위한 언어를 함께 구성하게 되면 신뢰관계가 더욱 깊어진다. 결국 돌봄 수혜자는 상실의 애도를 할 감성적 · 영적 과정을 거칠 준비가 된다.

🌵 2단계: 상실에 대한 애도하기

심각한 위기—무질서와 혼동을 느끼며 감정적 반응에 휩싸이고 수면이나 식사, 일을 할 때 육체적으로 쇠약해지는 등의 영향이 수그러들면, 돌봄 사역자는 그 상황에서 발생한 어떠한 상실에 대해서도 돌봄 수혜자와 애도하도록 돕는 것에 초점을 맞출 수 있다. 그 위기 상황—퇴직, 관계의 단절 또는 건강의 악화를 지속시키는 등의 피해를 일으키고 있다면, 돌봄 수혜자는 애도할 시간과 장소가 필요하다. 보살펴 주는 것은 개인을 존재케 하는 여러 측면, 즉 자아, 타인, 모든 창조물과 하나님과의 관계를 깊게 할 수 있는 여러 의미와 훈련을 구성하는 것을 포함한다. 5장에서 묘사된 것처럼 의미 시스템을 재구성하는 심리학 이론을 고통이라는 용어 자체뿐만 아니라, 궁극적으로 계시에 대한 속죄의 근거로서 고통을 경험한다는 신학적 관점과 함께 대화하는 데 사용될 수 있다.

이런 돌봄의 단계 동안 목회적 돌봄은 여러 형태를 취할 것이다. 위기 개입의 한 부분인 주중의 모임은 사용하지 않을 것이다. 심각한 위기의 순간이 수그러든 후에 가지는 주중 모임은 돌봄 사역자들이 마치 심리치료사의 역할을 담당하려고 하는 위험이 있다. 이 시점에서 목회적 돌봄의 초점은 변화를 다루는 데 있어서 종교적이고 영적인 영역에 중점을 두어야 한다. 그리고 돌봄은 종교적ㆍ영적 삶의 여러 측면을 포함하여야 한다. 즉, 개인적인 영적 훈련, 공적 예배, 성경을 통한 종교적ㆍ영적 의미의 발견, 믿음에 근거를 둔 독서나 묵상을 함께하는 신앙토론 그룹 등을 통한 종교적ㆍ영적 방법의 여러 측면을 포함하여야 한다. 이러한 영적이고 종교적인 삶을 위한 여러 측면을 돌봄 수혜자가 자신의 고통의 의미가 무엇인지 충분히 숙고하고, 이 과정에서 하나님과 성별된 삶을 경험하며, 좀 더 깊이 있게 존재의 여러 관계와 연결될 수 있도록 도와준다.

애도하는 기간은 사람마다 다르다. 그것은 ① 상실 또는 폭력의 심각, ② 과거에도 폭력과 미처 슬퍼하지 않았던 피해가 남아 있는지의 여부, ③ 우울증, 분노 또는 다른 형태의 격분된 정신적 질병으로 인해 심리적으로 쉽게 상처받는지의 여부, ④ 그리고 거기에 가족과 공동체의 지원이 있는지의 여부에 달려 있다. 대부분의 사람들은 1년 정도가 소요된다. 중요한 기념일이 그들의 슬픔을 다시 자극하기 때문이다. 일단 1년이 흐른 뒤에는 추억과 위험했던 순간의 기억에 대한 감정적 반응이 더 악화되지는 않을 것이다. 아파할 시간을 가졌던 사람은 추억에 대해 슬픔을 느낄 것이다. 그리고 그런 슬픔은 자신과 하나님, 그리고 잃어버렸던 것들에 대한 관계성을 다시 키워 줄 것이다.

목회적 돌봄 사역자는 종교적·영적 의미를 만드는 과정의 안내자다. 이 역할은 돌봄 수혜자가 상실을 어떻게 애도하는지 그리고 어떻게 변화를 수용하는지에 주의하여 듣는다. 즉, 돌봄 수혜자의 지속되는 친밀한 관계, 가족, 공동체, 그리고 문화의 역할이 치유과정에 도움이 되는지 방해가 되는지에 대해 성찰하도록 돕는다. 관계, 가정, 공동체, 문화 등의 결속감을 지적하는 체계적 이론에 따르면, 개인의 변화는 필수적으로 그 개인의 관계 네트워크에 변화를 준다. 가끔 개인의 변화가 친밀한 관계, 가족, 공동체에게 놀라운 변화를 가져온다. 뜻 깊은 종교적·영적 변화를 경험한 사람들이 가족, 공동체, 사회적 변화를 가져올 수 있다. 마더 테레사(Mother Teresa), 마틴 루터 킹 주니어(Martin Luther King Jr.), 헨리 나우웬(Henri Nouwen) 그리고 디트리히 본회퍼(Dietrich Bonhoeffer) 등은 그들의 변화로 인하여 그들의 주변 세계에 놀라운 변화를 가져다준 사람들이다. 반면, 이들과는 뚜렷하게 대조되는 것들, 즉 우리가 알고 있는 고통을 견디지 못해 스스로 포기하는 사람들, 몸과 영혼을 부숴 버리는 권력악용, 부모에 의한 아이 살생 보도들, 옛 애인에 의한 살인사건, 청소년들의 자살과 같은 비극적인 이야기가 많다.

돌봄에 관여하는 사람들로서 돌봄 사역자는 애도과정과 관계 속의 폭력을 막도록 관계 시스템이 도울 수 있는 방법을 고려해 본다.

그는 교회, 교단, 이웃 안에서의 사회정의 사역을 돕는다. 부모교육 프로그램, 성폭행 피해자기관, 가정폭력 피해자보호소 등과 관계를 맺을 수도 있다. 설교에서 인종차별, 성차별, 동성애자차별 등에 대해 언급할 수 있다. 이러한 활동이 폭력적이거나 중독 등의 악순환에 말려 있는 이들을 돕는 돌봄 사역자들에게 희망을 심어 줄 수 있다.

🧍 3단계: 일상적 삶과 다시 관계 맺기

돌봄의 마지막 단계는 삶의 좋은 면과 다시 관계 맺다. 다시 관계 맺기 위한 순간은 위기 상황 내내 생긴다. 그리고 심각한 스트레스의 극도의 순간에 특별히 더 생생하고 강력할 수 있다. 래이몬드 카버(Raymond Carver)는 『A Small, Good Thing』(1988)에서 그런 순간을 묘사하고 있다. 아들의 죽음으로 격분해 있던 한 부모가 맞추어 놓은 아들의 생일 케이크를 아이가 죽자 찾아가지 않았는데, 빵집 주인이 계속 전화로 귀찮게 하여 일어난 이야기다. 부모는 해가 뜨자마자 빵집에 달려가 그 주인을 대면한다. 빵집 주인은 그들의 분노를 다 받아 준 후 먼저 앉으라고 하고 방금 구운 신선한 빵을 먹도록 권하며 말한다. "먹는 것이 사소한 일이긴 하지만 이런 순간에는 좋은 일이랍니다(Carver, 1988: 301)."

다시 관계 맺기 위한 그런 순간의 한 가지 특징은 과거로부터의 상실이나 미래에 대한 두려움에 의해 압도되는 것 없이 바로 이 순간 현재에 완전한 존재감을 갖는 것이다. 그런 순간 속에 목회적 돌봄 사역자와 돌봄 수혜자 양측은 하나님의 존재하심과 삶의 신성함을 경험하도록 해 준다. 돌봄 사역자나 돌봄 수혜자가 그런 순간에 대한 종교적이고 영적인 의미를 발견했을 때, 그들은 더 삶에 참여하게 된다. 어떤 사람들은 그런 순간을 영원한 삶이나 주님과 함께 함을 한순간 보여 주는 것, 혹은 강림과 같다고 신학적 해석을 하기도 한다. 종교적 상징과 의미부여 시스템은 삶의 풍부한 선한 것들과 접속하는 순간을 묘사하는 깊고 풍요로운 이미지를 제공한다. 예술적 언어가 그 순간의 아름다움을 종종 표현해 준다. 윤리적 언어도 책임과 정의에 대한 뚜렷한 모습을 보여 줄 수 있다.

삶의 좋은 면에 다시 연결되는 순간은 돌봄 수혜자가 그들의 상실을 충분히 애도하고 폭력의 경험을 대면할 때 더 축적될 수 있다. 실제로 돌봄의 중요 목적은 인생의 좋은 것들과 깊이 있는 관련을 맺게 하는 것이며 삶을 위협하거나 망가뜨리는 모든 것에 저항하고 도전하는 것이다. 돌봄 사역자의 역할 중 하나는 돌봄 수혜자가 그런 순간을 발견하고 소중히 여기도록 돕고, 그런 순간을 더 많이 늘려 가도록 하는 전략을 발견하는 것이다.

돌봄의 이 마지막 단계에서 돌봄 수혜자는 돌봄 사역자와 만날 필요성을 점점 덜 느낄 것이다. 왜냐하면 돌봄 수혜자들은 그들의 삶에서 모든 선한 것(좋은 것)과 영적으로 연결된 감정을 점차 더 획득해 갈 것이기 때문이다.

연습 8

돌봄 계획하기

다음의 카테고리와 질문을 사용하여 축어록에 나타나는 돌봄 수혜자를 위한 돌봄 계획서를 작성한다.

1. 돌봄 수혜자의 안전 확인, 신뢰 형성

  - 돌봄 수혜자의 안전에 대해 이슈가 있는가? 성폭력, 신체적 폭력, 심리적 폭력을 경험하고 있는가? 그렇다면 그가 안전하게 하기 위해 무슨 조치를 먼저 취해야 하는가?
  - 축어록 내용 중에 돌봄 수혜자가 당신을 신뢰하기 시작한 것을 나타내는 부분이 있는가? 어떻게 이런 신뢰가 더 깊어지게 할 수 있는가?

2. 상실의 애도

  - 깊은 슬픔을 극복하기 위해 노력하는 돌봄 수혜자에게 필요한 것은 무엇인가? 어떻게 그의 종교나 신앙생활이 도움을 주는 자력이 될 수 있는가?
  - 깊은 슬픔이 가라앉기 시작할 때 무엇이 그의 상실을 장기적으로 수용할 수 있게 도움을 주는가? 그가 이용할 수 있는 종교적·신앙적 자원을 생각해 보고, 무엇이 그로 하여금 신령한 것과 접하도록 도울 수 있는지 고려해 보라.
  - 그의 신앙공동체는 그의 상실에 대한 애도를 어떻게 도울 수 있는가?

3. 삶의 평범하고 선한 것과 재결합

  -돌봄의 대화 중에 혹 돌봄 수혜자가 삶의 평범하고 선한 것을 경험
   하는 순간이 그에게 있음을 나타내는 증거가 있는가?

  -어떻게 당신과 그가 함께 그런 순간을 의식하고 그런 일이 있을 때
   마다 축하의 기쁨을 함께 나눌 수 있는가?

9장
고난: 사례연구

1장부터 8장까지는 목회적 돌봄의 단계를 살펴보았다. 이제는 배운 여러 단계를 종합하고 경청 이상의 돌봄, 즉 상실의 평가, 폭력, 대처방법, 문화, 공동체, 가족체계, 나아가 신학적인 면을 살펴보며 구체적 돌봄 계획의 수립을 살펴보고자 한다.

이 장에서는 러셀 뱅크(Russel Banks)의 소설이었으며 폴 쉬레더(Paul Schrader)가 감독한 영화(Largo Enterprises, 1998) 〈고난(Affliction)〉에서 위기에 처한 폭력적인 알코올 중독자인 41세 된 웨이드 화이트하우스(Wade Whitehouse)에게 목회자가 어떻게 돌봄을 제공하는지 사례 연구를 통해서 살펴볼 것이다.[1] 이야기는 웨이

---

[1] 독자들을 위해 영화에 나온 이야기를 설명하겠다. 이 장을 잘 이해하려면 이 영화를 직접 보면서 자신을 영화 속의 돌봄 사역자로 대입시켜 본다.

드의 형제인 롤페(Rolfe)가, 웨이드가 아버지를 죽이고 농장에 불을 지르고 노동자 동료를 죽인 후 실종되기 몇 주 전에 생긴 일들을 회상하면서 무엇이 이런 일들의 발단이 되었는지 이해하고자 하는 것에서 시작된다.

이 이야기는 뉴햄프셔에 있는 농장에 가족들이 모여 있는 장면부터 시작된다. 가족은 아버지 글렌(Glenn) 때문에 얼어 죽은 나이 든 어머니 샐리 화이트하우스(Sally Whitehouse)의 장례를 치르기 위해 모였다. 술에 고주망태가 되어 버린 글렌은 집의 난방시설이 고장났지만 얼마나 추웠는지 전혀 몰랐고 그 때문에 샐리를 얼어 죽게 만들었다. 모여 있었던 사람들은 글렌과 맏아들 웨이드, 그리고 그의 약혼자 마지(Margie), 웨이드의 누나 레나(Lena)와 남편 클라이드(Clyde), 웨이드의 동생 롤페, 도티(Doughty) 목사와 장례사, 그리고 가족의 친구다.

글렌과 웨이드를 제외한 사람들은 불편한 마음으로 옹기종기 앉아 있었다. 글렌은 방을 왔다 갔다 하면서 술을 마시고 있었다. 클라이드는 일어나서 기도하겠다고 말하고 무릎을 꿇고 격렬하게 기도하기 시작했고, 레나는 "주를 찬미합니다."라는 말로 중간중간에 맞장구를 쳤다. 다른 가족들은 복음주의적인 보수 기독교인들이 아니지만 급히 무릎을 꿇었다. 긴 기도 중에 방구석에 앉아 있던 글렌은 안절부절 못했고, 일어나서 다시 위스키를 잔에 따랐다. 그리고는 둥글게 모여 있는 사람들 가운데 서서 "너희 중 누구도 그녀의 머리털 만큼도 가치 있는 인간은 없어!"라고 소리 질렀다(Banks, 1989: 228).

도티 목사는 장례사와 자리를 뜨면서 "지금은 힘든 시기입니다.

이런 때는 감정적으로 되기가 쉽지요."라고 말했다(Banks, 1989: 228). 어른이 된 자식들은 각자 아버지의 폭력에 대해 어릴 때 하던 그대로 반응했다. 예로, 롤페는 수치심에 머리를 숙이고 뒤로 물러선다. 레나가 아버지 글렌에게 조심스럽게 예수님께 자신을 맡겨서 속에 있는 악마를 쫓아내시라고 말하자, 글렌은 그녀를 저주했고 레나는 마치 맞은 것처럼 움츠렸다. 장남인 웨이드는 아버지에게 덤벼든다. 중재하려는 웨이드의 약혼자 마지에게 글렌은 모욕적 언사를 퍼부으며 주먹을 휘둘렀다. 웨이드는 아버지 글렌을 벽에 밀어붙이고 마지에게 한 번만 더 손을 대면 죽이겠다고 소리친다. 그때 장례사가 포치의 문을 열고 들어와 장례예배를 드리기 위해 교회로 향해야 할 때라고 말했다. 목사는 먼저 떠나고 없었다.

이 장면에서 목사는 가족의 폭력적 상황을 보고도 아무런 개입을 하지 않았고 경찰에 신고도 하지 않았다. 집안에 총기가 있을 가능성이 있었기에 폭력적 상황이 더 격화되기 전에 재빨리 개입을 해야 한다. 또 그는 그 일 이후에 교단 대표나 사회복지기관에 목사로서 노인학대에 대해 법적으로 보고해야 될 의무가 있는지를 확인했어야 했지만 하지 않는다. 또 장례 이후에 목사는 웨이드가 계속 술을 마시며 일터에서 더 공격적이고 폭력적이 되어 가고 있다는 것을 알고 있었을텐데도 웨이드나 글렌에게 연락하지 않는다. 그는 장차 노인인 아버지 화이트하우스와 약혼자 마지, 그리고 웨이드의 딸이 방문할 경우에 가해질 폭력의 가능성 평가조차도 하지 않는다.

만약 이 책에서 제시하는 돌봄의 단계가 제공되었다면 어떤 일이 일어났을지를 상상해 보자. 먼저 농장에서 가족들이 모여 있던 장면으로 돌아가 보자. 먼저 목회자는 폭력이 일어났을 때, 방을 떠나기보다는 가족과 목회적 돌봄의 관계를 시작한다. 지금부터 이 장의 끝까지 나는 최선의 돌봄을 제공하는 가공의 목회자를 서술하고자 한다. 목회자는 가족이 과거부터 교회와 관계가 있기 때문에 장례예배의 인도자가 되어 달라는 요청을 받았을 것이다. 그 목회자는 마을에 사는 글렌, 웨이드 그리고 마지를 알고 있다. 교인들과의 대화를 통해서 그 가족의 사정을 어느 정도 알고 있었을 것이다. 글렌 화이트하우스는 평생 아내와 자녀에게 폭력을 행해 온 알코올 중독 남편이었다는 것도 들어 왔다. 그는 글렌이 술에 취해 인사불성 상태에 있는 동안 이미 3일 전에 아내인 샐리가 얼어 죽었다는 것도 알고 있다. 과연 그는 그 가족들에게 어떤 목회를 베풀 것인가? 가장 먼저 해야 할 것은 당면한 위험성 요소가 있는지 파악하는 것이다.

당면한 위험성 평가하기

농장 집에서 폭력발생 위험이 급격히 높아지고 있는 상황이다. 가정폭력을 인지하고 이런 종류의 위기 상황에 어떤 절차를 거쳐야 하는지 훈련받은 전문가로서 목회자는 가족과 함께 방 안에 꼭 남아 있어야 하며, 만약 웨이드와 그의 아버지가 주먹을 휘두르기 시작하면 곧 경찰에 연락할 준비가 되어 있어야 한다. 웨이드와 글렌을 떼어놓을 수 있는 건장한 남자들이 함께 있다고 해도, 혹 마을의 파트타임 치안관인 웨이드가 총을 소지하고 있거나 글렌이 집에 총을 두었을지 아무도 알 수 없다.

장례식이 끝나는 즉시 목회자는 노인학대 목격 보고를 법적으로 꼭 해야 할 책임이 있는지를 교단 담당자나 지역사회복지부를 통해 확인해야 한다. 폭력 상황을 본인이 직접 목격했고 법적으로 주어진 면책특권의 상담 대화 속에서 얻은 내용이 아니기에, 그는 분명 법적으로나 도덕적으로 학대장면 보고를 요구받을 것이다. 그래야만 지역노인사회복지부에서 과연 글렌이 농장집에서 혼자 살아도 안전할지를 조사하고, 만약 웨이드가 그의 보호자가 될 경우 폭력발생 위험성이 남아 있는지도 진단한다. 이런 위험 요소를 평가함으로써 목회자는 돌봄 계획 첫 단계의 목표인 글렌의 안전에 대한 대책을 실행하는 것이다.

다음은 목회자가 장례식 후에 가족들과 만날 계획을 세우는 것이다. 첫 번째 만남은 웨이드와의 만남이다. 그는 아내 마지에게 함께 가자고 부탁했다. 웨이드는 약간 흐트러진 모습으로 도착한다. 그의 호흡에서 알코올 냄새가 난다. 그리고 턱을 자주 문지른다. 치통이 있다고 설명한다. 그런데 아직 치과에 갈 기회가 없었다고 한다. 웨이드는 약간 흥분된 어투로 마지와 농장 집으로 이사할 계획과 전처 사이에서 난 딸 질(Jill)에 대한 법적 양육권을 위해 소송할 것에 대해 말한다. 마지는 재정적 어려움을 어떻게 극복할 수 있을지 염려한다. 웨이드는 최근 그의 두 파트타임 일, 치안부와 마을 눈 치우는 부서에서 해고되었다. 일터에서 어떤 일이 있었는지 목회자가 묻는다. 웨이드는 흥분된 어투로 직장 동료 잭을 직면하다 상관의 차를 부수게 됐던 일에 대해서 말한다. 이 순간 목회자는 웨이드가 가지고 있는 문제의 심각성을 인지한다. 근무를 정상적으로 실행할 수 없다는 것, 알코올 남용 그리고 폭력이 더 자주 일어나는 것이다. 심리적으로 불안정한 상태인데, 그는 그의 딸과 약혼녀와 새로운 가정을 꾸밀 계획을 하고 있는 것이다. 한 시간 정도의 대화를 통해서 목회자는 웨이드의 폭발 직전 상태에 위기중재에 필요한 충분한 정보를 얻는다.

목회자는 이제 웨이드의 상실 경험, 폭력 경험 그리고 스트레스를 다루기 위해 알코올 남용에 대해 더 자세히 조사해야 한다.

🧍 상실 경험 평가하기

목회자가 웨이드의 이야기를 들을 때 우선 웨이드가 어머니의 죽음에 대해 슬픔을 어느 정도 느끼고 있는지를 살핀다. 초기에 웨이드는 이제는 대화, 접촉, 신체적 존재 등을 통해 관계할 수 없는 것에 대해 전혀 말하지 않는다. 장례가 바로 끝난 상태에서도 슬픔을 언급하지 않는 것이 어쩌면 방어적인 부정으로 목회자를 놀라게 한다. 왜냐하면 그녀의 죽음은 예상치 못했고 너무나도 소름끼치는 일이었다. 웨이드의 어머니가 무관심으로 죽었고 남편에게 신체적 폭력을 당했다는 것을 고려할 때, 목회자는 혹 웨이드의 슬픔의 부재가 웨이드에게 어머니가 이미 오래전 가정부 역할 외의 한 인간으로서 그 존재성이 남편의 폭력과 잔인함으로 인해 사라지고 말살되었기 때문인지를 상상해 본다. 웨이드의 무질서한 행동, 통제하지 못하는 분노는 웨이드의 무의식 속의 슬픔의 영향임을 나타내는 증거다. 웨이드에게는 두 가지의 의식되는 감정이 있다. 무감각과 분노다. 그는 깊은 슬픔의 부분으로 보편적으로 가지는 감정, 허탈감, 외로움, 불안감, 죄책감, 수치심 그리고 슬픔을 느끼지 않는 것 같다

(Mitchell & Anderson, 1983: 61).

목회자는 웨이드가 애도할 수 없는 정도만이 아니라 심한 상실의 경험들도 인지하지 못하고 있다고 판단한다. 그러므로 웨이드가 그의 상실을 애도하도록 돕는 목표를 잠시 보류한다. 그 대신 목회자는 웨이드가 흥분하는 감정상태의 상황에 집중한다. ① 직장의 젊은 동료 잭과 일어난 일, ② 마지와 농장 집으로 이사하는 것과 딸 질(Jill)이 그들과 함께 사는 것이다.

대화가 끝나기 전에 목회자는 마지와 대화하는 동안 웨이드가 밖에서 잠시 기다려 주기를 부탁한다. 아내 마지와만 따로 있을 때 목회자는 혹시 웨이드가 그녀에게 신체적인 폭력을 가한 적이 있는지를 확인한다. 마지는 그런 적이 없다고 확인해 준 후 웨이드와 그의 아버지 사이가 더 걱정됨을 표현한다. 목회자는 마지에게 만약 웨이드가 농장 집에서 보였던 폭력적인 행동을 그녀나 그의 아버지에게 행할 경우 어떻게 대처해야 할지 생각해 본 적이 있는지를 묻는다. 마지는 어떻게 해야 할지 모른다. 만약의 경우 즉시 대피할 준비를 갖추고, 경찰을 부르고, 안전한 곳으로 피신할 것을 당부한다. 피해자 여성 보호소에 관한 팸플릿을 그녀에게 전해 준다.

그다음 웨이드에게 다시 들어오라고 한다. 그리고 아버지의 안전이 염려되어서 지역사회복지부에 연락했음을 알린다. 웨이드는 화를 내면서 그렇게 되면 앞으로 어떤 일이 발생할지 묻는다. 사회복지사 팀이 오늘 농장 집을 방문할 것임을 알려 준다. 그리고 그들이 후에 웨이드를 만날 계획을 세울 것임을 알려 준다. 마지는 화이트하우스 씨가 진단받는다는 것에 안도감을 표현했다. 웨이드도 아버지가 의사를 만나 본 지 오래됐다면서 마지못해 좋을 수도 있겠다고 인정한다. 목사가 며칠 후에 다시 만날 것을 제시하자, 마지가 재촉하여 웨이드도 다시 만나기로 약속한다.

다음은 그 후에 나눈 대화 축어록이다.

목　사(1): 웨이드, 오늘 생각이 났네요. 당신이 장례식 준비를 위해서 농장 집에서 내게 전화한 지가 오늘로 꼭 한 주가 됐네요. 요즘 어머니의 죽음에 대한 기분이 어떤가요?

웨이드(1): 어머니한테 너무 좋지 않은 일이었어요. 아버지는 어머니를 어떻게 돌봐야 하는지를 전혀 몰랐어요. 어제 우리 변호사를 만났어요. 이제 질을 농장 집으로 데려올 수 있기 때문에 법적 양육권 케이스가 좀 더 우세하게 됐다고 말해 줬지요.

목　사(2): 농장에서 자랄 때의 경험이 어땠나요?

웨이드(2): 힘들었어요. 항상 돈이 모자랐죠. 그래서 더욱 힘들었어요. (고개를 흔든다.) 집을 수리하고 싶어요. 마지가 청소를 도와주고 질을 키우기에 좋은 환경으로 만들 겁니다.

목　사(3): 당신들의 계획이 참 놀랍습니다. 어머니가 돌아가시기 전부터 농장 집을 생각했었던 것 같군요.

웨이드(3): 천만에, 사실 오래전에 생각했었어야 했는데 아버지가 어머니를 잘 돌보지 못한다는 것을 전혀 몰랐어요. 어머니가 그렇게 돌아가시면 안 되는 것이었는데. 이제는 남아 있는 가족들을 돌봐야 될 때에요.

목　사(4): 혹시 어머니의 죽음이 가족의 중요성을 깨닫게 해 준 것이 아닌가 하는 생각이 드네요. 당신은 마치 농장 집에 새로운 모습으로 가족들을 모으려고 노력하는 것 같네요. 과거의 잘못된 것을 옳게 바꾸려는 것 같아요. 구체적으로 어머님을 방치했던 아버지의 모습 말이죠.

웨이드(4): (웃는다.) 꼭 내 동생 랠프같이 말하는군요. 걔는 항상 내 머릿속에 무엇이 들었는지 알려고 했지요. 제기랄, 나도 내 머릿속에서 무슨 일이 일어나는지 모르겠는데.

목　사(5): 그것에 대해 알고 싶습니까?

웨이드(5): 아니요. 그저 제 계획대로 진행하고 싶습니다.

목　사(6): 웨이드, 당신이 걱정되네요. 당신의 호흡에서 술냄새가 나는 걸 보면 오늘도 술을 마신 것 같은데요. 당신이 어느 정도까지 화를 낼 수 있는지를 봤습니다. 지난주 농장 집에서 당신의 아버지를 거의 때릴 뻔했어요. 일터에서도 문제가 있었다는 것을 알고 있어요. 당신이 당신 자신이나 다른 사람을 해치기 전에 사회복지사나 심리학자를 만나 보셔야 한다고 생각합니다.

웨이드(6): 괜찮아요. 괜찮을 거예요. 지금은 아무하고도 말하고 싶지 않아요. (일어나서 문으로 나선다.)

목　사(7): 며칠 후 전화를 하겠습니다. 어떻게 지내는지 알고 싶어서요.

웨이드(7): 그래요. 저는 무척 바쁠 것 같아요. 둘러봐야 할 일들이 무척 많아요.

목회자는 자신이 아직도 많은 부분을 이해하지 못하고 있고, 웨이드의 위기가 격렬했기에 그에 적합한 돌봄 계획으로 3일에 한 번 정도 확인해 보기 시작했다. 그리고 많은 사람이 위험한 상황에 있다는 것도 느끼고 있다. 웨이드는 계속 술을 마시고 자주 화를 내고 최근 아버지, 직장 동료 그리고 상관에게 폭력을 행했다.

7주가 넘어가면서 웨이드는 점차 목사를 신뢰하기 시작한다. 그때 그는 자기의 직장동료 잭이 사냥 갔다가 같이 갔던 사업가가 스스로 총을 쏴 죽은 사건에 대해 말한다. 웨이드는 그 죽음에 의문을 가지고 있었으며 어쩌면 잭이 부동산 사기에 관여했을지도 모른다고 목사에게 말한다. 목사는 웨이드의 사냥 사건이나 부동산 사기에 대한 추측이 이해되지 않았다. 오히려 잭에 대한 웨이드의 집착에 놀란다. 목사 자신은 집착을 진단할 수 있는 심리학적 지식이나 훈련을 받지 않았기에 전문적 심리 치료가 필요함을 알고 있다. 목사는 웨이드의 삶 속에서 많은 상실 경험, 스트레스를 극복하기 위한 수단으로 알코올과 폭력을 사용했던 것, 그리고 현재의 스트레스가 그를 거의 병적인 흥분상태에 놓이게 한다는 것도 알고 있다. 그의 상태를 좀 더 파악하기 위해 속히 심리학자에게 웨이드를 보내려는 시도를 다시 해야만 한다.

만약에 이 소설에서 목사가 웨이드로 하여금 심리학자를 만나도록 설득할 수 있었다면, 그리고 그 심리학자가 서너 번 초기상담으로 그를 만났었다면, 이와 같은 이야기가 전개되었을 것이다. 상실, 폭력, 알코올 중독 그리고 사회적 억압 등을 보게 될 것이다.

직장동료 잭에 대한 웨이드의 집착의 뿌리에는 두 이야기에 있다. 릴리안(Lillian)과의 결혼과 자라는 동안 경험했던 폭력이다. 그의 첫 결혼 이야기는 참으로 가슴 아픈 이야기다. 그와 릴리안은 고등학교 때부터 연인 사이였다. 전혀 경험도 못해 보고 시도도 해 본 적 없는, 지적이면서도 따뜻함을 느끼게 해 주는 친밀한 이 관계의 순간을 그는 소중히 여겼다. 그때 그는 주위의 남자들과는 달랐다. "의도적으로 거칠고 상스럽고 서로의 폭력성을 키우며 감탄하고 때로는 두려워하면서도 방어적으로 의도된 어리석음, 그리고 그들의 아들도 그 길을 따르도록 격려한다(Banks, 1989: 300).”

고등학교를 졸업한 후 웨이드는 릴리안과 결혼했고 풀타임으로 일을 시작했다. 그런데 사정이 달라지기 시작했다. 결혼하면서 충실해야 했던 성인의 역할에 대한 그의 반응을 저자인 뱅크스(Banks)는 이렇게 묘사한다.

그는 마치 갇혀 있는 어른 같았다. 자기보다 나이 많은 남자의 속에 그의 미래의 삶이 여러 중요한 면에서 이미 정해진 것처럼. 라리비어(LaRiviere)라는 직장의 일자리, 작고 어두운 아파트 공간, 다른 사람들이 버리고 간 물건으로 채워진 곳, 익숙한 러포드 마을, 이 모든 것을 둘러싸고 있는 어두운 언덕과 숲, 이것이 성인의 삶이었다. 하지만 그는 수용할 준비가 되어 있지 않았다.

그는 심하게 술을 마시기 시작했다. 보통 일을 마치는 즉시 토비(Toby)에서 점점 혼란스러워졌고 화가 나기 시작했다. 너무나 급속히 그의 어린 아내와 느꼈던 친밀감마저 잃어버렸다. 세상 속에서 그 불안전하고 어리광스러운 애정은 그의 사춘기 시절에 힘을 주었고 살게 해 주었지만, 이제는 상실감으로 변하였고 릴리안을 탓하기 시작하면서 점점 더 분노 속으로 빠져들었다. 릴리안을 탓할수록 그는 더욱 상실감을 느꼈고, 이제 그는 주위에 있는 다른 남자들 같았다. 마침내 어느 날 밤 그녀에게 주먹질을 하게 되었고, 그리고는 곧 그녀의 무릎에 얼굴을 대고 울면서 용서를 빌었고 약속했다. 새롭고 깨끗하고 사랑스럽고 친절하고 유쾌해지리라고…….

하지만 몇 주 안 되어서 약속을 깨트리고 있는 자신을 발견하고 자신을 너무나 두려워하게 된다. 그는 자신의 미친 행동을 환경 탓으로 돌리기 시작하는데, 바로 릴리안과의 삶을 자신의 미친 짓의 원인으로 혼동하면서 그녀를 떠난다.

(Banks, 1989: 302)

릴리안과 경험했던 부드러움과 지성의 심리적 상실은 권리를 빼앗긴 상실이라고 한다(Doka, 1989; Karaban, 2000). 수치심이나 남의 판단이 두려워 공개적으로 슬퍼할 수 없는 상실을 말한다. 그는 자신의 공동체의 다른 남자들이 놀릴까 봐 자신의 슬픔을 인정할 수 없었다. 특히 그의 아버지에게서 이 상실을 인지하거나 애도할 수 없었다. 다만 술과 폭력으로 견뎠다.

폭력 평가하기

어릴 때와 사춘기 시절에 웨이드는 어머니와 형제들이 아버지의 폭력의 표적이 되었기에 그들을 보호했다. 글렌은 아이들을 때릴 때 '여자 같은 녀석' '겁쟁이'라는 수치심을 주는 욕을 했다. 어른이 되어서 웨이드는 가끔 어릴 적 기억이 아랑곳없이 재현되는 것을 경험한다. 마지에게 결혼에 대해서 말하던 날 밤에도 그런 기억이 재현되었다. 마지와의 관계가 약하지만 친밀한 관계인데도 웨이드는 그런 것에 대해 말할 수 없었다. 그의 어릴 적 신체적이고 심리적인 학대 경험을 나누기에는 아직도 너무나 수치스러웠다. 그래서 숨겨야 했다(Ramsay, 1991).

웨이드가 어릴 적에 경험한 폭력 패턴은 외상과 심한 심리적 갈망과 욕구를 어른이 되어서도 느끼게 한다. 대체로 웨이드처럼 어릴 적에 방치되고 학대를 경험하면 자신의 강한 감정 통제를 배우는 것에도 무척 힘들어한다(Linehan, 1993). 그리고 이런 강한 감정에 압도되어 충동적으로 행동하거나 무감각해지기를 번갈아 한다. 웨이드의 어릴 적 폭력 경험은 위험을 신호하는 두뇌신경 통보경로와 강화된 각성 시스템이 어린 시절과 사춘기 때에 형성되게 하였다. 어른이 되었을 때 웨이드는 즉시 폭력적으로 될 수 있는 준비가 된 것이다. 이런 신체적인 성향과, 심리적으로 주위 세상을 위험한 것으로 느끼게 맞춰 놓은 것이 결합한다.

웨이드의 가계가 어떻게 내면화되고 스트레스에 대처하는 방법과 중년의 남자, 아버지, 성인 아들 역할, 남편 될 사람으로서 책임을 감수하는 방법을 형성했을까? 알코올 중독 가족의 폭력, 방치, 격리 등의 내용을 볼 때 웨이드가 폭력 순환을 자신의 세대로 옮겨 왔음이 확실하다. 동생 랠프와 달리 그는 다투지도 않고 술을 마시지도 않고 다른 남자가 되기 위해 떠났다. 이어받은 폭력의 잠재적 잔재에 민감해하고 자신을 교육했다(역사학 교수가 된다).

웨이드의 폭력성 평가를 한 지금 목사와 웨이드를 보는 심리학자는 웨이드와 마지의 관계도 살펴야 한다. 초기에는 마지와의 관계가 그를 도왔다. 마지의 친절, 편한 관계 기술, 그리고 그의 깊은 상식 감각이 그를 편하게 했다. 그녀는 그를 존경했고 그의 갈등을 정상으로 생각했다. 그런 것들이 초기에는 웨이드를 든든하게 해 줬다.

본능적으로 웨이드는 마지가 자신에게 좋은 사람이라는 것과, 그녀의 선함이 새 가족을 이루고자 하는 그의 시도를 도울 것이라고 느꼈다.

목사와 심리학자는 웨이드와 마지와의 관계에 대해 깊어 가는 친밀감, 아직은 약하나 우정과 동반자적 모습이 섞여 있음을 특별히 언급했다. 마지가 편하게 대해 주는 것의 일부분은 관계적 갈등에 대한 반응이다. 아직 그녀는 웨이드와의 갈등에서 심한 신체적인 스트레스 반응을 느끼지 않았다. 중요한 점은, 아직은 그들의 친밀한 관계가 많은 공개적인 싸움을 헤쳐 나가지 않았다는 것이다.

초기에 마지는 화이트 가족 안에 있는 폭력의 심각성을 못 보고 있었다. 그녀는 웨이드가 그의 아버지와 같지 않기를 바랐다. 하지만 이런 희망은 글렌과 웨이드가 함께 있었을 때 일어났던 행동을 보게 되면서 소멸되었다. 그녀도 비슷한 매너를 본 적이 있다. 항상 손에 쥐고 있는 맥주병과 위스키 병들을 꿀꺽 마시던 모습, 주먹을 쥔 손에 소금을 뿌리고는 핥아먹던 모습, 서로에 대한 강한 혐오감을 보면서 마지는 충격을 받았다. 언젠가 홀로 있는 아버지를 농장 집에서 돌볼 때, 마지는 웨이드 어머니의 삶이 어떠했을지 상상해 볼 수 있었다. 다행스럽게도 마지는 묵묵히 고통받는 아내의 모습을 거부한다. 그리고 과거 가정폭력과 알코올 중독 피해자들이 폭력과 알코올 중독에 익숙해짐도 내키지 않았다. 오히려 그녀는 자신이 위험 돌출 상황에 처한 것을 인지하고 질을 데리고 농장 집을 떠난다. 불행하게도 그녀가 떠난 결과로 농장 집이 불타고 글렌이 죽게 되는 폭력, 글렌과 웨이드 사이에 그 정도의 폭력이 발생하리라고는 전혀 예측할 수 없었던 것이다.

🕴 알코올 중독 평가하기

앞서 설명한 축어록 후에 있었던 대화에서 목사는 웨이드의 음주 습관에 대해 여러 가지 질문을 한다(6장 참조). 매일 어느 정도 마셨는가? 몇 시에 첫 음주를 했는가? 술을 못 마시게 될 경우 거북함을 느낀 적이 있는가? 음주에 대해 죄책감을 느꼈는가? 음주에 대해 질문받는 것이 짜증 나는가?(지금처럼) 전날 밤 무슨 일이 있었는지 기억하지 못하는 경우가 있는가? 음주 중에 한 말이나 행동을 후회해 본 적이 있는가? 웨이드의 답변이 목사로 하여금 그의 심리학자와 그가 음주습관에 대해서 대화할 수 있는 허락으로 이어졌다. 앞의 목사의 질문에 추가적으로 심리학자는 웨이드에게 그의 형제, 부모, 삼촌, 이모나 고모, 그리고 할아버지 할머니 중에 알코올을 남용하거나 알코올 중독자가 있었는지를 물었다. 이미 죽은 웨이드의 두 형이 알코올을 남용했고 아버지는 알코올 중독자였다는 것을 듣고, 심리학자는 웨이드가 유전적으로 알코올을 남용하거나 중독될 경향이 높다는 결론을 내렸다. 또한 심리학자는 웨이드가 사춘기 때부터 스트레스를 견디기 위해 알코올을 사용해 왔다고 추정했다.

🕴 사회정체성 평가하기

웨이드를 돕기 위해 협력함으로써 목사와 심리학자는 웨이드의 사회정체성이 그의 위기에 어떠한 영향을 주는지 좀 더 파악할 수 있다. 러포드(Lawford)의 지역문화를 이루는 이들은 그곳의 사업가

들, 사업의 고용인들, 교육이나 건강복지기관의 전문인, 스키, 사냥, 여름놀이 계절에 찾아드는 사람 등이다. 이 마을의 기본문화는 프라이버시를 존중하는 뉴잉글랜드 개인주의다.

웨이드의 사회정체성 면모를 파악하기 위해 목사는 다음의 질문을 할 수 있다. 웨이드가 노동자 계층의 뉴잉글랜드 중년 남자라는 사회정체성이 그가 경험하고 있는 위기를 극복하게 돕는가? 방해하는가? 웨이드가 선택할 수 있는 남성으로서나 사회계층으로서의 역할은 극히 제한되어 있다. 시의회는 그를 파트타임 보안관으로 임명했다. 그러나 그의 역할은 대부분 교통정리와 교통위반 딱지를 발행하는 정도였다. 그리고 웨이드는 고등학교를 졸업한 후부터 라리비어(LaRivere) 자동차 수리공장에서 일하면서 서까래 일을 했다. 그러니 직장을 잃은 웨이드를 라리비어가 그를 다시 고용하지 않는다면 누가 그를 고용하기 원할까? 시의회는 무슨 일이 생기든지 모두가 체면을 유지하도록 돕는 신뢰할 수 있는 보조 시스템이 아니었다. 웨이드가 이런 심각한 상황을 염두에 두지 않는 것처럼 보이지만 그의 심한 자책감, 실존적 두려움, 불안감이 새 가정을 꾸리려는 광분한 시도를 하도록 몰아갔다.

뉴잉글랜드 지역의 개인주의, 프라이버시 존중 가치관이 러포드에 사는 사람들이 웨이드의 알코올 중독과 폭력에 어떻게 관여하는지를 정한다. 글렌이나 웨이드의 과거 알코올 중독과 폭력에 대한 마을사람들의 반응을 평가하던 목사는 알코올 중독이나 폭력에 무관심하고 글렌의 아내와 아이들이 스스로 극복하도록 놔둔 것이 뉴잉글랜드의 가치관임을 보게 된다. 러포드의 신앙공동체도 똑같은 가치관을 받아들이고 있었다.

웨이드의 위기에 가장 현저한 사회정체성의 구체적인 부분을 평가하기 위해서 목사는 그의 성별과 사회계층부터 파악하기 시작해야 한다. 남성이라는 것이 웨이드에게는 불리하다. 왜냐하면 그의 가정과 공동체에는 남성의 역할이 제한되어 있었고, 특히 그의 교육과 전문직의 결여 때문에 더욱 그러했다. 시의회가 그에게 파트타임 보안관직을 주었지만 그의 일 정체성은 서까래 일과 교통보안관 일이라는 것으로 훼손되어 있었다. 그는 강한 남자는 알코올을 남용하고 분노를 표현하되, 감성적 취약점을 감추는 식으로 스트레스를 해소한다는 문화가 가져다준 부정적인 이미지를 내면화시켰다. 그리하여 폭력적으로 되어 갔고, 이런 이미지들이 그를 장래성 없는 직업 속에 가둬 두었다.

현재의 위기 상황과 삶의 전체를 돌아볼 때, 웨이드에게 가장 두드러진 사회정체성은 그의 사회계층과 재정상태다. 그는 사춘기 시절과 어른이 되어서도 재정적 안정과 마을 사람들이 존중할 수 있는 정체성이나 역할을 해 줄 일을 찾는 것이 어려웠다. 릴리안과 결혼 초기에 그는 재정적 안정을 얻기 위해 서너 개의 일자리를 뛰어야 했다. 그러나 일자리에서의 스트레스와 관계의 어려움은 그에게 압도적이었다. 내내 열심히 일하고 잘하려는 그의 노력은 특히 그의 분노, 알코올 남용, 폭력성에 의해 분열되곤 했다. 그에게 가장 사용 가능한 도움은 알코올중독자협회모임이었다. 하지만 그는 한 번도 그 단체를 활용하지 않았다. 목회적 돌봄 사역이나 심리상담 등 그가 사용할 수 있는 다른 방편은 없었던 것 같다. 그의 가족이나 지역 공동체 사람들은 웨이드의 심리 평가나 치료의 필요성을 전혀 느끼지 못했고 오직 그의 동생 랠프만 알고 있었다. 다른 이들은 뒤늦게 깨닫게 된다.

나이를 볼 때 웨이드는 중년으로서 이익과 불이익을 둘 다 경험한다. 그의 충치는 그가 나이를 먹었다는 사실을 증명한다. 여기서 나이 정체성의 영향이 사회계층 정체성과 엉켜 있다. 웨이드는 자신의 신체를 어떻게 돌봐야 될지 지식이나 자원이 없다. 건강문제가 더 발생할 가능성을 가진 중년의 나이에 좋지 않은 일이다. 같은 시점에 그의 나이는 이익이기도 하다. 만약에 그의 한계와 사회정체성의 한계가 그를 압도하지 않는다면, 만약에 충분한 목회적·심리적 돌봄을 받고 다시 시작한다면, 새로운 가정을 꾸리고 새 일을 구한다.

현재의 삶 속에서 웨이드의 이성애적 성정체성은 두드러진 이슈는 아닌 것 같으나, 이성애는 당연히 그의 인격 형성에 역할을 했다. 아들에게 던진 아버지의 모욕적인 말은 항상 남성적이냐 아니면 '겁쟁이' 여자 같은 아이들이었냐는 것이었다. 이러한 모욕적인 말들은 웨이드의 좁은 남성관을 형성하게 한다. 릴리안과 관계를 시작했을 때, 그는 동생 랠프처럼 감성적 남자가 될 가능성을 가지고 있었다. 하지만 결혼생활의 스트레스가 압도적이 되자, 알코올과 폭력성이 그의 감수성을 대체했다.

이러한 웨이드의 사회정체성 평가는 목사와 심리학자가 뉴햄프셔의 작은 마을 노동자로서 삶이 어떤지를 이해하는 데 도움을 줄 수 있다. 그의 성별과 사회계층은 그를 어렵게 한다. 그의 상실, 폭력, 알코올 중독 등을 극복할 방법을 찾는 데 전혀 도움이 되지 않는 패턴에 붙잡혀 있다.

♔ 신학적 고찰하기

목사와 심리학자가 웨이드에게 심리적으로 어떤 일이 일어나고 있는지를 평가하고, 그의 성별과 사회계층이 그의 위기를 어떻게 악화시키는지 이해하기 위해 목사는 웨이드의 위기를 신학적으로 평가해야 한다. 이 평가는 그의 젊은 직장동료 잭과 웨이드가 계획하는 새 가족의 상징 역할에 대한 심리적 평가를 통해 얻은 통찰을 사용한다. 이 상징은 7장에서 다룬 네빌의 관점을 통하여 신학적으로 살필 수 있다.

목사는 웨이드가 잭을 자신의 젊었을 적 모습의 상징으로 경험했다는 심리학자의 결론에서부터 이 평가를 시작할 수 있다. 웨이드는 주장했다. "난 저 아이를 알아요. 그의 속이 어떤지 알아요. 쟤는 그 나이 때의 내 모습과 많이 닮았어요(Banks, 1989: 172)." 웨이드의 또 다른 중요한 상징은 그가 열정적으로 이루고 싶었던 새 가정이다. 이 두 가지 상징은 그의 젊은 시절 모습인 잭과 구제된 가족, 심리적인 의미만이 아니라 신학적인 의미를 가지고 있고 네빌이 말하는 위기의 경계선적 환경이다. 그의 젊었을 적 자신의 상징인 잭을 직면한다는 과장된 긴박감, 마지와 질, 그리고 아버지와 새로 꾸릴 가족, 구제된 가족의 상징이 웨이드에게 새 힘을 느끼게 한다. 이 두 상징의 생명과 죽음의 성질이 심리적 · 신학적 의미를 부여한다. 이런 이유로 그의 상징은 네빌의 신학을 활용하여 종교적인 것으로 다루어야 한다.

상징 해석하기

과장된 위기감 때문에 충동적으로 행동하는 것을 웨이드가 극복하도록 돕기 위한 목회적 돌봄 사역자의 역할은 웨이드가 그의 상징들을 해석하도록 돕는 것이다. 이러한 해석을 하기 위한 성찰의 공간은 우선 안전의 이슈를 다룬 후에 만들어질 수 있다. 후에 돌봄 계획을 토론할 때 다룰 것이라는 것을 명시할 것이다.

잭과 이상적 가족의 상징들을 지적한 후에 목사는 웨이드가 그것들을 해석할 수 있는지 평가할 수 있다. 그 답을 얻는 한 방법은 그가 릴리안과 첫 부드러운 친밀감 경험담을 이야기할 때 자신을 바보로 느꼈다고 표현한 말을 깊이 다루어야 한다. 웨이드는 릴리안과의 관계에서 빈번히 바보스러운 경험과 잠시 볼 수 있었던 지성의 가능성 경험을 대비시켰다.

> 그는 오래전 둘 다 고등학교에 다니는 아이들이었을 때 [릴리안
> 의] 눈을 들여다보았다. 그리고 그때 그녀의 지성을 보고 놀라운
> 그녀의 자기인식의 복합성, 자신의 똘똘한 눈으로 돌아보는 자기
> 자신을 느꼈고, 한동안 자신도 똑똑하게 느껴졌다.
>
> (Banks, 1989: 321)

웨이드의 동생 랠프는 웨이드의 지능이 쇠퇴하는 경험을 이렇게 설명한다. "저 모든 소외되고 바보 같고 성난 남자들, 웨이드, 팝, 그의 아버지, 할아버지, 모두 한때는 똘똘한 눈을 가졌던 아이들이었지. 무척 순진한 입을 가졌고, 두려움 없고, 기쁘게 해 주고, 기쁘

고 싶은, 사랑하는 사람들이었다(Banks, 1989: 322)."

웨이드 인생의 비극은 이런 총명함이 두들겨맞음으로써 퇴출되었다는 것이다. 그의 대처방법, 폭력과 알코올 남용을 포함해서 모두 계속된 방치, 학대의 산물이며 웨이드가 그 총명함을 회복하는 것을 거의 불가능하게 만든다. 웨이드는 자신의 '바보스러움'을 뚜렷하게 인지하고 있다.

> 그는 노력했다. 오! 주님, 그는 그의 삶의 고통과 혼란스러움을 벗어나 명확함과 통제를 얻으려고 매우 노력했건만 이렇게 되고 말았다. 멍청한 무력감, 비참하게 두껍고 수치스러운 부족함, 그 밑바닥에는 그의 가슴 안에 사랑이 있었다는 것을 알고 있다. 대수학처럼 명확하고 순수한 질에 대한 사랑, 어쩌면 마지에 대한 사랑도 릴리안에 대한 사랑도 다른 모든 것에도 불구하고 '여자들(women)'에 대한 사랑 그러나 아무리 노력해도, 그의 삶을 정리한다 해도 그 사랑을 행할 수 없음을……. 그 외 다른 것들도 그의 길을 막았다. 그의 분노, 그의 두려움, 순수한 고통…….
>
> (Banks, 1989: 320)

이런 상태에서 웨이드가 처음으로 어머니에 대한 슬픔을 인정하고 있다. 그의 삶 속에 있는 여인들에 대한 깊은 사랑을 어떻게 표현해야 하는지 모른다고 인정한다. 목사는 공감적으로 그의 말을 들을 수 있다. 그리고 웨이드의 말의 중요성을 강조할 수 있다. 그리고 과연 하나님의 사랑이 '대수학처럼 명확하고 순수한' 사랑으로 나타났는지를 웨이드와 살펴볼 수도 있다.

웨이드의 사랑의 선언, 그리고 무력감과 같은 여러 기회가 웨이드로 하여금 그것들을 해석할 수 있게 한다. 잭을 자신의 젊은 시절 모습으로 보는 것도 과거에 대해 이야기할 기회를 주며 마지, 랠프, 그의 목사, 그의 심리학자, 모두 그의 내재된 신앙 시스템과 실행에 대한 해석을 도울 수 있다. 웨이드와 마지 사이의 그런 대화는 어느 날 저녁 특별히 친밀감을 느낄 때 시작된다. 웨이드가 자신과 잭의 비슷한 점을 말한다. 하지만 곧 그는 자신에게 초점을 두기보다는 잭과 사냥에서의 총 사고에 초점을 둔다.

웨이드는 어머니의 장례식 직후 랠프와 함께 있을 때 자신의 과거를 새로운 방법으로 이해하는 기회를 가진다. 랠프는 웨이드의 어릴 적 폭력 경험에 대해 알아보고자 시도한다. 하지만 그의 질문을 외면하고 어리둥절한 얼굴로 너털웃음을 보인다. 그리고는 아버지의 위스키 병을 들고 벌컥 마신다. 만약 이 대화에서 자신의 어린 시절이 얼마나 고통스러웠다는 것을 기억한다면 그는 모든 슬픔과 고통의 부당함도 느낄 것이고, 어쩌면 고통스러워하는 자들 속의 하나님의 임재를 보고 느낄 수 있을 것이다. 그의 혼란스러움과 '멍청함'은 사라질 것이고, '대수학처럼 명확하고 순수한' 사랑을 다시 경험할 수 있을지도 모른다.

웨이드의 상징의 결과 평가하기

다음으로 목사는 웨이드와 그의 상징의 결과를 파악해 볼 수 있다. 그는 과연 웨이드가 잭을 젊을 적 자신의 상징으로, 마지와 질을 회복된 가족의 요소로 본 상징을 구체적으로 몹시 파괴적으로 사용하되, 충동적으로 행동했다는 것을 인지하고 있는지를 측정할 수 있다. 예를 들면, 그는 잭을 향한 순간적이고 과격한 충동으로 상관의 트럭을 몰고 잭의 차를 좇았다. 그리고 생명을 위협하는 폭력적인 싸움을 시작한다. 그는 또한 마지를 대상물로 취급한다. 아내, 며느리, 새엄마가 마치 화이트하우스 가족이라는 연극의 한 장면을 위해 그녀를 농장 집에 설치해 놓고 꼭두각시를 조정하는 사람처럼 조정한다. 그는 자신의 행동 여파에 대해 신경을 쓰지 않는다. 객관적으로 잭을 하나의 인격체로 여기지 않는다. 마지의 아버지에 대한 증오, 폭력, 알코올 남용을 견딜 수 있는지 생각지도 않는다. 그리고 그의 딸을 이런 환경에 데리고 왔을 때 발생할 일들도 고려하지 않는다. 실제 결과는 마지가 질과 가까스로 탈출했고, 글렌과 잭은 죽음을 당한 폭력의 대재해다.

웨이드의 영혼상태를 평가하기

다음으로 목사는 네빌의 신학을 통하여 웨이드의 영혼상태를 평가할 수 있다. 뱅크스(Banks)는 십대 때 웨이드의 심정을 마음에 사무치게 묘사한다. "아름다운 젊음, 사춘기 내내 키우고 지켜 온 세상을 향한 약하지만 재미있는 애착감(Banks, 1989: 302)." 폭력, 알코올, 가난에 찌든 집, 이런 상황에서도 그는 자신의 마음을 키웠고 릴리안과의 친밀한 관계는 그의 영혼에게는 천국이었다. 이 천국은 너무 어릴 적에 어른의 책임을 지면서 받은 스트레스를 감당하기 위해 사용한 폭력과 알코올로 인해 파괴되었다. 그는 영적으로 이런 상실을 애도할 수 없다. 왜냐하면 복잡한 감정을 표현할 수 있고 이해될 수 있던 릴리안과 친밀한 관계가 없어졌기 때문이다. 그의 잭에 대한 강한 집착과 그의 가족을 구하고자 하는 꿈이 중년의 위기를 나타내지만, 또한 살아 있는 영혼을 느끼고자 하는 바람을 깨워 준다. 웨이드는 일찌기 상실한 것들, 그 상실과 한계를 수용하고 하나님의 임재를 그의 깊은 내면 속에서 느끼게 해 줄 수 있는 심의신앙 시스템을 가지고 있지 않다. 그는 그의 경험을 영적으로 설명하도록 도움을 줄 수 있는 풍부한 종교적 상징, 친구모임, 그리고 공동체에 접근할 수 있는 통로가 없었다.

그의 동생 랠프가 영혼이 없는 몸을 "단순한 사실, 쌓여 있는 광물, 물주머니" 등으로 표현할 때 신학자처럼 말한다(Banks, 1989: 340).

다음의 비유를 사용하여 영혼을 관계적으로 묘사한다.

만약 몸의 영혼이 혈액의 붉은 세포막이라고 간주한다면, 마치 관계없는 몸의 부분, 그러나 이름은 부를 수 있는 부분을 서로에게 연결하는 약한 티슈의 소용돌이 나선처럼 붉은 하늘과 하늘 사이, 접촉하며 둘 다를 정의하는 것으로 그렇다면, 웨이드의 영혼이나 다른 생명체도 다른 생명과 연결된 부분으로 볼 수 있다. 그런데 그런 연결된 것들이 끊어질 때, 세포막이 찢어지고 조각 나고 누더기로 나뉠 때, 분노는 커지고 슬픔도 생긴다. 그러므로 어린아이는 어른이 되어 집착한다. 작은 피 묻은 깃발을 광대한 틈 사이로 헛되게 흔든다.

(Banks, 1989: 340)

네빌의 파괴된 상징 신학을 사용하여 목사는 잭을 자신의 젊은 시절의 모습, 혼자서 마지와 질을 구제된 가족의 요소로 형성할 수 있다는 상징을 아직은 해석할 수 없다고 결론 짓는다. 목사는 이제 폴링의 악의 묘사를 통해서 신학적인 평가를 더할 수 있다.

삶이 아닌 폭력 거미줄의 한 부분인 웨이드의 상징 시스템

목사는 웨이드와 그의 아버지가 붙잡혀 있는 폭력의 거미줄을 발견했다. '고난(affliction)'이라는 낱말은 삶을 헤쳐 나가는 데 알코올과 폭력을 사용하는 어른 남자가 되는 남자아이들을 키우는 세대 간의 순환을 묘사한다. "아버지에게 맞으며 자란 남자아이들의 사랑할 수 있는 능력과 신뢰는 거의 태어났을 때부터 불구가 되었다. 가장 소망할 수 있는 다른 이들과의 관계는 슬픈 노랫가락 줄 같다. 마치 모든 사람의 인생이 끝난 것처럼(Banks, 1986: 340)." 뱅크스는 사이먼 웨일(Simone Weil)의 말로 소설을 시작한다. "인생의 가장 큰 수수께끼는 고통이 아니라 고난이다." 신성한 곳이 아니라 가족 관계가 불경스러워졌다. 폭력이 계속해서 재현되는 현장이 되어 가는 것이다.[2]

웨이드의 동생 랠프는 자신도 폭력과 알코올 남용 잔재에 의해 고난받은 것을 인지한다. 그는 독신으로 남기를 선택한다. 일대일 교제를 하거나 친밀한 관계를 가지지 않는다. 독신자가 되는 것만이

---

2) '불경스러워짐'이라는 용어는 피해자들의 경험을 묘사하기 위해서 사용해 왔다(Doehring, 1993b).

"우리의 자손들을 망치는 것을 피할 수 있고, 불행하게도 우리를 사랑하는 여성들을 위협하는 일도 없을 것이다. 남성들의 폭력성 전통으로부터 빠져나오는 방법이다. 복수하는 천사의 유혹적인 역할을 포기하는 것이다. 무가치한 것들, 즉 단절, 고립, 타향살이 등의 억제를 엄격하게 수용하는 것이다(Banks, 1989: 340)."

'악마 같은' 이란 낱말은 또 다른 신학적 용어로서, 목사가 웨이드의 상징, 자신의 젊은 시절 모습의 잭과 이상적 가족 의미의 마지와 질, 그것들의 무시무시한 힘을 알게 해 주기 위해 사용할 수 있다. '악' '악마 같은' 이란 신학적 용어를 사용하여 목사는 웨이드와 그가 릴리안과 잠시 나눴던 나약했던 친밀감을 예로 인간의 유한한 존재성에 대해 말할 수 있다. 아버지의 폭력과 청년시절 웨이드의 폭력에 대해 성찰하면서 인간 내면에 있는 언약이 있는 관계에 충실하기보다는, 폭력의 거미줄에 끼어듦으로써 인간 내면에 있는 막대한 해를 끼칠 수 있는 가능성에 직면할 수 있다. 그리고 나서 웨이드와 그가 삶에 변화를 주기 위해 다음의 것들을 다룸으로써 희망을 다룰 수 있다. ① 알코올 남용과 폭력을 멈춘다. ② 청년시절의 상실을 애도한다. 그리고 그런 과정으로 잭에 대한 강박감과 만들고자 하는 이상적 가족도 내려놓는다. ③ 마지와의 관계 속에 예전의 친밀감 경험을 회복한다. 만약에 웨이드가 이 목표를 달성한다면, 그는 폭력의 거미줄에 걸리는 것이 아니라 삶의 거미줄에 참여하게 될 수 있다.

신앙적 요구 설정

네빌의 파괴된 상징 신학과 폴링의 악의 신학, 저항, 다원적이고 애매모호한 신성을 합친 것은 웨이드가 얼마나 폭력과 중독의 악순환에 붙잡혀 있는지에 대한 다원적인 신학적 이해를 목사에게 준다. 이러한 관점에서 얻은 두 가지 규범(선을 행함과 변혁적으로 상징을 사용하는 것)이 돌봄과 정의를 이루는 계획의 기초가 될 수 있다. 목사는 웨이드, 그의 가족, 그리고 그의 공동체에게 상징이 모든 것을 변혁시키는 상상을 초월하며, 구체화되는 신비스러운 경험을 하기 위해 상징을 사용하는 것을 배우도록 도울 수 있다. 이런 변화는 폭력의 순환과 그 상징이 부서질 때에야 가능하다.

🏃 돌봄 계획하기

목회적 돌봄 사역자는 웨이드가 그의 학대적인 행동을 멈추도록 돕기 위한 절차를 밟아야 한다. 웨이드의 폭력을 죄악과 범죄로 볼 수 있도록 훈련받은 목사는 웨이드가 그의 가족을 치명적인 위험에 처하게 하는 알코올 남용과 폭력적 행동을 멈추도록 돕기 위한 돌봄 계획을 개발할 것이다.[3] 이 계획은 앞서 지적한 단계를 구체화한다. ① 돌봄 수혜자의 안전 확보와 신뢰 형성, ② 상실의 애도, ③ 삶의

---

3) 가해자들의 목회적 돌봄에 관한 더 많은 자료는 쿠퍼–화이트(Cooper-White, 1995)와 폴링(2003)을 참고하라.

선한 것들과 재결합이다.

1단계: 돌봄 수혜자의 안전 고려와 신뢰 구축하기

전체적 돌봄과 정의(justice) 계획의 첫 단계 목표는 위험에 처해 있는 자들의 안전과 신뢰 형성이다. 웨이드, 목사 그리고 심리학자가 함께 폭력과 알코올 남용으로부터 삶을 지탱할 수 있는 습관을 물색할 때 안전을 확보하게 된다. 안전성을 확실히 하려면 돌봄 사역자가 교단의 책임자와 지역사회복지부와 협의해야 한다. 그들은 글렌에게 알코올 중독을 위한 치료가 필요하며, 웨이드와 농장 집에서 사는 것은 안전하지 않다는 결론을 내릴 것이다. 웨이드가 허락하면, 목사는 그의 아버지의 건강관리 전문가들과 계속해서 협의하며 앞으로 필요한 것들을 설정할 것이다.

또한 목사는 마지에게 웨이드가 신체적 폭력을 가한 적이 있는지 은밀히 확인해 볼 수 있다. 그런 적이 없다는 것이 확인되더라도 웨이드가 폭력을 가하게 될 경우의 대처 계획을 그녀와 재검토한다.

웨이드와 가지는 대화 중에 그는 웨이드가 그의 분노와 무력감을 표현하는 방법에 대한 우려를 계속해서 표현할 수 있다. 그리고 그를 심리학자에게 위탁하여 친밀한 관계 안에서 심리적으로 폭행이 이루어지는 남자집단에 부탁할 수 있다. 질이 방문할 때, 웨이드는 그녀를 어떻게 돌보는지를 자세히 묻는다. 강한 감정을 어떻게 다루는지도 재검토하고 질을 방치하게 될 우려나 신체적 폭력의 가능성이 있는지도 파악한다.

폭력을 '용납하지 않는 제로(zero tolerance)' 정책의 프로그램을 실시하려면, 폭력이 발생했을 경우 그것을 멈추기 위해 대응할 경찰이나 검찰부의 도움이 꼭 필요하다는 것을 목사는 인정해야 한다. 경찰서나 검찰부가 폭력 상황에 대처하는 절차를 바꾼다는 것은 무척 힘들 것이다. 하지만 가정폭력을 다루는 절차에 대해 경찰과 검사관들과 함께 일하는 것은 목회적 돌봄 사역자들과 종교기관의 본부들에게도 중심적인 일이다. 폭력을 영속시키는 구조기관들을 변화시키는 일이야말로 치유와 정의를 추구하는 계획의 첫 단계다.

폭력에 적절하게 대처하기 위해 목사가 러포드(Lawford)에 있는 다른 전문가들과 함께 일할 수 있다면, 경찰도 웨이드의 위협적인 행동들에 대해 조사하도록 할 수 있다. 아버지를 벽으로 밀어 붙이는 행동이나 잭의 차에 밀착하고 위협했던 행동 등이다. 그가 그의 폭력적인 행동에 대한 책임을 빨리 인정하면 할수록 좋다. 폭행으로 체포되고 입건되는 일도 개입하는 중요한 부분이다. 왜냐하면 그렇게 되기까지 웨이드는 그의 폭력을 자기와 그의 가족, 그리고 잭과의 사이에 있는 범죄적인 것이 아니라 사적인 일이라고 생각하기 때문이다.

안전을 도모할 때 고려해야 할 또 한 가지는 웨이드가 그의 충동적인 감정을 다스리는 것을 힘들어하고 알코올을 의도적으로 과하게 마신다는 것이다. 초기에는 목사가 웨이드에게 알코올 남용의 심각성을 깨닫게 하고 치료받는 곳으로 인도할 수 있다. 그가 점차적으로 악화되는 알코올이 관여된 위기 안에서 '바닥을 치는(hit bottom)' 경험을 하기 전까지는 웨이드에게 치료받고자 하는 의욕이 충분하지 않을 수 있다. 목사, 마지, 직장동료의 타이밍이 잘 된 개입이 웨이드로 하여금 도움을 요청하게 할 수 있다. 웨이드에게 가장 큰 도전은 알코올을 포기하는 것이다. 왜냐하면 일단 첫 서너 병까지는

"희망의 꿀맛 같고 불안과 우울증의 만병통치약 같다. 그리고 절망 감으로 불구자가 된 느낌으로부터 또 다른 구원의 경험을 줄 수도 있다(Martignetti, 2000)." [4] 중독 상담가가 웨이드로 하여금 술을 '좋아 하는 것(love)'과 금주하게 될 경우의 상실감에 대해 이야기하도록 도울 수 있다. 웨이드처럼 노동자들이 쉽게 참석할 수 있는 술중독자 협회 12단계 모임에 참석하도록 도울 수도 있다. 웨이드의 음주 의 존이 심해 병원에 입원해야 할 정도로 금단 증후군이 심각한지는 의 사가 진단할 수 있다. 웨이드는 그런 치료방법을 거부하고 스스로 음 주를 멈추려고 할 것이다. 웨이드의 의욕이 충분하다면 성공할 수도 있다. [5] 웨이드가 간단하게 알코올을 마시기 시작하면서부터 경험한 그의 삶 속의 상실을 인지하지 않고 그저 견디기 위해 가진 습성 중 하나를 박탈하는 방식으로는 그의 알코올 중독이나 남용을 다루지 못한다. 그 자신의 폭력으로 인해 상처받은 자들을 이해해 주고 폭력 으로 인한 상실에 대해 웨이드를 직면해야 하듯이, 그의 음주 습관으 로 인한 상실과 피해에 대한 철저한 '도덕적 점검(moral invention)'을 실시해야 할 필요가 그에게 있다(술중독자협회 12단계 모임과 장기적인

---

4) 마르티네티(Martignetti, 2000)는 계속해서 설명한다. 알코올이 어떻게 "고통을 훔 치고, 외로움을 달래며… 가능성의 창조자요, 영원한 꿈이 머무는 신이요 … 다른 이들과의 관계 흐름이요, 친밀감의 결핍이 남긴 공허감을 채우는지를."

5) 알코올 중독자 모임 멤버와 상담가 그리고 많은 정신건강 전문가는 금주만이 알코 올 중독의 유일한 장기적 해결방법이라고 본다. 그들은 금주자가 단 한 잔이라도 술 을 마시게 되면 알코올 통제를 못하게 될 것이라고 믿는다. 인지행동 이론과 치료법 을 사용하는 다른 중독 이론가와 상담가는 알코올 중독 회복자가 서서히 알코올을 통제하게 될 것이라고 말한다. 통제나 금주는 알코올 남용/의존 강도와 기간에 따라 결정될 것이다(Harvard Mental Health Letter, June 2000, 3).

회개 단계 과정 중 하나다).

이 돌봄 계획은 첫 부분에서 웨이드의 일상생활의 습관, 그리고 같은 마을의 많은 노동자계급 남성의 습관을 형성하는 데 영향을 준 폭력과 알코올 남용을 다루기 위해 문화, 공동체, 돌봄 사역자 팀의 영향도 다룬다. 이런 습관은 자체의 상징을 갖춘 실용신학으로부터 발생한다. 때로는 엄하고 판단적인 신학이 금주와 관계가 있고, 이 상주의적이고 감성주의적인 신학은 술 취함과 관계가 있다. 실용적 신학과 그에 상관된 상징이 좀 더 명백해지고 변화되기 위해서는 음주 습관 밑에 깔려 있는 신학이 먼저 변해야 한다.

웨이드의 습관과 그의 실행신학뿐만 아니라, 그의 가족과 공동체의 사람들도 변해야 한다. 그렇게 함으로써 이제는 폭력이나 음주남용이 더 이상 모르는 체 지나치지 않도록 웨이드의 가족도 돌봄 계획에 참여할 수 있다(Clinebell, 1998). 웨이드는 그의 남동생과 누이, 어쩌면 목회적 돌봄이와도 그들의 가정에서 자란 경험이 어땠는지를 나누기 위해 만날 수 있을 것이다. 이런 상황에서 상실을 서로 인정할 수 있다. 이런 가족 미팅은 웨이드의 형제에게도 유익한 영향을 줄 수도 있다. 어쩌면 자신을 위한 도움을 청하도록 충동할 수도 있다. 그리고 남은 가족도 새로운 방식으로 서로 돕고 아버지의 돌봄을 함께 계획할 것이다.

2단계: 상실에 대한 애도하기

폭력과 중독에 갇혀 있는 자를 돕는 두 번째 단계는 학대와 알코올 남용이 일으킨 상실을 애도하는 것에 참여시키는 것이다. 만약 웨이드가 그의 강한 열망과 무력감을 다스렸던 폭력과 알코올의 습관적 사용을 깨트릴 수 있다면, 어른이 되어서는 처음으로 그의 전체 삶의 과정에서 발생한 상실의 충격을 충분히 대하게 될 것이다. 그동안 그의 폭력성은 그가 충분히 느끼는 것을 방해하고 알코올은 그를 무감각하게 만들었기 때문에 완전하게 느낄 수 없었다. 돌봄의 이 단계에서 돌봄 사역자는 웨이드가 확실하게 느끼거나 무의식적으로 경험하는 중년의 위기를 다루기 시작할 수 있다. 잭에 대한 웨이드의 감정과 잭의 나이 때 웨이드의 삶이 어땠는지를 다루는 것으로 시작할 수 있다.

웨이드는 그의 삶 속에서 아직까지 인지하지 못했던 상실을 대면하면서 강한 슬픔을 경험하게 될 것이다. 그는 안전하고 든든한 어린 시절을 잃었다. 너무나 빨리 어른 역할을 하면서 또한 충분히 상실을 경험했다. 이제 심리학자는 잭과 꾸미기 원하는 새로운 가족에 대한 웨이드의 강박감을 이해하기 위해 웨이드와 함께 일할 수 있다. 왜냐하면 이제 웨이드는 상징을 현실적으로나 무의식적으로 사용하는 것을 더 잘 멈출 수 있게 되었기 때문이다. 이제 웨이드는 폭력적이지 않고 술을 마시지 않는 새로운 행동을 기초로 그의 상징을 해석하고 새로운 상징을 만들 수 있을 것이다. 자신의 파괴적인 행동을 인정하는 회개의 긴 과정은 상실을 수용하기 위한 노력과 동시에 초월성에 관여된 새로운 상징을 형성하는 능력에 달려 있다. 이 회개의 과정은 신앙공동체 현장에서 하는 것이 제일 좋다. 고통을 이해하기 위해 웨이드가 사용한 종교적 상징이 형성되었던 곳이다.

웨이드의 목사는 심리학자와 일하면서 상실을 애도하도록 도움을 줄 수 있다. 모든 종교 전통의 부분인 풍부한 애도의 상징을 소개할 수 있다. 구약의 출애굽 이야기, 시편에 표현된 강렬한 감정, 선지자들의 비탄, 고통의 이야기, 십자가형, 그리고 복음서의 부활, 사도행전, 초대교회 지도자들의 간증 등이 상실, 폭력, 속죄를 이해하는 길을 열어 준다. 목사는 또한 은혜를 체험하도록 도울 수 있다. 멀카단테(Mercadante, 1996)의 소견처럼 은혜는 하나님이 먼저 찾으시고, 바닥으로 떨어지거나 충동하는 일을 경험한 후에나 언약을 다시 깨뜨릴 위험에 닥치게 될 때 그 사람들을 만지시는 회복된 하나님과의 언약의 일부분이다. 하나님의 은혜를 믿는 신앙에 기초한 신앙적 행위는 심리치료와 약물치료와 함께, 웨이드가 그의 상실과 그의 피해자들의 상실을 애도할 때 그를 지켜 줄 자원이 될 수 있다.

3단계: 일상적인 삶과 다시 관계 맺기

마지막 단계는 두 번째 단계와 함께 시작할 수도 있는데, 삶의 평범한 것들과 재결합하는 것이다. 심리학자는 그가 재결합하기 위해서 필요한 새 기술을 지적하고 관계기술을 향상하도록 인도해 줄 수 있다. 러포드에서 그가 가질 수 있는 직업에는 한계가 있기 때문에 좀 더 많고 다양한 기술을 개발하는 것이 장기적인 계획이 될 수 있겠다. 특별한 염려가 있다면 웨이드가 처할 일터의 환경이다. 역사적으로 보면 일터의 환경은 좋은 대화기술을 개발하거나 스트레스를 잘 다루기, 알코올과 폭력을 피하도록 전혀 돕지 않았다. 그가 신앙공동체에 참여하면 평범한 삶과 결합이 잘 유지되고 향상될 수 있다. 예를 들면, 웨이드도 교회 시즌 달력에 맞추어 그의 고통과 새 인생을 다시 경험할 수 있다.

인생의 평범함과 재결합해 가는 동안, 그는 서서히 유한한 삶의 애매하고 복잡한 면모를 수용할 수 있게 될 것이다. 특히 그가 가진 관계나 신앙공동체가 그런 것을 격려할 경우 더욱 그렇다. 그런 관계와 공동체 안에서 그가 잊어버렸던 기독교 전통 속에 묘사된, 아직 설정되어 있지 않은 영원한 세계의 가치도 이월되는, 더욱더 삶의 의욕을 주는 상징을 만들 수 있다. 만약에 그가 관계를 맺고 있는 이들과 같이 의도적으로 그런 상징을 사용한다면, 그들은 악에 대항하고 자신들과 그들의 가족, 공동체, 문화가 변화하는 방향으로 선을 행할 것이다.

이 단계들은 웨이드가 평생 동안 할 수 있는 것을 나타낸다. 그러나 이 계획은 쉽게 어떤 단계에서든지 막힐 수 있다. 쉽게 알 수 있듯이, 이 종류의 돌봄은 목회적 돌봄 사역자가 홀로 베풀 수 있는 것이 아니다. 돌봄 사역자들과 협조적인 신앙공동체가 팀이 되어 이러한 돌봄과 정의(justice)를 보여 주어야 한다. 목회적 돌봄 사역자들이 팀 사역에서 먼저 피해자들의 안전 도모를 돕고, 법 집행부관들과 법 집행 절차에 변화를 줘서 웨이드가 그의 폭력행위를 멈추도록 돕는다면 아주 커다란 영향을 줄 것이다. 이런 것들이 웨이드가 속한 마을에서는 가능하지 않을 것이다. 그럼에도 불구하고 사회 시스템을 변화시키는 것은 목회적 돌봄 사역자들의 최선의 목표로 남아야 한다. 건강관리 전문가와 함께 일할 때, 목사는 웨이드가 폭력이나 중독이 아닌 삶에 대한 의욕으로 극복하는 방법을 찾도록 돕는 데 중추적 역할을 감당할 수 있다. 그는 풍부한 종교적 상징을 사용하여 그의 상실을 애도하도록 돕고, 마을에서는 이러한 상징을 의도적으로 실천하게 도울 수 있고, 궁극적으로 삶과 재결합하게 되는 것이다.

모든 신앙인에게 회복은 삶의 일부분이 되어야 한다. 왜냐하면 중독성 습관을 버린 사람들은 스트레스가 심해지거나 가족, 공동체 그리고 지역문화가 그들을 돕지 않으면 다시 옛 모습으로 돌아갈 위험이 크다. 어찌 보면 회복 단계에 있는 사람들이 겪는 도전은 모든 종교적 신앙을 가진 사람들이 겪는 도전과 비슷한 점이 있다. 오늘날처럼 복잡한 거미줄 같은 관계적 욕구가 수많은 상황 속에 삶의 일부분이 되었다. 그리고 그 속에서 자신의 깊은 믿음의 서약과 신앙대로 살고자 하는 것이다. 믿음에 기초한 관계(신앙공동체 안에서 함께 일하며 사는 사람들과 하나님)는 언약의 거미줄을 형성하여 치유와 정의를 찾는 자, 그들의 형제와 누이, 우주만물을 지켜 주어야 한다.

결 론

21세기에 목회적 돌봄 사역자가 당면한 도전은 현대의 탈근대적 접근을 통한 지식, 수백 년 역사 속의 전근대적 접근과 근대적 접근의 기독교 종교 전통으로부터 어떻게 돌봄의 자원을 이끌어 낼 것인가다. 나는 목회적 돌봄 사역자의 접근을 위해 사용된 세 가지 렌즈 안경 메타포를 제시한다.

① 신성한 것과 교제가 가지는 것에 초점을 두기 위해 종교적 자원의 권위를 해석하는 전근대적 접근의 규범
② 돌봄 수혜자의 고통을 이해하기 위해 더 넓고 보편적인 방법을 찾기 위해 사용한 비판적 성서연구법, 사회과학, 그리고 의학 학문에서 사용된 근대적 접근의 규범 사용
③ 돌봄 수혜자의 사회정체성과 사회적 학대의 경험 가능성을 이

해하고 함께 일시적인 의미를 구성하기 위해 특별히 돌봄의 기초가 되어야 할 신학적 규범, 사용되는 문화적 · 신학적 학문을 적용하는 탈근대적 접근의 규범을 사용

결론으로 나는 이 책에 소개된 종류의 돌봄 사역자는 이야기적 · 상황적 · 학제적 · 실용적 관점을 가지고 있기 때문에 이것을 어떻게 탈근대적이라고 할 수 있는지 좀 더 자세히 설명한다. 요즘 진행 중인 목회신학 방법론 토론 중에 내 접근방법은 어디에 속하는지를 보여 주기 위해 이야기적 · 상황적 · 상관적 접근을 최근에 묘사한 스칼리스(Scalise, 2003)의 것에서 빌린다.

이야기적 목회신학

목회적 돌봄에 대한 나의 접근은 목회적 돌봄 대화와 돌봄 수혜자 자신과 가족, 공동체, 문화에 대한 이야기에서 시작한다. 자신의 어려움에 대해 대화를 시작하기에 이 방법이 많은 사람에게 편하고 안전하게 생각되는 방법이다. 왜냐하면 사람들은 자기에게 일어난 일을 "많은 인간 경험 이야기 속의 인물처럼 보이듯이" 이야기 속에서 그들의 설명을 정리해 가기 때문이다(Scalise, 2003: 107).

이야기의 상세한 부분에 초점을 두는 것은 탈근대적 접근의 특징이다(Lartey, 2003). 돌봄 사역자가 돌봄을 제공하는 동안 펼쳐지는 이야기의 상세한 부분에 열중한다면, 돌봄 사역자가 너무 빨리 진단적 분류를 사용할 때 상실될 수 있는 이야기의 복잡하고 애매모호한

부분을 덜 놓치게 될 것이다. 이러한 이야기 속에 몰입하는 것은 돌봄 사역자에게 "인간 경험의 부분, 감정 데이터, 상징적이고 비합리적인 부분을 위한 중요한 자리를 찾는다. 인간됨의 조건을 충분히 다루기 위해 필요한 부분이다(Pattison & Woodward, 2000: 13)." 돌봄 사역자들이 돌봄 수혜자들의 이야기를 예술적인 표현으로 듣는다면, 도덕적 접근을 사용할 때 두드러지는 도덕적 경험만이 아니라 좀 더 신비스럽고 미학적인 경험을 깨닫게 될 것이다(Sands, 1994).

이야기적 접근만을 사용할 때 부담스러운 부분이 있다. 첫째, 개인주의적인 문화 속에서 돌봄 사역자는 문화적 환경을 흐릿한 배경으로 처리하고 오로지 돌봄 수혜자 개인에게만 초점을 둘 수 있다.[1] 이런 비판은 이야기 신학과 구성주의자 심리학에서 나왔던 것이다. 왜냐하면 그들은 오로지 개인이 어떻게 자신들이 누구인지에 대해 이야기를 구성하는지에 초점을 두기 때문이다. 돌봄 수혜자들이 그들의 문화적 환경에 의해 영향을 받는 것과 위기 상황에서 사회적 특권이나 불리함의 역할을 빼놓기 때문이다.

둘째, 이야기적 목회신학을 사용할 때 돌봄 사역자는 돌봄 수혜자 이야기의 미학적이고 신비적인 것에 빠짐으로써 도덕적인 관점에 초점을 두는 것이 어려워질 수 있는 위험을 무릅쓰게 된다. 문서의

---

1) 1960년대와 1970년대에 목회적 돌봄 사역자들은 일대일의 심리치료 관계 안의 돌봄인 치료 모형을 사용했다. 이러한 개인적 임상방법의 치료 목적은 개인의 심리적 변화다. 목회적 돌봄 사역자들이 시스템적 관점을 사용할 때 개인의 가족, 공동체, 문화 시스템 안의 생리적이고 심층심리학적 시스템의 연속을 보게 되었다. 사회적 압박을 겪는 피해자들에게 끼치는 문화 시스템의 영향을 고려했을 때, 상담자들은 사회적인 변화 없이는 개인적이고 가족적인 변화가 가능하지 않다는 것을 이해하게 되었다.

다양한 의미를 찾는 데 능통한 탈근대 문학 이론가들처럼, 이야기적 접근을 사용하는 돌봄 사역자들은 다음과 같은 것들에 저항할 수도 있다. ① 돌봄 수혜자 이야기의 도덕적인 요소에 대해 평가하기, ② 돌봄 계획의 기초가 될 수 있는 일시적인 신앙적 요구 설정하기다. 스칼리스(Scalise, 2003: 108)는 이 저항을 "이야기 세계와 도덕적 행동과 노력이 있는 일상 속의 세계 사이의 틈새"라고 추정한다.

상황적 목회신학

돌봄 사역자들이 돌봄 수혜자들의 이야기를 문화의 "총체적 이야기(metanarratives)"(Lyotard, 1984)와 관련시킬 때 그들의 돌봄은 상황적이 된다. 총체적 이야기는 문화 밑에 깔려 있는 가치관과 사회통념이다. 예를 들자면, 과학적 진보라는 사회통념이다. 현대 서부문화는 고통을 주는 모든 문제를 해결할 때까지 과학지식을 계속 쌓는 방향으로 전진하고 있다는 것이다. 과학적 진보에 대한 신념이 고통의 신체적 부분에 초점을 두는 자, 고통을 덜기 위해 약품을 원하는 자, 암이 퍼지는 것을 막으려는 자들에게는 희망을 줄 수도 있다. 하지만 과학은 대체로 영적·감성적 고통을 위한 치료약은 줄 수 없다. 전쟁터에서 부상당한 군인은 전투에서 돌아오자마자 최고의 의료 서비스를 받겠지만, 그에게는 심리적 상처도 있다. 미국의 또 다른 총체적 이야기는 개인의 힘으로 모든 역경을 헤치고 성공하는 이야기다. 미디어에 종종 소개되는 자수성가한 남성과 여성, 사람들의 세계관, 신념, 지식 구성에 형성하는 과학과 자수성가에 대한 신념의 총체적 이야기의 역할은 돌봄 사역자들이 상황적 접근을 사용할 때 두드러지게 나타난다. 문화의 총체적 이야기와 그것들의 정치적 요소를 살피는 것은 지식을 포스트 모던적으로 접근하는 것의 특징을 보여 준다.

상황적 접근은 또 다른 방식의 지식에 대한 탈근대적 접근을 보여 준다. 돌봄 사역자들은 총체적 이야기에 의해 형성된 자신들의 사회적 위치와 태도가 고통의 요소 중 못 보게 하는 부분이 있을 수 있다는 것에 대해 생각해 본다. 자신의 사회적 특권과 그에 따른 전제되는 것들에 대한 인식을 얻은 목회적 돌봄 사역자들은 '탈중심화' 되고 "자신이 위치한 자리에서 본 세계관의 암시적이거나 명백한 가치기준에 적용받지 않아도 될 다른(사람, 문화, 종교) 삭감할 수 없는 차이를 대하게 될 것이다. 피할 수 없는 지식과 권력의 연쇄가 이제 인정되었다(Ramsay, 2004: 6)." 이런 '비판적 감수성'(Ramsay, 2004: 6)으로 접근하는 돌봄 사역자는 자신처럼 명백하고 명료하게 표현하는 능력이 없는 사람들을 쉽게 빨리 판단하고 있는 자신의 모습을 알아차리게 된다. 교육의 기회가 있었기에 얻은 능력이다.

자기반사성(self-reflexivity)은 자신의 추정과 사회적 특혜를 비판적으로 성찰하기, 사회적 압박과 불의에 기여하는 것을 방지하기 위해 돌봄을 제공할 때 아주 중요한 부분이다. 우리가 사용하는 지식에 포함된 가정에 대해 모든 책임을 진다는 것이 무리한 요구처럼 보일지라도, 돌봄 사역자들은 다른 문화권 사람들과 그들의 목회적 돌봄 접근의 문화적 타당성과 식민주의적 태도 가능성과의 대화를 통하여 이 이상을 이루기 위해 노력해야 한다.

🔆 학제적 목회신학

어느 학문도 홀로 돌봄 수혜자의 고통에 대해서 역사를 초월한 보편적인 진리의 관점을 제시할 수 없다고 보는 탈근대적 돌봄 접근에서 특별히 학문 분야 간의 상호 대화의 필요가 중요하다. 돌봄 수혜자들이 모든 학문의 관점에서 나오는 지식은 사회적 구성이라고 가정한다면, 한 관점으로 다른 관점을 비판하면서 서로 도울 수 있는 것을 들을 수 있게 된다. 예를 들어, 성격에 대한 많은 현대 심리학 모델과 치료접근 방법이 암시적인 윤리적·종교적 전제에 근거하고 있다는 것이다. 목회신학자 던 브라우닝(Don Browning)은 해석법을 활용하여 프로이트(Freud), 인본주의 심리학, 스키너(Skinner), 융(Jung), 에릭슨(Erikson), 코헛(Kohut), 엘리스(Ellis), 벡(Beck), 보웬(Bowen) 등의 이론 속에 들어 있는 가정과 신념을 밝힌다(Browning & Cooper, 2004). 그는 위와 같은 현대 심리학이 어떻게 "종교적·윤리적·과학적 언어 등을 혼합한 학문"인지를 설명한다(Browning & Cooper, 2004: 7). 그 심리학의 '모든 표준 범위'를 들춘 후 그것들을 비판적으로 평가한다(Browning & Cooper, 2004: 18).

학문의 관점이 서로 대립될 수 있다는 것을 들어 아는 것 외에, 돌봄 수혜자는 이들이 고통의 다른 면모를 조명해 줌으로써 좀 더 깊고 더 복합적인 이해를 형성하는 것을 보게 될 수도 있다. 그런 일치됨은 일시적으로 각 학문이 적합하고 의미 있는 부분이 있다는 것을 확인시켜 줄 수 있다. 바로 지식에 대한 탈근대적 접근의 관점에서 진리의 증명이다.

학문적 관점 사이의 조화와 부조화를 중요시 여기는 학제적 접근은, 통합보다는 상호 관계성에 더 관심이 있다. 통합에 전념하는 종교심리학자들은 심리학과 신학 사이에 "공통적으로 깔려 있는 원칙의 발견과 명확한 표현"을 원한다(Eck, 1996: 102). 그리하여 "더 크고 전체론적이고 통합적인 인간과 사회적·생태계적 세상을 이해하게 된다(Eck, 1996: 102)." 학문적 관점의 통합의 위험성은 한 가지 관점이 종종 탈자유주의 목회적 돌봄 사역자들의 신학과 명백히 기독교 종교심리학자들이 심리학과 사회과학 밑으로 포섭될 때가 있다. '통합적' 접근이 불리하게 되는 때는 고정된 규범만을 사용하여 권위 있는 종교적 자원이 단 한 개씩만의 의미를 가진 것으로 만들 때다. 경직성은 다양한 역설적 의미를 창출해 내는 창조적인 과정을 패쇄시킨다(애통의 한 부분인 절망과 희망 사이의 긴장 같은 것들). 고통에 대한 학제적 관점에 비판적·상호 관계적 접근은 다양성과 애매모호함을 인정하는 탈근대와 적합하다.

🧍 실용적 목회신학

포스트 모던적으로 지식에 접근하는 학자들은 종종 추상적인 반성에 참여한다. 그런데 그런 접근을 하는 종사자들은 일시적인 깨달음의 요구일지라도, 그것들을 행동으로 옮기기 위한 기초가 되도록 시도해야 한다. 신학적 관점을 독특하게 활용하기에 목회 종사자들은 그들의 깨달음의 요구를 신학적 용어로 명백하게 묘사해야 한다. 그런 문장은 만들기가 힘들다. 왜냐하면 각 신학적 관점은 전문화된 용어와 복합적 이론을 포함하기 때문이다. 다양한 신학 관점을 이해하는 것과 지식의 요구를 명확하게 하는 것의 차이는 신학소양과 유창함의 차이다(Doehring, 2002). 다양한 목회에 종사하는 자들은 소양에서 유창함으로 가기 위해 노력한다. 예를 들면, 성경 본문의 해석과 문화, 신앙공동체의 해석으로 하여금 서로 대화를 일으키는 설교를 준비하는 과정이다. 폴 틸리히(Paul Tillich)는 그의 기초적 지식의 요구가 조직신학과 공명되는 설교를 나눔으로써 그의 유창함을 보여 줬다. 신학교육의 아이러니는 교수들과 학생들이 더 전문화되고 소양될수록 이런 관점을 종사자로서 유창하게 사용하는 것이 더욱 힘들어진다는 것이다.

지식을 탈근대적으로 접근할 때 목회적 돌봄 종사자들은 일시적이나 임의적인 요구가 아닌 것들을 만든다. 이 요구는 학문적 관점들과 명백하여 학자들과 다양한 전문 분야의 종사자들이 평가할 수 있는 고통의 학제적 이해에도 기초를 두고 있다. 상황적 요구는 일이 발생한 상황에만 제한할 필요가 없다. 여러 비슷한 상황에도 적절할 수 있다. 이러한 준비된 신학적 요구는 행동을 통해 확인되는 진리를 해방시키는 방식의 기초가 된다.[2]

이야기적 · 상황적 · 학제적 · 실용적 관점을 가진 탈근대적 돌봄

---

2) "진실은 오직 행동을 통해서만 인지하게 되거나 확인하게 된다. 그러므로 구체적인 상황에서 자유를 주는 행동을 하도록 영감이나 성찰을 하게 하는지가 여성신학(어느 신학이든지)의 능력의 진실성을 평가하는 기준이다. 신학을 하는 작업은 공동체적 활동이라는 것을 강조하는 데 있어서 상대주의와 만연하는 개인주의는 피한다 (Stuart & Thatcher, 1997: 154-55)."

의 필요성을 설명했다. 최종적인 분석에서 한 가지 기초적인 탈근대적 가정을 알리고 싶다. 전체적이고 역사초월적인 목회적 돌봄의 정의는 없다는 것이다. 내가 묘사한 목회적 돌봄의 설명은 결국은 나의 학문적·목회적 실천에서 나온 한 지역 전통의 돌봄 사역자라는 것이다. 이 시점에서 목회적 돌봄의 역사에 필요한 것은 지역 전통을 명료화하고 다른 전통과 소통함으로써 서로 배울 수 있게 하는 것이다.

❖ 참고문헌

Adams, C. J. (1994). *Women Battering*. Minneapolis: Augsburg Fortress.

Adams, J. E. (1970). *Competent to Counsel*. Phillipsburg, NJ: Presbyterian & Reformed.

Adams, J. E. (1986). *How to Help People Change: The Four-Step Biblical Process*. Grand Rapids: Ministry Resources Library.

American Psychiatric Association (2000). *Diagnostic and Statistical Manual of Mental Health Disorders* (4th ed.), text revised. Washington, DC: American Psychiatric Association.

Anderson, H., & Fite, R. C. (1994). *Becoming Married*. Louisville, KY: Westminster/John Knox.

Anderson, H., & Kenneth, R. M. (1993). *Leaving Home*. Louisville, KY: Westminster/John Knox.

Attig, T. (2000). *The Heart of Grief: Death and the Search for Lasting Love*. New York: Oxford University Press.

Augsburger, D. W. (1986). *Pastoral Counseling Across Culture*. Philadelphia: Westminster.

Banks, R. (1989). *Affliction*. San Francisco: HarperPerennial.

Boisen, A. (1936). *The exploration of the Inner World: A Study of Mental Disorder and Religious Experience.* New York: Willett, Clark & Co. Reprints; New York: Harper & Brothers, 1952; Philadelphia: University of Pennsylvania Press, 1971.

Bonanno, G. A. (2004). Loss, Trauma, and Human Resilience: Have We Underestimated the Human Capacity to Thrive after Extremely Aversive Events? *American Psychologist, 59*: 20-28.

Browning, D. S. (1991). *A Fundamental Practical Theology: Descriptive and Strategic Proposals.* Minneapolis: Fortress.

Browning, D. S. & Terry, C. (2004). *Religious Thought and Modern Psychologies* (2nd ed.). Minneapolis: Fortress.

Bullis, R. (1990). When Confessional Walls Have Ears: The Changing Clergy Privileged Communications Law. *Pastoral Psychology, 39*(2): 75-84.

Carver, R. (1998). A Small, Good Thing. In *Where I'm Calling From: New and Selected Stories,* 280-301. New York: Atlantic Monthly Press.

Clebsch, W. A. & Jaekle, C. R. (1964). *Pastoral Care in Historical Perspective: An Essay with Exhibits.* Englewood Cliffs, NJ: Prentice-Hall.

Clinebell, H. (1998). *Understanding and Counseling Persons with Alcohol, Drug, and Behavioral Addictions.* Nashville: Abingdon.

Cooper-White, P. (1995). *The Cry of Tamar: Violence against Women and the Church's Response.* Minneapolis: Fortress.

Cooper-White, P. (2003). *Shared Wisdom: Use of Self in Pastoral Care and Counseling.* Minneapolis: Fortress.

Couture, P. D. (2003). The Effect of Postmodernism on Pastoral/

Practical Theology and Care and Counseling. *Journal of Pastoral Theology, 13*(Spring): 85-104.

Dann, B. (2002). *Addiction Pastoral Responses*. Nashville: Abingdon.

Davaney, S. G. (2000). *Pragmatic Historicism: A Theology for the Twenty-first Century*. Albany: State University of New York Press.

Denham, T. E. & Melinda, D. (1986). Avoiding Malpractice Suits in Pastoral Counseling. *Pastoral Psychology, 35*: 83-93.

Doehring, C. (1987). The Darkness of Violence, the Light of God's Healing: An Advent Worship Liturgy. In M. Fortune (Ed.), *Keeping the Faith: Questions and Answers for the Abused Woman*, 67-71. San Francisco: Harper & Row.

Doehring, C. (1993a). The Absent God: When Neglect Follows Sexual Violence. *Journal of Pastoral Care, 47*(Summer): 3-12.

Doehring, C. (1993b). *Internal Desecration: Traumatization and Representations of God*. Lanham, MD: University Press of America.

Doehring, C. (1995). *Taking Care: Monitoring Power Dynamics and Relational Boundaries in Pastoral Care and Counseling*. Nashville: Abingdon.

Doehring, C. (1999). A Method of Feminist Pastoral Theology. In B. Gill-Austern & B. Miller-McLemore. (Eds.), *Feminist and Womanist Pastoral Theology*, 95-111. Nashville: Abingdon.

Doehring, C. (2002). Theological Literacy and Fluency in a New Millennium: A Pastoral Theological Perspective. In L. P. Rodney. with M. R. Nancy. (Eds.), *Theological Literacy for the Twenty-first Century*, 311-24. Grand Rapids: Eerdmans.

Doka, K. J., (Ed.) (1989). *Disenfranchised Grief: Recognizing Hidden Sorrow*. Lexington, MA: Lexington Books.

Doyle, R. (1996). *The Woman Who Walked into Doors*. New York: Penguin.

Eck, B. E. (1996). Integrating the Integrators: An Organizing Framework for a Multifaceted Process of Integration. *Journal of Psychology and Christianity, 15*: 101-15.

Egan, G. (1994). *The Skilled Helper: A Problem-Management Approach to Helping* (5th ed.). Pacific Grove, CA: Brooks/Cole.

Ekman, P. (1993). Facial Expression and Emotion. *American Psychologist, 48*(4): 384-92.

Erenberg, D. & Hacker, G. (1997). Problem? What Problem? Some Basic Facts about the Drinking Culture. In *Last Call for High-Risk Bar Promotions That Target College Students: A Community Action Guide*. (www.health.org/govpubs/rop995).

Fortune, M. M. (1983). *Sexual Violence: The Unmentionable Sin*. New York: Pilgrim.

Fortune, M. M. (1987). *Keeping the Faith: Questions and Answers for the Abused Woman*. San Francisco: Harper & Row.

Fortune, M. M. (1988). Reporting Child Abuse: An Ethical Mandate for Ministry. In A. L. Horton & J. A. Williamson. (Eds.), *Abuse and Religion*, 189-97. Lexington, MA: Lexington Books.

Fortune, M. M. (1989). *Is Nothing Scared? When Sex Invades the Pastoral Relationship*. San Francisco: Harper & Row.

Fortune, M. M. & James, P. (1995). Calling to Accountability: The Church's Response to Abusers. In C. J. Adams. & M. M. Fortune. (Eds.), *Violence Against Women and Children: A Christian Theological Source book*, 451-63. New York: Continuum.

Gergen, K. J. (2001). Psychological Science in a Post-Modern Context.

American Psychologist, 56(10): 803-13.

Gerkin, C. V. (1986). *Widening the Horizons: Pastoral Response to a Fragmented Society.* Philadelphia: Westminster.

Gottman, J. (1999). *The Seven Principles for Making Marriage Work.* New York: Crown.

Graham, L. K. (1992). *Care of person, Care of World: A Psychosystems Approach to Pastoral Care and Counseling.* Nashville: Abingdon.

Graham, L. K. (2004). Theodicy, Tragedy, and Literature. Unpublished lecture notes from a course. *Theodicy and Tragedy.* Denver, CO: Iliff school of Theology.

Hagman, G. (2002). Beyond Cathexis: Toward a New Psychoanalytic Understanding and Treatment of Mourning. In R. A. Neimeyer. (Ed.), *Meaning Reconstruction and the Experience of Loss,* 13-31. Washington, DC: American Psychological Association.

Harvard Mental Health Letter. (2000). Treatment of Alcoholism, Parts 1 and 2. Boston: Harvard Health Publications. May, June, 2000: 1-4.

Herman, J. (1992). *Trauma and Recovery: The Aftermath of Violence-from Domestic Abuse to Political Terror.* New York: Basic Books.

Hoff, L. A. (1989). *People in Crisis: Understanding and Helping,* (3rd ed.). Redwood City, CA: Addison-Wesley.

Imbens, A, & Jonker, I. (1992). *Christianity and Incest, trans.* Patricia McVay. Minneapolis: Fortress.

Karaban, R. A. (1991). The Sharing of Cultural Variation. *Journal of Pastoral Care, 45*: 25-34.

Karaban, R. A. (2000). *Complicated Losses, Difficult Deaths: A Practical Guide for Ministering to Grievers.* San Jose, CA: Resource Publications.

Kidd, S. M. (2002). *The Secret Lives of Bess*. New York: Viking.

Klass, D. (2002). The Inner Representation of the Dead Child in the Psychic and Social Narratives of Bereaved Parents. In R. A. Neimeyer. (Ed.), *Meaning Reconstruction and the Experience of Loss*, 77-94. Washington, DC: American Psychological Association.

Kluckhohn, C., & Murray, H. A., (Eds.) (1948). *Personality in Nature, Society and Culture*. New York. Knopf.

Lakeland, P. (1997). *Postmodernity: Christian Identity in a Fragmented Age*. Minneapolis: Fortress.

Lartey, E. Y. (2002). Embracing the Collage: Pastoral Theology in an Era of 'Post-Phenomena.' *Journal of Pastoral Theology, 12*(Fall): 1-10.

Lartey, E. Y. (2003). *In Living Color: An Intercultural Approach to Pastoral Care and Counseling* (2nd ed.). New York: Jessica Kingsley.

Lartey, E. Y. (2004). Globalization, Internationalization, and Indigenization of Pastoral Care and Counseling. In N. J. Ramsay. ed., *Pastoral Care and Counseling: Redefining the Paradigms*, 87-108. Nashville: Abingdon.

Linehan, M. (1993). *Cognitive Behavioral Treatment of Borderline Personality Disorder*. New York: Guilford Press.

Lyall, K. (1995). Binge Drinking in College: A Definitive Study in Binge Drinking on American College Campuses: A New Look at an Old Problem. A Report Supported by the Robert Wood Foundation.

Lyotard, J. F. (1984). *The Postmodern Condition: A Report on Knowledge*, trans, Geoff Bennington and Brain Massumi. Theory and History of Literature, 10. Minneapolis: University of Minnesota

Press.

Martignetti, A. (2000). A Workshop on Pro-Symptom Approaches to the Treatment of Alcoholism. *Unpublished manuscript.* Lexington, MA.

McCarthy, M. (1992). Empathy: A Bridge Between. *Journal of Pastoral Care, 46*: 119-28.

McGoldrick, M., Gerson, R., & Shellenberger, S. (1999). *Genograms: Assessment and Interventions.* (2nd ed.). New York: W. W. Norton.

Mercadante, L. A. (1996). *Victims and Sinners: Spiritual Roots of Addiction and Recovery.* Louisville, KY: Westminster John Knox.

Miller-McLemore, B. (1996). The Living Human Web: Pastoral Theology at the Turn of the Century. In J. S. Moessner. (Ed.), *Through the Eyes of Women,* 9-26. Minneapolis: Fortress.

Mitchell, K. R. & Anderson, H. (1983). *All Our Losses, All Our Griefs: Resources for Pastoral Care.* Philadelphia: Westminster.

Morgan, O. J., & Jordan, M., (Eds.) (1999). *Addiction and Spirituality: A Multidisciplinary Approach.* St. Louis: Chalice.

Morrison, T. (1987). *Beloved.* New York: Penguin.

Neimeyer, R. A. (1995). Constructivist Psychotherapies: Features, Foundations, and Future Directions. In R. A. Neimeyer. & M. J. Mahoney. eds., *Constructivism in Psychotherapy,* 11-38. Washington, DC: American Psychological Association.

Neimeyer, R. A., & Raskin, J. D., (Eds.) (2000). *Constructions of Disorders: Meaning Making Frameworks for Psychotherapy.* Washington, DC: American Psychological Association.

Neimeyer, R. A., (Ed.) (2001). *Meaning Reconstruction and the Experience of Loss.* Washington, DC: American Psychological

Association.

Nelson, J. B. (2004). *Thirst: God and the Alcoholic Experience*. Louisville, KY: Westminster John Knox.

Neuger, C. C. (2001). *Counseling Women: A Narrative, Pastoral Approach*. Minneapolis: Fortress.

Neville, R. (1996). *The Truth of Broken Symbols*. New York: SUNY.

Okum, B. F., Fried, J., & Marcia, L. O. (1999). *Understanding Diversity: A Learning-as-Practice Primer*. Pacific Grove, CA: Brooks/Cole.

Pargament, K. I. (1997). *The Psychology of Religion and Coping: Theory, Research, Practice*. New York: Guilford.

Pargament, K. I., & Mahoney, A. (2002). Spirituality: Discovering and Conserving the Sacred. In C. R. Snyder. & S. J. Lopez. eds., *Handbook of Positive Psychology*, 646-59. New York: Oxford University Press.

Park, A. S. (1993). *The Wounded Heart of God*. New York: Maryknoll.

Park, A. S. (1996). *Racial Conflict and Healing*. New York: Maryknoll.

Pattison, S. (1998). Suffer Little Children: The Challenge of Child Abuse and Neglect to Theology. *Journal of Sexuality and Theology, 9*: 36-58.

Pattison, S., & Woodward, J. (2000). An Introduction to Pastoral and Practical Theology. In J. Woodward. & S. Pattison. (Eds.), *The Blackwell Reader in Pastoral and Practical Theology*, 1-19. Oxford: Blackwell.

Patton, J. (1993). *Pastoral Care in Context: An Introduction to Pastoral Care*. Louisville, KY: Westminster/John Knox.

Pellauer, M., Chester, B. & Boyajian, J., (Eds.) (1987). *Sexual Assault and Abuse: A Handbook for Clergy and Religious Professionals*.

San Francisco: Harper & Row.

Poling, J. N. (1980). *A Theological Integration of the Personal and Social in pastoral Care and Counseling.* Ph. D. Diss., School of Theology, Claremont, CA.

Poling, J. N. (1991). *The Abuse of Power: A Theological Problem.* Nashville: Abingdon.

Poling, J. N. (1996). *Deliver Us from Evil: Resisting Racial and gender Oppression.* Minneapolis: Fortress.

Poling, J. N. (2003). *Understanding Male Violence: Pastoral Care Issues.* St. Louis: Chalice.

Poling, J. N. & Miller, D. E. (1985). *Foundations for a Practical Theology of Ministry.* Nashville: Abingdon.

Poortinga, Y. A., Shoots, N. H., & Van de Koppel, J. M. (1993). The Understanding of Chinese and Kurdish Emblematic Gestures by Dutch Subjects. *International Journal of Psychology, 28*(1), 31-44.

Pretzell, P. W. (1990). Suicide (Ethical Issues); Suicide (Pastoral Care); Suicide Prevention. In R. Hunter. (Ed.), *Dictionary of Pastoral Care and Counseling,* 1233-35. Nashville: Abingdon.

Ramsay, N. J. (1991). Sexual Abuse and Shame: The Travail of Recovery. In Maxine Glaz & J. S. Moessner. (Eds.), *Women in Travail and Transition: A New Pastoral Care,* 109-25. Nashville: Abingdon.

Ramsay, N. J. (1998). *Pastoral Diagnosis: A Resource for Ministries of Care and Counseling.* Minneapolis: Fortress.

Ramsay, N. J. (2000). Truth, Power, and Love: Challenges for Clergywomen across the Life Span. In J. Stevenson-Moessner. (Ed.), *In Her Own Time: Women and Developmental Issues in*

Pastoral Care, 269-83. Minneapolis: Fortress.

Ramsay, N. J. (2002). Navigating Racial Difference as a White Pastoral Theologian. *Journal of Pastoral Theology, 12*(Fall): 11-27.

Ramsay, N. J. (2004). A Time of Ferment and Redefinition. In N. Ramsay. (Ed.) *Pastoral Care and Counseling: Redefining the Paradigms,* 1-64. Nashville: Abingdon.

Rediger, G. L. (2003). *Beyond the Scandals: A Guide for Healthy Sexuality for Clergy.* Minneapolis: Fortress.

Rizzuto, A. (1979). *Birth of the Living God: A Psychoanalytic Study.* Chicago: University of Chicago Press.

Rutter, P. (1989). *Sex in the Forbidden Zone: When Men in Power Abuse Women's Trust.* Los Angeles: Jeremy Tarcher.

Sands, K. M. (1994). *Escape from Paradise: Evil and Tragedy in Feminist Theology.* Minneapolis: Fortress.

Savage, J. (1996). *Listening and Caring Skills: A Guide for Groups and Leaders.* Nashville: Abingdon.

Scalise, C. (2003). *Bridging the Gap.* Nashville: Abingdon.

Schlauch, C. (1990). Empathy as the Essence of Pastoral Psychotherapy. *Journal of Pastoral Care, 44*: 3-17.

Schlauch, C. (1995). *Faithful Companioning: How Pastoral Counseling Heals.* Minneapolis: Fortress.

Scott, A. O. (2004). Jesus as a Box-Office Superhero. *New York Times,* March 7, 2004, Arts and Leisure: 21.

Shelp, E. E. & Sunderland, R. H. (2000). *Sustaining Presence: A Model of Caring by People of Faith.* Nashville: Abingdon.

Stone, H. W. & Duke, J. O. (1996). *How to Think Theologically.* Minneapolis: Fortress.

Stuart, E., & Thatcher, A. (1997). *People of Passion: What the Churches Teach about Sex.* London: Mowbray.

Taylor, C. (1992). *Multiculturalism and "The Politics of Recognition."* Princeton NJ: Princeton University Press. Reprinted in Goldberg, D. T. (Ed.), *Multiculturalism: A Critical Reader,* 75-106. Cambridge, MA: Blackwell, 1994.

The Book of Discipline. (2000). United Methodist Publishing House.

Thistlethwaite, S. B. & Engel, M. P., (Eds.) (1990). *Lift Every Voice: Constructing Christian Theologies from the Underside.* San Francisco: Harper & Row.

Van Katwyk, P. (1993). A Family Observed: Theological and Family Systems Perspectives on the Grief Experience. *Journal of Pastoral Care, 47*: 141-47.

Walker, L. (1979). *The Battered Women.* San Francisco: Harper & Row.

Weaver, A. J., Flannelly, L. T. & Preston, J. D. (2003). *Counseling Survivors of Traumatic Events: A Handbook for Pastors and Other Helping Professionals.* Nashville: Abingdon.

❖ 찾아보기

Erenberg, D. 159

Fite, R. C. 144, 194
Flannelly, L. T. 147
Fortune, M. M. 107, 110, 114, 123
Fried, J. 81

Gerkin, C. V. 125
Gerson, R. 194
Gottman, J. 195
Graham, L. K. 55, 123, 226

Hacker, G. 159
Hagman, G. 139
Harvard Mental Health Letter 168
Hoff, L. A. 157
Hunter, R. 158

Imbens, A. 123

Jaekle, C. R. 27
Jonker, I. 123
Jordan, M. 162, 199

Karaban, R. A. 48, 137

Kidd, S. M. 128
Kluckhon, C. 84

Lakeland, P. 18
Lartey, E. Y. 18

Walker, L. 152

Lyall, K. 159
Lyotard, J. F. 286

Mahoney, A. 140
Marcia, L. O. 81
Martignetti, A. 162, 276
McCarthy, M. 48
McGoldrick, M. 194
Mercadante, L. A. 279
Miller, D. E. 30
Miller-McLemore, B. 54
Mitchell, K. R. 140, 253
Morgan, O. J. 162, 199
Morrison, T. 128
Murray, H. A. 84

Neimeyer, R. A. 131, 138
Nelson, J. B. 123, 161
Neuger, C. C. 125, 130

Neville, R. 36, 212

Okum, B. F. 81, 184

Pargament, K. I. 123, 140, 163
Park, A. S. 66
Pattison, S. 285
Pellauer, M. 123
Poling, J. N. 30, 36, 110, 223, 224
Poortinga, Y. A. 82
Preston, J. D. 147
Pretzell, P. W. 158

Ramsay, N, J. 30, 54
Rediger, G. L. 113
Rizzuto, A. 224
Rutter, P. 114

Sands, K. M. 225
Scalise, C. 125, 284, 286
Schlauch, C. 48, 199
Shellenberger, S. 194
Shelp, E. E. 27
Shoots, N. H. 82
Stone, H. W. 201, 202
Stuart, E. 236, 290
Sunderland, R. H. 27

Taylor, C. 184
Thatcher, A. 236, 290
Thomas Wolfe 162

Van de Koppel, J. M. 82
Van Katwyk, P. 138

Weaver, A. J. 147
Woodward, J. 285

내 용

저자 소개

Carrie Doehring

케리 도링은 아일리프 신학대학원 교수이자 미국장로교단 목사이며, 심리학박사이자 목회적 상담가다. 보스턴 대학교 대학원에서 박사과정을 마쳤다. 미국목회상담협회 감독회원, 심리학회 정회원이며, 이 외에도 다수의 협회 회원으로 활동하고 있다. 저서로는 『Internal Desecration』(1993), 『Taking Care』(1995) 등이 있다.

역자 소개

오오현

  광주숭일고등학교, 호남신학대학교, 장로회신학대학교 신학대학원을 졸업한 후 1990년에 목사안수를 받았다. 1991년 상담학전공으로 순천대학교 대학원 석사(M.A.), 계명대학교 대학원 박사(Ph.D.)학위를 취득하였으며, 2004년 미국 블렌튼 필 상담대학원을 수료하였다.

  2001년 호남신학대학교 교수로 부임하여 기독교상담대학원장으로 재직하고 있다. 한국기독교상담심리치료학회(KACCP) 감독회원과 사무총장이며, 한국상담학회(KCA) 분과 집단상담학회 이사와 부회장, 한국목회상담협회(KAPC) 감독회원, 미국목회상담협회(AAPC) 회원과 목회적 돌봄 전문가(Specialist)로 활동하고 있다.

  저 · 역서는 『구원이란 무엇인가?』(공저, 한국장로교출판사, 2002), 『일반상담과 목회상담』(공저, 예영커뮤니케이션, 2003), 『예배란 무엇인가?』(공저, 한국장로교출판사, 2003), 『성서란 무엇인가?』(공저, 한국장로교출판사, 2005), 『크리스천 카운슬링』(공역, 두란노, 2008) 등이 있다. 논문은 「기독교인의 용서상담 프로그램 개발 및 효과검증」(2002) 박사학위논문 외 다수가 있다.

정호영

  1973년에 캐나다 토론토로 이민하여 중 · 고등학교를 거쳐 토론토 대학과 낙스 신학대학원을 졸업하였다. 1991년에 안수를 받고 목회를 하던 중 뉴욕의 블렌튼 필 상담대학원에서 목회적 심리치료(개인, 그룹, 가족 부부치료)를 전공하고, 미국목회상담협회(AAPC) 감독회원으로 등록되었다. 보스턴 대학교 대학원 상담심리학/종교학 복수 박사(Ph.D.) 과정을 수료하고, 뉴욕 신학대학원에서 목회학 박사학위를 취득하였다. 보스턴 대학교 대학원의 대니엘슨 상담소 인턴 및 연구원으로 2년간 근무하였고, 동 대학원 불안 관련 장애 연구소(Center for Anxiety Related Disorder)에서 1년간 인턴으로 근무하였다. 1996년부터 블렌튼 필 대학원/연구소의 상담가와 교수로 가르치다가, 2002년부터 8년간 블렌튼 필의 한국어 목회적 돌봄 전문가 과정의 디렉터로 활동했으며, 현재 풀타임 2세 목회를 담당하고 있다.

목회적 돌봄의 실제
-탈근대적 접근법-

2012년 2월 20일 1판 1쇄 발행
2023년 6월 20일 1판 5쇄 발행

지은이 • Carrie Doehring
옮긴이 • 오오현 · 정호영
펴낸이 • 김 진 환
펴낸곳 • (주) **학지사**

    04031 서울특별시 마포구 양화로 15길 20 마인드월드빌딩 5층

대표전화 • 02) 330-5114   팩스 • 02) 324-2345

등록번호 • 제313-2006-000265호

홈페이지 • http://www.hakjisa.co.kr
페이스북 • https://www.facebook.com/hakjisabook

ISBN 978-89-6330-811-1 93180

정가 **15,000**원

출판미디어기업 **학지사**

간호보건의학출판 **학지사메디컬** www.hakjisamd.co.kr
심리검사연구소 **인싸이트** www.inpsyt.co.kr
학술논문서비스 **뉴논문** www.newnonmun.com
원격교육연수원 **카운피아** www.counpia.com